人民法院案例选

CHINA LAW REPORT

2018年 第7辑 总第125辑

最高人民法院中国应用法学研究所 / 编

人民法院出版社

图书在版编目（CIP）数据

人民法院案例选. 总第125辑/最高人民法院中国应用法学研究所编. —北京：人民法院出版社,2018. 8

ISBN 978 -7 -5109 -2212 -1

Ⅰ. ①人…　Ⅱ. ①最…　Ⅲ. ①案例 - 汇编 - 中国　Ⅳ. ①D920. 5

中国版本图书馆 CIP 数据核字(2018)第173157号

人民法院案例选　2018年第7辑(总第125辑)

最高人民法院中国应用法学研究所　编

责任编辑　赵作楝　**执行编辑**　赵作楝　吴朔桦

出版发行　人民法院出版社

地　　址　北京市东城区东交民巷27号(100745)

电　　话　(010)67550565(责任编辑)　67550558(发行部查询)

65223677(读者服务部)

客服QQ　2092078039

网　　址　http://www. courtbook. com. cn

E - mail　courtpress@ sohu. com

印　　刷　保定彩虹印刷有限公司

经　　销　新华书店

开　　本　787 ×1092 毫米　1/16

字　　数　269 千字

印　　张　15

版　　次　2018年8月第1版　2018年12月第2次印刷

书　　号　ISBN 978 -7 -5109 -2212 -1

定　　价　50. 00 元

《人民法院案例选》编审委员会委员

（按姓氏笔画为序）

出版说明

《人民法院案例选》是最高人民法院最早创办的案例研究连续出版物，也是我国改革开放以后出版时间最早、延续时间最长、出版册数最多的案例研究书籍。创办二十多年来，《人民法院案例选》坚持“反映审判面貌，总结审判经验，研究审判理论，服务审判工作”的编选方针，突出“真实、全面、及时、说理”的编辑特色，从一个侧面记载了人民法院审判工作发展的轨迹，反映人民法院审判活动的面貌，展示了人民法院审判工作的成就，受到了学术界与实务界的普遍关注和喜爱，在全国法院、社会各界乃至国际上都产生了广泛的影响、取得了良好的声誉、得到了广泛的认可，成为法研所乃至最高人民法院的品牌性刊物。

随着法律界对案例分析和案例指导需求的增长，关于案例分析的书刊越来越多，竞争也越来越激烈。同时，也出现了很多问题。一是虽然平台增多，但缺乏集中性、系统性；二是虽然数量增大，但缺乏精选性、经济性；三是虽然来源多元化，但缺乏权威性，给法律工作者使用案例增加了难度。因此，《人民法院案例选》将作出符合读者期待的变化，改为月刊。

改版后的《人民法院案例选》将继续秉承“反映审判面貌、司法水平和指导审判工作并重”的编辑方针，形成“全面、及时、权威、开放”的编辑特色。考虑到最高人民法院发布、评析、编辑案例的权威性和说服力，改版后的《人民法院案例选》将全面收集最高人民法院以各种载体发布的各类典型案例，按照读者最普遍的阅读习惯重新编辑，按月集中展现在读者面前，形成“指导性案例”“公报案例”“审判指导与参考”“典型案例发布”等栏目。同时，《人民法院案例选》继续保留经典的“专题策划”“案例精析”栏目，展现各地法院的优秀案例和司法智慧。

此外，为增强互动性和可读性，《人民法院案例选》增设了“域外撷英”“过把瘾”“专家关注”等栏目。为发挥《人民法院案例选》培育思想、褒奖学术的理念，特推出“案香浮动”栏目，刊登某位法官的三至五个优秀裁判案例，挖掘其中裁判精髓，充分展现专家型法官的个人风采、人生经历、著述思想及对司法事业的热爱与贡献。

为进一步适应案例工作发展的新形势、新要求，提高案例的质量、编写与报送效率，《人民法院案例选》对案例编写报送体例做了部分修改和完善，具体要求请参阅“中国应用法学网”刊载的《〈人民法院案例选〉案例编写体例与报送规范》。

由于水平所限，本书在编辑过程中存在的不当之处，敬祈读者批评、指正。

编　者

二〇一八年一月

目录 / CONTENTS

人民法院案例选
2018 年第 7 辑·总第 125 辑

一、特别策划·《最高人民法院工作报告》涉及案例

二、案例精析

刑　事

民　事

商 事

知识产权

行政及国家赔偿

三、域外撷英

一、特别策划·《最高人民法院工作报告》涉及案例

编者按 最高人民法院院长、首席大法官周强在第十三届全国人民代表大会第一次会议上所作《最高人民法院工作报告》指出：党的十八大以来的五年，是党和国家事业取得历史性成就、发生历史性变革的五年，也是人民法院工作发生深刻变化、取得重大进展的五年。五年来，在以习近平同志为核心的党中央坚强领导下，最高人民法院坚持以习近平新时代中国特色社会主义思想为指导，全面贯彻落实党的十八大和十九大精神，在全国人民代表大会及其常委会有力监督下，认真落实十二届全国人大历次会议决议，忠实履行宪法法律赋予的职责，紧紧围绕“努力让人民群众在每一个司法案件中感受到公平正义”工作目标，坚持司法为民、公正司法，不断提高审判质量效率、队伍素质能力和司法公信力。通过发挥审判职能，为统筹推进“五位一体”总体布局和协调推进“四个全面”战略布局提供有力司法服务和保障，不断增强人民群众获得感、幸福感、安全感。

本辑特别策划对2018年《最高人民法院工作报告》中涉及案例进行编选，供广大读者参考。

“大力弘扬社会主义核心价值观。与中央宣传部联合开展‘用公开促公正，建设核心价值’主题教育活动，在审判工作中培育和践行社会主义核心价值观，充分发挥司法的教育、评价、指引、规范功能。出台医疗损害责任纠纷司法解释，明确医院实施紧急救治免责的具体情形，为医生救死扶伤提供司法保障。依法审理侵犯‘狼牙山五壮士’名誉权系列案件，坚决维护英雄形象。依法审理‘医生电梯内劝阻吸烟案’‘朱振彪追赶交通肇事逃逸者案’，让维护法律和公共利益的行为受到鼓励，让违反法律和社会公德的行为受到惩戒，让见义勇为者敢为，以公正裁判树立行为规则，引领社会风尚。”

——摘自2018年3月9日最高人民法院院长周强在第十三届全国人民代表大会第一次会议上所作《最高人民法院工作报告》。后面三个案例即为《最高人民法院工作报告》中提及的侵犯“狼牙山五壮士”名誉权案、朱振彪追赶交通肇事逃逸者案、医生电梯内劝阻吸烟案。

葛长生、宋福保诉洪振快名誉权、荣誉权纠纷案

——英雄人物人格权益的法律保护

关键词：英雄人物　名誉　荣誉　社会公共利益　言论自由边界

【裁判要旨】

1.《民法总则》第一百八十五条规定，侵害英雄烈士等的姓名、肖像、名誉、荣誉，损害社会公共利益的，应当承担民事责任。审判实践中，人民法院根据英雄人物获得个人名誉及荣誉的历史事实，以及在历史上发挥的重要作用，可以认定其精神已经归纳为民族的共同记忆、民族精神和社会主义核心价值观的一部分，因而构成了社会公共利益的一部分。侮辱、诽谤英雄人物，丑化英雄人物形象，贬损英雄人物名誉，削弱其精神价值，侵害的不仅是英雄人物的名誉及荣誉，也损害了社会公共利益。

2. 行为人在没有充分依据的情况下，通过学术文章、观点争论等形式对英雄人物进行推测、质疑、评价，虽然其没有使用明显侮辱性的语言，但是其引导人们对英雄人物的英勇事迹和精神产生怀疑，从而否定基本事实的真实性，进而降低他们的英勇形象和精神价值，该行为方式符合以贬损、丑化的方式损害他人名誉和荣誉权益的特征。行为人以侵害他人合法权益和社会公共利益的言论自由作为其侵权责任之抗辩理由，人民法院不予支持。

【相关法条】

《中华人民共和国民法通则》第一百零一条　公民、法人享有名誉权，公民的人格尊严受法律保护，禁止用侮辱、诽谤等方式损害公民、法人的名誉。

《中华人民共和国侵权责任法》第二条 侵害民事权益，应当依照本法承担侵权责任。

本法所称民事权益，包括生命权、健康权、姓名权、名誉权、荣誉权、肖像权、隐私权、婚姻自主权、监护权、所有权、用益物权、担保物权、著作权、专利权、商标专用权、发现权、股权、继承权等人身、财产权益。

《最高人民法院关于贯彻执行〈中华人民共和国民法通则〉若干问题的意见（试行）》第140条第1款 以书面、口头等形式宣扬他人的隐私，或者捏造事实公然丑化他人人格，以及用侮辱、诽谤等方式损害他人名誉，造成一定影响的，应当认定为侵害公民名誉权的行为。

《最高人民法院关于确定民事侵权精神损害赔偿责任若干问题的解释》第三条 自然人死亡后，其近亲属因下列侵权行为遭受精神痛苦，向人民法院起诉请求赔偿精神损害的，人民法院应当依法予以受理：

（一）以侮辱、诽谤、贬损、丑化或者违反社会公共利益、社会公德的其他方式，侵害死者姓名、肖像、名誉、荣誉；

（二）非法披露、利用死者隐私，或者以违反社会公共利益、社会公德的其他方式侵害死者隐私；

（三）非法利用、损害遗体、遗骨，或者以违反社会公共利益、社会公德的其他方式侵害遗体、遗骨。

《最高人民法院关于审理名誉权案件若干问题的解答》七、问：侵害名誉权责任应如何认定？

答：是否构成侵害名誉权的责任，应当根据受害人确有名誉被损害的事实、行为人行为违法、违法行为与损害后果之间有因果关系、行为人主观上有过错来认定。

以书面或者口头形式侮辱或者诽谤他人，损害他人名誉的，应认定为侵害他人名誉权。

对未经他人同意，擅自公布他人的隐私材料或者以书面、口头形式宣扬他人隐私，致他人名誉受到损害的，按照侵害他人名誉权处理。

因新闻报道严重失实，致他人名誉受到损害的，应按照侵害他人名誉权处理。

八、问：因撰写、发表批评文章引起的名誉权纠纷，应如何认定是否构成侵权？

答：因撰写、发表批评文章引起的名誉权纠纷，人民法院应根据不同情况处理：

文章反映的问题基本真实，没有侮辱他人人格的内容的，不应认定为侵害他人名誉权。

文章反映的问题虽基本属实，但有侮辱他人人格的内容，使他人名誉受到侵害的，应认定为侵害他人名誉权。

文章的基本内容失实，使他人名誉受到损害的，应认定为侵害他人名誉权。

【案件索引】

一审：北京市西城区人民法院（2015）西民初字第27841、27842号（2016年6月27日）

二审：北京市第二中级人民法院（2016）京02民终6271、6272号（2016年8月15日）

【基本案情】

原告葛长生、宋福保分别诉称：洪振快撰写的《小学课本〈狼牙山五壮士〉有多处不实》（以下简称《不实》）、《“狼牙山五壮士”的细节分歧》（以下简称《细节》）以历史细节考据、学术研究为幌子，以细节否定英雄，企图达到抹黑“狼牙山五壮士”英雄形象和名誉的目的，请求判令洪振快停止侵权、公开道歉、消除影响。

被告洪振快辩称：案涉文章是学术文章，没有侮辱性的言辞，关于事实的表述有相应的根据，不是凭空捏造或者歪曲，不构成侮辱和诽谤，不构成名誉权的侵害。进行历史研究的目的是探求历史真相，行使的是宪法赋予公民的思想自由、学术自由、言论自由权利。不同意葛长生、宋福保的全部诉讼请求。

法院经审理查明：1941年9月25日，在易县狼牙山发生了著名的狼牙山战斗。在这场战斗中，狼牙山五壮士英勇抗敌的基本事实和舍生取义的伟大精神，赢得了全中国人民的高度认同和广泛赞扬。新中国成立后，五壮士的事迹被编入义务教育教科书，五壮士被人民视为当代中华民族抗击外敌入侵的民族英雄。

葛长生与葛振林系父子关系，宋学义与宋福保系父子关系。

2013年9月9日，时任《炎黄春秋》杂志社执行主编的洪振快在财经网发表《不实》一文。文中写道：据《南方都市报》2013年8月31日报道，广州越秀警方于8月29日晚间将一位在新浪微博上“污蔑狼牙山五壮士”的网民抓获，以虚构信息、散布谣言的罪名予以行政拘留7日。所谓“污蔑狼牙山五壮士”的“谣言”其来有自。据媒体报道，该网友实际上是传播了2011年12月14日百度贴吧里一篇名为《狼牙山五壮士真相原来是这样!》的帖子的内容，该帖子说五壮士“5个人中有3个是当场被打死的，后来清理战场把尸体丢下悬崖。另两个当场被活捉，只是后来不知道什么原因又从日本人手上逃了出来”。

2013年第11期《炎黄春秋》杂志刊发洪振快撰写的《细节》一文，该文亦发表于《炎黄春秋》杂志网站。该文分为“在何处跳崖”“跳崖是怎么跳的”“敌我双方战斗伤亡”“‘五壮士’是否拔了群众的萝卜”等部分。文章通过援引不同来源、不同内容、不同时期的报刊资料等，对狼牙山五壮士事迹中的细节提出质疑。

【裁判结果】

北京市西城区人民法院于2016年6月27日分别作出（2015）西民初字第27841、27842号民事判决：洪振快立即停止侵害葛振林、宋学义名誉、荣誉的行为；判决生效后3日内，洪振快公开发布赔礼道歉公告，向葛长生、宋福保赔礼道歉，消除影响。该公告须连续刊登5日，公告刊登媒体及内容需经法院审核，逾期不执行，法院将在相关媒体上刊登判决书的主要内容，所需费用由洪振快承担。

宣判后，洪振快向北京市第二中级人民法院提起上诉，北京市第二中级人民法院于2016年8月15日分别作出（2016）京02民终6271、6272号民事判决：驳回上诉，维持原判。

【裁判理由】

法院生效裁判认为：1941年9月25日，在易县狼牙山发生的狼牙山战斗，是被大量事实证明的著名战斗。在这场战斗中，“狼牙山五壮士”英勇抗敌的基本事实和舍生取义的伟大精神，赢得了全国人民高度认同和广泛赞扬，是五壮士获得“狼牙山五壮士”崇高名誉和荣誉的基础。葛振林、宋学义均是“狼牙山五壮士”这一系列英雄人物的代表人物，“狼牙山五壮士”这一称号已经赢得了普遍的公众认同，这一称号既是国家及公众对他们作为中华民族的优秀儿女在反抗侵略、保家卫国中作出巨大牺牲的褒奖，也是他们应当获得的个人名誉和个人荣誉。“狼牙山五壮士”是中国共产党领导的八路军在抵抗日本帝国主义侵略伟大斗争中涌现出来的英雄群体，是中国共产党领导的全民抗战并取得最终胜利的重要事件载体。

这一系列英雄人物及其事迹，经由广泛传播，在抗日战争、解放战争、抗美援朝战争等为民族独立、人民解放和保卫国家安全战斗的时期，成为激励无数中华儿女反抗侵略、英勇抗敌的精神动力之一，成为人民军队誓死捍卫国家利益、保障国家安全的军魂来源之一。在和平年代，“狼牙山五壮士”精神，仍然是我国公众树立不畏艰辛、不怕困难、为国为民奋斗终生的精神指引。这些英雄人物及其精神，已经获得全民族的广泛认同，是中华民族共同记忆的一部分，是中华民族精神的内核之一，也是社会主义核心价值观的重要内容。而民族的共同记忆、民族精神乃至社会主义核心价值观，无论是从我国的历史看，还是从现行法上看，都已经是社会公共利益的一部分。诉讼中，洪振快关于“狼牙山五壮士”精神不是公共利益的主张不能成立。

案涉文章对于“狼牙山五壮士”在战斗中所表现出的英勇抗敌的事迹和舍生取义的精神这一基本事实，自始至终未作出正面评价，而是以考证“在何处跳崖”“跳崖是怎么跳的”“敌我双方战斗伤亡”以及“‘五壮士’是否拔了群众的萝卜”等细节为主要线索，通过援引不同时期的材料、相关当事者不同时期的言论，甚至“文革”时期红卫兵迫害宋学义的言论为主要证据，全然不考虑历史的变迁、各个材料所形成的时代背景以及各个材料的语境。在无充分证据的情况下，案涉文章多处作出似是而非的推测、质疑乃至评价。尽管案涉文章无明显侮辱性的语言，但通过强调与基本事实无关或者关联不大的细节，引导读者对“狼牙山五壮士”这一英雄人物群体英勇抗敌的事迹和舍生取义的精神产生怀疑，从而否定基本事实的真实性，进而降低他们的英勇形象和精神价值。洪振快的行为方式符合以贬损、丑化的方式损害他人名誉和荣誉权益的特征。

案涉文章通过刊物发行和网络传播，在全国范围内产生了重大影响，不仅损害了葛振林和宋学义的个人名誉和荣誉，损害了葛长生和宋福保的个人感情，在一定范围和程度上伤害了社会公众的民族和历史情感。同时，在我国，由于“狼牙山五壮士”的精神价值已经内化为民族精神和社会公共利益的一部分，因此，也损害了社会公共利益。洪振快作为具有一定研究能力和熟练使用互联网工具的人，应该认识且有能力控制前述后果的发生，仍然发表案涉文章，显然具有过错。

行使言论自由和学术自由的权利，需要在法律范围内进行，洪振快应当采取适当的方式从事研究及发表言论，同时应当充分考虑可能造成的社会影响。洪振快撰写的案涉文章侵害了葛振林、宋学义的名誉和荣誉，侵害了社会公共利益，违反了法律规定，该行为已经超出了法律允许的范围，不受法律保护。洪振快以言论自由、学术自由作为其不承担侵权责任的抗辩理由，不能成立。

【案例注解】

近年来社会上通过各种形式诋毁、侮辱、诽谤英雄人物，丑化英雄人物形象，贬损英雄人物名誉，削弱其精神价值的现象时有发生，葛长生、宋福保分别诉洪振快名誉权、荣誉权侵权纠纷两个案件（“狼牙山五壮士”后人维权案）是这种现象的集中反映。①

两案审理中存在三大难点：第一，此类侵权行为所侵害法益的复杂性，英雄人物的个人名誉、荣誉，往往与一定的英雄事件、历史背景、社会共识以及主流价值观相关，并由此与公共利益发生关联。法院需要从更为广阔的视野出发，更为全面、准确地把握社会公共利益及其表现形态；第二，此类侵权行为的表现形态更为多样化，经常表现为学术文章、观点争论等，法院需要依据现行法更为实质性地把握名誉权侵权行为的表现方式；第三，此类案件涉及的利益类型更为复杂，涉及言论自由、学术自由和个人权益的关系，法院需要在个案中审慎把握，既要保护个人权益，也要防止司法对学术问题、言论自由作出不当干预，要在多个利益之间合理界分。

该两案妥当处理了上述三个问题。下文逐一予以分析。

一、英雄人物的人格权益有可能构成社会公共利益的组成部分

“公共利益”“社会公共利益”，虽然都是法律上的概念，但是法律并未给出明确的定义。有的学者将民法上之公共利益定义为全社会或者某个特定地域范围内以公共物品及公共服务为物质表现形式的、能满足其内部所有成员共享需求的事物。② 也有观点提出，公共利益是公众追求的公共善的物化形式，物化形式的公共利益分为非产品形式的公共利益和产品形式的公共利益，前者主

---

① 参见《人民法院依法保护“狼牙山五壮士”等英雄人物人格权益典型案例》，载最高人民法院网。

② 潘志玉：《论民法上的公共利益》，载《政法论丛》2008 年第 3 期。

要指“社群中所共同追求的价值、原则和精神上的共同理念”，后者是指“各种各样的社会福利”。公共利益的内容，不仅包括物质性的利益，还应包括精神性的利益，并且具体内容是不恒定的，它会随着人们思想观念的转变以及经济社会的不断发展而呈现出不同的表现形式。①

公共利益具有不确定性，首先表现为利益内容的不确定性。国家主权、个人平等、自由、安全、稳定、健康、保护私人财产是法律保护的基本利益，而经济发展、保护就业、增加国家税收同样也是法律所追求的正当目标。我们无法列出一个包罗万象的价值清单，也不可能得出不同价值目标的具体权重。同样重要的是，公共利益的内容并不恒定，是一个开放的概念，会随着人们思想观念、社会经济政治生活的变迁、不同时期的社会需要而呈现不同的内容。在一定时期，不同的价值会呈现出不同的重要性。公共利益是特定历史语境中的话语。②

应当说，公共利益范畴的核心内容就是其公共性，基本内涵是指在特定社会历史条件下，从私人利益中抽象出来能够满足共同体中全体或大多数社会成员的公共需要，经由公共程序并以政府为主导所实现的公共价值。③

公共利益是一个价值判断问题，是相互冲突的利益加总后的选择。④ 英雄人物的人格权益成为社会公共利益的一部分，是价值判断和选择的结果。英雄烈士的人格利益作为英雄烈士依法享有的法律上的利益，首先表现为英雄烈士的个人利益，其私益属性自属无疑，毋庸讳言。但英雄烈士的人格利益及建立在其人格利益基础之上的英雄烈士形象、事迹和精神，在战争年代，是表征中华儿女不畏强敌、不怕牺牲、英勇奋争精神的具体载体；在和平年代，是体现中华儿女不惧艰难、勇于开拓、敢于创新的形象空间。英雄烈士的人格利益及建立在其人格利益基础之上的英雄烈士形象、事迹和精神，已经成为中华民族的共同历史记忆，是中华儿女共同的宝贵的精神财富，已经衍生为社会公众的民族情感和历史情感，从而构成了社会公共利益的重要组成部分，因此，它具有浓厚的社会公共利益的属性色彩，对它的保护，究其实质，是对社会公共利

① 潘志玉：《论民法上的公共利益》，载《政法论丛》2008 年第 3 期。

② 耿利航：《如何界定公共利益——美国联邦最高法“凯洛诉新伦敦市案”的剖析和启示》，载《法学杂志》2007 年第 2 期。

③ 最高人民法院民事诉讼法修改研究小组编著：《〈中华人民共和国民事诉讼法〉修改条文理解与适用》，人民法院出版社 2012 年版，第 94 页。

④ 耿利航：《如何界定公共利益——美国联邦最高法“凯洛诉新伦敦市案”的剖析和启示》，载《法学杂志》2007 年第 2 期。

益的保护。[①] 可以说，英雄人物的人格权益，在一定意义上具有公益性，是私益属性和公益属性的复合。

英雄人物人格权益，表现为英雄的姓名、肖像、名誉、荣誉。其中，名誉、荣誉等人格要素，和英雄人物本身是密不可分的，是英雄人物的人格内容，名誉、荣誉是英雄人物取得的褒奖、肯定，以及社会对之所作的评价。英雄人物之所以获得荣誉、具备一定的名誉，是与当时当下，或者此后的社会主流价值观相契合，成为当时当下，或者此后的社会共识，是符合社会公共利益的。而姓名、肖像虽然是英雄人物个人的标识，但是，从普通人成为英雄，这些姓名或者肖像就是这些主流价值观或者社会共识的代名词或者形象名片。可以说，英雄人物的姓名、肖像、名誉、荣誉中都蕴含了社会主流价值观和社会共识，或者说，英雄人物的姓名、肖像、名誉、荣誉成为社会主流价值观和社会共识的载体，而且都是精神层面的。

在案件审理中，判断英雄人物的人格权益是否构成社会公共利益的一部分，还要以事实为依据，特别要以历史事实和社会现实为依据。

英雄人物的英雄事件、历史背景是其成为英雄的基础。当然，如何去看待这些事件和背景，势必涉及价值层面的判断，价值选择是基础、是前提。这些英雄人物之所以能够被称作英雄人物，是符合公共利益和价值选择的结果，是符合当时当下社会主流价值观的，是符合当时当下社会共识的。

就如本案中，“狼牙山五壮士”是中国共产党领导的八路军在抵抗日本帝国主义侵略伟大斗争中涌现出来的英雄群体，是中国共产党领导的全民抗战并取得最终胜利的重要事件载体。“狼牙山五壮士”英勇抗敌的事实发生后，经各种途径广泛传播，在抗日战争、解放战争、抗美援朝战争等为民族独立、人民解放和保卫国家安全战斗时期，成为激励无数中华儿女反抗侵略、英勇抗敌的精神动力之一；成为人民军队誓死捍卫国家利益、保障国家安全的军魂来源之一。在和平年代，“狼牙山五壮士”精神，仍然是我国公众树立不畏艰辛、不怕困难、为国为民奋斗终生的精神指引。这些英雄人物及其精神，已经获得全民族的广泛认同，是中华民族共同记忆的一部分，是中华民族精神的内核之一，也是社会主义核心价值观的重要内容。而民族的共同记忆、民族精神乃至社会主义核心价值观，无论是从我国的历史看，还是从现行法上看，都已经是社会公共利益的一部分。在本案审理中，“狼牙山五壮士”英勇抗敌的历史事

① 迟方旭：《〈民法总则〉第185条的核心要义是维护社会公共利益》，载《红旗文摘》2017年第11期。

实，以及"狼牙山五壮士"英勇事迹发生后，通过各种途径广泛传播的事实，以及"狼牙山五壮士"及其精神获得公众广泛认同的事实，都是我们作出判断的基础事实。

在侵权行为侵害的法益识别上，本案分析了"狼牙山五壮士"获得个人名誉及荣誉的历史事实，并以这一英雄群体在我国当代史上发挥的作用为依据，将其精神归纳为民族的共同记忆、民族精神和社会主义核心价值观的一部分，因而构成了社会公共利益的一部分，法益识别准确。

在这个方面，本案创立的裁判规则是：根据英雄人物获得个人名誉及荣誉的历史事实，以及在历史上发挥的重要作用，可以认定其精神已经归纳为民族的共同记忆、民族精神和社会主义核心价值观的一部分，因而构成了社会公共利益的一部分。侮辱、诽谤英雄人物，丑化英雄人物形象，贬损英雄人物名誉，削弱其精神价值，侵害的不仅是英雄人物的名誉及荣誉，也损害了社会公共利益。

本案判决在《民法总则》通过之前作出，本案的审理和判决，在一定程度上推动了《民法总则》关于英雄烈士人格权益保护的立法进程。根据《民法总则》的规定，侵害英雄烈士等的姓名、肖像、名誉、荣誉，损害社会公共利益的，应当承担民事责任。如何认定英雄人物人格利益与社会公共利益之间的关系，本案确立的裁判规则可以提供参考。

二、侵害名誉的行为类型不以法律规定列举为限

《民法通则》第一百零一条规定，公民、法人享有名誉权，公民的人格尊严受法律保护，禁止用侮辱、诽谤等方式损害公民、法人的名誉。有的观点认为，如果行为方式不是侮辱或诽谤，就不构成名誉侵权。笔者认为，这种观点是不成立的。理由如下：

第一，《侵权责任法》第一条规定，为保护民事主体的合法权益，明确侵权责任，预防并制裁侵权行为，促进社会和谐稳定，制定本法。因此，保护民事主体的合法权益，是侵权法律规范的首要目的。根据《侵权责任法》第二条规定，侵害民事权益，应当承担侵权责任。民事权益，包括生命权、健康权、姓名权、名誉权、荣誉权、肖像权、隐私权、婚姻自主权、监护权、所有权、用益物权、担保物权、著作权、专利权、商标专用权、发现权、股权、继承权等人身、财产权益。名誉、名誉权受法律保护，所有侵犯民事主体包括名誉权益在内的合法权益的行为都属于侵权法规制的范畴。

第二，社会处于不断发展和变化之中，立法者受制于当时的客观条件，难

以穷尽所有的侵权行为类型，且从立法可行性角度考虑，也无法在法律条文中列举所有的侵权行为类型。法律关于行为类型的规定，是列举式的而非穷尽式的。这从上述法律“侮辱、诽谤等方式”中的“等”字可以说明。

第三，《最高人民法院关于贯彻执行〈中华人民共和国民法通则〉若干问题的意见（试行）》第140条将侵害名誉权的行为类型，确定为“宣扬他人的隐私，或者捏造事实公然丑化他人人格，以及用侮辱、诽谤等方式”。《最高人民法院关于审理名誉权案件若干问题的解答》之七、八规定的行为类型包括“侮辱或者诽谤”“新闻报道严重失实”或者撰写、发表的批评文章“基本内容失实”等。《最高人民法院关于确定民事侵权精神损害赔偿责任若干问题的解释》第三条则规定“以侮辱、诽谤、贬损、丑化或者违反社会公共利益、社会公德的方式”等行为类型。从上述司法解释看，侵害名誉或者名誉权的行为不以侮辱、诽谤为限，它还包括“贬损、丑化或者违反社会公共利益、社会公德的方式”以及其他行为类型。这些司法解释所规定的行为类型的具体表现形态，就是根据侵权行为方式的变化而不断丰富和完善的。只有这样，才能让法律更好地保护民事主体的人格权益不受非法侵害。

综合上述分析，可以看出，侵害名誉的行为类型不以法律规定列举为限，如果行为不构成侮辱或诽谤，但符合以其他方式损害他人名誉权益的特征，也构成名誉侵权。就如本案中，洪振快发表的两篇案涉文章，以考证“在何处跳崖”“跳崖是怎么跳的”“敌我双方战斗伤亡”以及“‘五壮士’是否拔了群众的萝卜”等细节为主要线索，在没有充分证据的情况下，以引而不发的手法，在多处作出似是而非的推测、质疑乃至评价。尽管案涉文章无明显侮辱性的语言，但文章作者洪振快采取的行为方式却是，通过强调与基本事实无关或者关联不大的细节，引导读者对“狼牙山五壮士”这一英雄人物群体英勇抗敌的事迹和舍生取义的精神产生怀疑，从而否定基本事实的真实性，进而降低他们的英勇形象和精神价值。在二审审理阶段，洪振快一改过去引而不发的手法，在上诉状和庭审中公开否认“狼牙山五壮士”英勇抗敌、舍生取义的基本事实，并明确表示，训令等文件关于作战对象、被困军民4万人突围、敌军死伤情况等的描述全系撒谎，是虚假战绩，葛振林、宋学义荣誉的获得与其撒谎有关，存在重大瑕疵，是不当得利，不能将其所得荣誉视为理所应当并竭力维护。洪振快在二审中的自认足以说明，一审判决认定洪振快撰写文章的行为方式是通过所谓“细节”探究，引导读者对“狼牙山五壮士”英勇抗敌的事迹和舍生取义的精神产生怀疑，从而否定基本事实的真实性，进而降低他们的英勇形象和精神价值，是正确的。一审法院在上述认定的基础上认为洪振快的行为方式符合以贬损、丑化的方式损害他人名誉和荣誉权益的特征，应予以支持。洪振快以其文章发表时提供了证据、文章没有侮辱他人人格内容，不符合侮辱、诽谤特征就不构成名誉侵权的抗辩理由于法无据，不应予以支持。

值得注意的是，具体到个案中，认定涉案行为是否构成名誉侵权，还是应当按照侵权行为的四个要件进行分析。就如本案中，从主观过错看，法院认定洪振快在主观方面存在过错。通常情形下，侵害名誉或者名誉权案件中的过错，是指明知或应当预见到其行为造成他人社会评价降低的后果而仍然为之或认为仍可避免的主观状态。在侵害名誉或者名誉权益的案件中，对行为人主观过错的认定往往依据通常人的认知并辅之以社会常识、行为人的职业或专业及控制危险的成本等客观因素加以判断。本案中，洪振快作为生活在中国的一位公民，对“狼牙山五壮士”的历史事件所蕴含的精神价值，应当具有一般公民所拥有的认知。对“狼牙山五壮士”及其所体现的民族精神和民族感情，应当具有通常成年人所具有的体悟。尤其是作为具有一定研究能力和能够熟练使用互联网工具的人，更应当认识到案涉文章的发表及其传播将会损害到“狼牙山五壮士”的名誉及荣誉，也会对其近亲属造成感情和精神上的伤害，更会损害到社会公共利益。在此情形下，洪振快有能力控制文章所可能产生的损害后果而未控制，仍以既有的状态发表，在主观上显然具有过错。洪振快提出其撰写案涉文章的动机并非针对葛长生之父葛振林、宋福保之父宋学义，没有主观过错。但其上诉主张葛振林、宋学义欺骗组织，夸大战绩，自我美化，其是否跳崖、如何跳崖难免让人生疑等。这一自认证明，洪振快撰写文章确有贬低葛振林、宋学义的主观目的。为此，法院认为，洪振快明知其行为会造成他人社会评价降低的后果而仍然为之，其主观过错明显。从损害后果看，案涉文章通过刊物发行和网络传播，客观上已经在社会上产生较大影响，损害了葛长生之父葛振林、宋福保之父宋学义的名誉及荣誉，同时伤害了葛长生、宋福保的个人情感，还在一定范围和程度上伤害了社会公众的民族和历史情感。如前所述，在我国，由于“狼牙山五壮士”的精神价值已经内化为民族精神和社会公共利益的一部分，因此，案涉文章的发行与传播也损害了社会公共利益。洪振快关于葛长生、宋福保没有提供任何证据证明案涉文章造成危害后果的主张，与客观事实不符，对洪振快该项意见不应采纳。

可以说，在侵权责任构成的问题上，本案分析了文章的写作方法、资料运用、主观目的以及所形成的损害后果，准确运用了侵权责任的构成要件。

本案裁判强调侵害名誉的行为类型不以法律规定列举为限，是在提醒我们，要准确领会侵权法律规范的立法精神，个案中认定涉案行为是否构成侵权，不是机械地去寻找、套用法律规定所列举的侵权行为类型，而是应具体分析涉案行为的特征，判断其是否侵害他人的人格权益。本案在此问题上确立的裁判规则是：行为人在没有充分依据的情况下，通过学术文章、观点争论等形式对英雄人物进行推测、质疑、评价，虽然其没有使用明显侮辱性的语言，但是其引导人们对英雄人物的英勇事迹和精神产生怀疑，从而否定基本事实的真实性，进而降低他们的英勇形象和精神价值，该行为方式符合以贬损、丑化的方式损害他人名誉和荣誉权益的特征。

三、行为人以侵害他人合法权益和社会公共利益的言论自由作为其侵权责任之抗辩理由，人民法院不予支持

人格权益与言论自由之间的平衡保护问题，是人格权纠纷案件中常见的问题，也是本案的一个焦点问题。

首先，《宪法》第三十五条规定，中华人民共和国公民有言论、出版、集会、结社、游行、示威的自由。第三十八条规定，中华人民共和国公民的人格尊严不受侵犯。禁止用任何方法对公民进行侮辱、诽谤和诬告陷害。第四十七条规定，中华人民共和国公民有进行科学研究、文学艺术创作和其他文化活动的自由。国家对于从事教育、科学、技术、文学、艺术和其他文化事业的公民的有益于人民的创造性工作，给以鼓励和帮助。因此，公民享有的人格尊严的权利，言论的自由和进行科学研究的自由，都是我国宪法确立的公民的基本人权。

《宪法》第三十三条第三款规定，国家尊重和保障人权。我国现行法律保护公民言论的自由和进行科学研究的自由，同样也保护公民的人格尊严不受侵犯，保护公民享有的名誉、荣誉等权益。在言论自由与人格权益保护上，一般来讲，并不存在哪种自由或者权益优先保护的问题，我们不能以牺牲言论自由为代价去保护人格权益，也不能以牺牲人格权益为代价去保护言论自由。

其次，在处理二者冲突、平衡两种权利自由的时候，应当遵循《宪法》第五十一条所规定的原则，即：中华人民共和国公民在行使自由和权利的时候，不得损害国家的、社会的、集体的利益和其他公民的合法的自由和权利。也就是我们通常所说的，权利和自由的行使，并非没有边界，这个边界就是法律。这也是宪法和法律赋予公民的义务（《宪法》第三十三条第四款规定，任何公民享有宪法和法律规定的权利，同时必须履行宪法和法律规定的义务。这个义务包括，公民在行使自由和权利的时候，不得损害其他公民的合法的自由和权利，不得损害社会公共利益）。

这里说的边界，是对双方设定的边界。法律的基本原则是平等保护，在保护边界问题上，人格权益和言论自由、学术自由，没有高低贵贱之分，没有孰优孰劣之别。也就是说，保护人格权益，需要在法律范围进行；行使言论自由的权利，同样需要在法律范围内进行。具体到案件中，对英雄烈士人格权益的保护有边界，这种边界体现为：不能限制他人正常的学术研究，学者可以开展有理有据的研究和讨论，进行事实陈述和意见表达，包括在有充分事实依据的基础上，对英雄烈士提出的质疑或者中肯评价。不能因为是英雄烈士，保护范围就无限扩大，给研究英雄烈士设置学术禁区，不允许大家开展正常的科研活动，否则，就侵犯了他人的合法的言论自由和学术研究的权利。

同样，对言论自由的保护也有边界。进行学术研究、行使言论自由的权利是可以的，但是不能侵犯他人合法人格权益。进行历史研究，要遵守学术研究的基本规范，对英雄烈士进行评价、推测、质疑，要建立在充分的事实依据的基础之上，否则，在无充分证据的情况下，对英雄烈士进行似是而非的推测、质疑乃至评价，通过强调与基本事实无关或者关联不大的细节，引导公众对英雄烈士的英勇事迹和舍生取义的精神产生怀疑，从而否定基本事实的真实性，进而降低他们的英勇形象和精神价值，贬损、丑化英雄烈士的名誉和荣誉，损害社会公共利益，这就超越了边界，就不再受法律保护，构成侵权行为。

就如本案中，“狼牙山五壮士”及其事迹所凝聚的民族感情和历史记忆以及所展现的民族精神，是当代中国社会主义核心价值观的重要来源和组成部分，具有巨大的精神价值，也是我国作为一个民族国家所不可或缺的精神内核。对“狼牙山五壮士”名誉的损害，既是对葛长生之父葛振林、宋福保之父宋学义的名誉、荣誉的损害，也是对中华民族的精神价值的损害。洪振快完全可以在不损害“狼牙山五壮士”名誉、荣誉和社会公共利益的前提下，自由地进行学术研究和自由发表言论，包括对狼牙山战斗的某些细节进行研究，但洪振快却未采用这种方式，而是通过所谓的细节研究，甚至与网民张广红对“狼牙山五壮士”的污蔑性谣言相呼应，质疑“狼牙山五壮士”英勇抗敌、舍生取义的基本事实，颠覆“狼牙山五壮士”的英勇形象，贬损、降低“狼牙山五壮士”的人格评价。这种“学术研究”“言论自由”不可避免地会侵害“狼牙山五壮士”的名誉、荣誉，以及融入了这种名誉、荣誉的社会公共利益。洪振快的行为已经超出了法律允许的范围，不受法律保护。因此，洪振快以侵害他人合法权益和社会公共利益的言论自由作为其侵权责任的抗辩理由，不应予以支持。

最后，前文讨论的平等保护，是从权利、自由行使边界角度考虑，至于英雄人物人格权益因融入社会公共利益而具有公益性人格权益的属性，进而引发的公共利益与个人利益之间的权利位阶问题，则需要跳出平等保护的思维。

《民法总则》第八条规定，民事主体从事民事活动，不得违反法律，不得违背公序良俗。学术界通常将之概括为公序良俗原则。所谓公序良俗是公共秩序和善良风俗的简称，是指一个国家、民族和社会发展所必需的最低限度的伦理道德和社会秩序。民法设立公序良俗原则的目的在于满足维护国家和社会利益的需要，是约束民事行为的最低要求，是当事人行为自主的底线，不可逾越。因此，公民、法人和非法人组织发表与英雄烈士等有关的言论或者实施与英雄烈士等有关的行为时，应恪守公序良俗原则约束民事行为的最低要求，保护国家利益和社会利益，维系社会存在和发展所需要的一般秩序和道德。维护社会公共利益是民事主体行使民事权利的题中应有之义。《民法总则》第一百三十一条和第一百三十二条规定，民事主体行使民事权利时，应当履行法律规定的和当事人约定的义务；民事主体不得滥用民事权利损害国家利益、社会公共利益或者他人合法权益。可见，民法一方面保障民事主体按照自己的意愿依法行使权利，不受干涉，另一方面也要求民事主体行使民事权利时不得损害社会的公共利益，损害公共利益者，则构成了对民事权利的滥用，须依法承担相应的民事责任。对社会公共利益的保护与对民事主体民事权利的保护，二者之间系表里关系，唯有维护好社会的公共利益，个人民事权利的实现方能成为可能，诚所谓“皮之不存，毛将焉附”。①

可以说，本案在利益衡量上，结合个案分析了学术自由、言论自由与权益保护的关系，利益平衡得当。两案的判决保护了英雄人物的名誉和荣誉，维护了社会公共利益。本案在此方面确立的裁判规则是，行为人以侵害他人合法权益和社会公共利益的言论自由作为其侵权责任之抗辩理由，人民法院不予支持。

值得注意的是，公民享有的人格尊严的权利，言论的自由和进行科学研究的自由，都是我国宪法确立的公民的基本人权，民事案件中如何平衡保护人格权益与言论自由，应具体分析。

总体来说，在审判实践中，人民法院根据英雄人物获得个人名誉及荣誉的历史事实，以及在历史上发挥的重要作用，可以认定其精神已经归纳为民族的共同记忆、民族精神和社会主义核心价值观的一部分，因而构成了社会公共利

① 迟方旭：《〈民法总则〉第185条的核心要义是维护社会公共利益》，载《红旗文摘》2017年第11期。

益的一部分。侮辱、诽谤英雄人物，丑化英雄人物形象，贬损英雄人物名誉，削弱其精神价值，侵害的不仅是英雄人物的名誉及荣誉，也损害了社会公共利益。行为人在没有充分依据的情况下，通过学术文章、观点争论等形式对英雄人物进行推测、质疑、评价，虽然其没有使用明显侮辱性的语言，但是其引导人们对英雄人物的英勇事迹和精神产生怀疑，从而否定基本事实的真实性，进而降低他们的英勇形象和精神价值，该行为方式符合以贬损、丑化的方式损害他人名誉和荣誉权益的特征。行为人以侵害他人合法权益和社会公共利益的言论自由作为其侵权责任之抗辩理由，人民法院不予支持。

【编后补评】

依法保护当事人的言论自由是我国现行法律的明确规定，也是本案裁判需要考虑的重要因素之一。从民法的角度看，表达自由也是民事主体一般人格尊严的重要内容。

但是，言论自由并非毫无边界，应当以不侵害他人合法权益、社会公共利益和国家利益为前提。这是我国宪法所确立的关于自由的一般原则，是为言论自由和学术自由所划定的边界。任何公民在行使言论自由、学术自由及其他自由时，都负有不得超过自由界限的法定义务。这是法治国家和法治社会对公民的基本要求，也是任何一个公民应当承担的社会责任。本案中，“狼牙山五壮士”及其事迹所凝聚的民族感情和历史记忆以及所展现的民族精神，是当代中国社会主义核心价值观的重要来源和组成部分，具有巨大的精神价值，也是我国作为一个民族国家所不可或缺的精神内核。对“狼牙山五壮士”名誉的损害，既是对原告葛长生之父葛振林、宋福保之父宋学义的名誉、荣誉的损害，也是对中华民族的精神价值的损害。被告完全可以在不损害“狼牙山五壮士”名誉、荣誉和社会公共利益的前提下，自由地进行学术研究和自由发表言论，包括对“狼牙山五壮士”战斗的某些细节进行研究，但被告却未采用这种方式，而是通过所谓的细节研究，质疑“狼牙山五壮士”英勇抗敌、舍生取义的基本事实，颠覆“狼牙山五壮士”的英勇形象，贬损、降低“狼牙山五壮士”的人格评价。这种“学术研究”“言论自由”不可避免地会侵害“狼牙山五壮士”的名誉、荣誉，以及融入了这种名誉、荣誉的社会公共利益。因此，被告以侵害他人合法权益和社会公共利益的言论自由作为其侵权责任的抗辩理由，不应得到支持。

需要指出的是，近年来质疑甚至抹黑英雄的言论甚嚣尘上，并通过网络得以广泛传播，影响不断扩大。这其中不乏有些人打着言论自由、学术自由的幌子，利用历史渐行渐远，历史资料之间记载的细节差别，片面强调所谓的人性和本能，进而歪曲、否定革命先烈的英雄事迹。这些行为不仅侵犯了革命先烈及其后人的人格尊严，也严重伤害了社会公众的民族和历史感情。作为中华人民共和国的公民，应当具有民族尊严、民族自豪感，应当正视历史，铭记中华民族抗击外来侵略的不屈精神、人民军队的不朽功绩，这些都是实现中华民族伟大复兴的精神源泉。

作为人民法院，在办理相关侵犯名誉权的案件时，应当履行宪法和法律所赋予的职责，准确适用法律，严格遵守法定程序，依法作出裁判，维护当事人的合法权益，让侵害先烈以及其他逝者权益的不端者承担必要的法律责任。

（**一审法院合议庭成员** 姜 涛 王 建 果振敏
二审法院合议庭成员 王 平 何江恒 赵胤晨
编写人 北京市第二中级人民法院 何江恒
责任编辑 杨 奕
审稿人 曹守晔）

张庆福、张殿凯诉朱振彪生命权纠纷案

——见义勇为的司法认定与侵权责任承担

关键词：见义勇为　司法认定　支持和鼓励　侵权责任　免除或减轻

【裁判要旨】

1. 个人非因法定职责，为保护国家、公共利益或者他人的人身、财产安全，不顾个人安危，制止正在发生的违法犯罪行为或者抢险救灾、救死扶伤的行为属于见义勇为，人民法院可以在民事审判中作出认定，并予以支持和鼓励。

2. 见义勇为致违法犯罪者损害，构成正当防卫或紧急避险的，依法免除或减轻侵权赔偿责任；不构成上述情形的，按照一般侵权责任审查处理，但应与普通侵权行为有所区别，除有故意和重大过失外，见义勇为者不承担侵权赔偿责任。

【相关法条】

《中华人民共和国民法总则》第一百八十一条　因正当防卫造成损害的，不承担民事责任。

正当防卫超过必要的限度，造成不应有的损害的，正当防卫人应当承担适当的民事责任。

第一百八十二条第一款、第三款　因紧急避险造成损害的，由引发险情发生的人承担民事责任。

紧急避险采取措施不当或者超过必要的限度，造成不应有的损害的，紧急避险人应当承担适当的民事责任。

第一百八十四条　因自愿实施紧急救助行为造成受助人损害的，救助人不承担民事责任。

【案件索引】

一审：河北省滦南县人民法院（2017）冀0224民初3480号（2018年2月12日）

二审：河北省唐山市中级人民法院（2018）冀02民终2730号（2018年2月28日）

【基本案情】

原告张庆福、张殿凯诉称：原告张庆福系张永焕之父，原告张殿凯系张永焕之子。2017年1月9日，被告朱振彪驾驶奥迪小轿车追赶骑摩托车的张永焕。后张永焕弃车在前面跑，被告朱振彪也下车在后面继续追赶，最终导致张永焕在迁曹线90公里495米处（滦南路段）撞上火车身亡。朱振彪在追赶过程中散布和传递了张永焕撞死人的失实信息；在张永焕用语言表示自杀并撞车实施自杀行为后，朱振彪仍然追赶，超过了必要限度；追赶过程中，朱振彪手持木凳、木棍，对张永焕的生命造成了威胁，并数次漫骂张永焕，对张永焕的死亡存在主观故意和明显过错，对张永焕的死亡应承担赔偿责任。故向法院提出诉讼请求：（1）判令被告朱振彪赔偿张永焕的死亡赔偿金564980元、丧葬费28493.5元，以及原告张庆福的生活费16330元，共计609803.5元。（2）本案的诉讼费用由被告承担。

被告朱振彪辩称：被告追赶交通肇事逃逸者张永焕的行为属于见义勇为行为，主观上无过错，客观上不具备违法性，该行为与张永焕死亡结果之间不存在因果关系，对张永焕的意外死亡不承担侵权责任。

法院经审理查明：2017年1月9日上午11时许，张永焕由南向北驾驶冀BFY×××号两轮摩托车行驶至古柳线青坨鹏盛水产门口，与张雨来无证驾驶同方向行驶的无牌照两轮摩托车追尾相撞，张永焕跌倒、张雨来倒地受伤、摩托车受损，后张永焕起身驾驶摩托车驶离现场。此事故经曹妃甸交警部门认定：张永焕负主要责任，张雨来负次要责任。

事发当时，被告朱振彪驾车经过肇事现场，发现肇事逃逸行为即驾车追赶。追赶过程中，朱振彪多次向柳赞边防派出所、曹妃甸公安局110指挥中心等公安部门电话报警。报警内容主要是：柳赞镇一道档北两辆摩托车相撞，有人受伤，另一方骑摩托车逃逸，报警人正在跟随逃逸人，请出警。朱振彪驾车追赶张永焕过程中不时喊“这个人把人怼了逃跑呢”等内容。张永焕驾驶摩托车行至滦南县胡各庄镇西梁各庄村内时，弃车从南门进入该村村民郑如深家，并从郑如深家过道屋拿走菜刀一把，从北门走出。朱振彪见张永焕拿刀，即从郑如深家中拿起一个木凳，继续追赶。后郑如深赶上朱振彪，将木凳讨回，朱振彪则拿一木棍继续追赶。追赶过程中，有朱振彪喊“你怼死人了往哪跑！警察马上就来了”，张永焕称“一会我就把自己砍了”，朱振彪说“你把刀扔了我就不追你了”之类的对话。

走出西梁各庄村后，张永焕跑上滦海公路，有向过往车辆冲撞的行为。在被李江波驾驶的面包车撞倒后，张永焕随即又站起来，在路上行走一段后，转向铁路方向的开阔地跑去。在此过程中，曹妃甸区交通局路政执法大队副大队长郑作亮等人加入，与朱振彪一起继续追赶，并警告路上车辆，小心慢行，这个人想往车上撞。

张永焕走到迁曹铁路时，翻过护栏，沿路堑而行，朱振彪亦翻过护栏继续跟随。此时，与朱振彪一起追赶张永焕的郑作亮等离开。朱振彪边追赶边劝阻张永焕说：“被撞到的那个人没事儿，你也有家人，知道了会惦记你的，你自首就中了。”2017 年 1 月 9 日 11 时 56 分张永焕自行走向两铁轨中间，51618 次火车机车上的视频显示，朱振彪挥动上衣，向驶来的列车示警。2017 年 1 月 9 日 12 时 02 分，张永焕被由北向南行驶的 51618 次火车撞倒，后经检查被确认死亡。

在朱振彪跟随张永焕的整个过程中，两人始终保持一定的距离，未曾有过身体接触。朱振彪有劝张永焕投案的语言，也有责骂张永焕的言辞。

另查明，张雨来在与张永焕发生交通事故受伤后，当日先后被送到曹妃甸区医院、唐山市工人医院救治，于当日回家休养，至今未进行伤情鉴定。张永焕死亡后其第一顺序法定继承人有二人，即其父张庆福、其子张殿凯。

2017 年 10 月 11 日，大秦铁路股份有限公司大秦车务段滦南站作为甲方，与作为乙方的原告张殿凯，签订《铁路交通事故处理协议》，协议内容：“2017 年 1 月 9 日 12 时 02 分 51618 次列车运行在曹北站至滦南站之间 90 公里 495 处，将擅自进入铁路线路的张永焕撞死，构成一般 B 类事故；死者张永焕负事故全部责任；铁路方在无过错情况下，赔偿原告张殿凯 4 万元。”

【裁判结果】

河北省滦南县人民法院于2018年2月12日作出（2017）冀0224民初3480号民事判决：驳回原告张庆福、张殿凯的诉讼请求。案件受理费3350元，由原告张庆福、张殿凯负担。宣判后，原告张庆福、张殿凯不服，提出上诉。审理过程中，上诉人张庆福、张殿凯撤回上诉。河北省唐山市中级人民法院于2018年2月28日作出（2018）冀02民终2730号民事裁定：准许上诉人张庆福、张殿凯撤回上诉。

【裁判理由】

法院生效裁判认为：原告张庆福、张殿凯作为死者张永焕的近亲属，起诉要求被告朱振彪对张永焕的死亡承担侵权赔偿责任，根据一般侵权责任的构成要件及双方诉辩主张，本案审查的重点问题是被告朱振彪行为是否具有违法性；被告朱振彪对张永焕的死亡是否具有过错；被告朱振彪的行为与张永焕的死亡结果之间是否具备法律上的因果关系。首先，案涉道路交通事故发生后张雨来受伤倒地昏迷，张永焕驾驶摩托车逃离。被告朱振彪作为现场目击人，及时向公安机关电话报警，并驱车、徒步追赶张永焕，敦促其投案，其行为本身不具有违法性。同时，根据《道路交通安全法》第七十条规定，交通肇事发生后，车辆驾驶人应当立即停车、保护现场、抢救伤者，张永焕肇事逃逸的行为构成违法。被告朱振彪作为普通公民，挺身而出，制止正在发生的违法犯罪行为，属于见义勇为，应予以支持和鼓励。其次，从被告朱振彪的行为过程看，其并没有侵害张永焕生命权的故意和过失。根据被告朱振彪的手机视频和机车行驶影像记录，双方始终未发生身体接触。在张永焕持刀声称自杀意图阻止他人追赶的情况下，朱振彪拿起木凳、木棍属于自我保护的行为。在张永焕声称撞车自杀，意图阻止他人追赶的情况下，朱振彪和路政人员进行了劝阻并提醒来往车辆。考虑到交通事故事发突然，当时张雨来处于倒地昏迷状态，在此情况下被告朱振彪未能准确判断张雨来伤情，在追赶过程中有时喊话传递的信息不准确或语言不文明，但不构成民事侵权责任过错，也不影响追赶行为的性质。在张永焕为逃避追赶，跨越铁路围栏，进入火车运行区间之后，被告朱振彪及时予以高声劝阻提醒，同时挥衣向火车司机示警，仍未能阻止张永焕死亡结果的发生。故该结果与朱振彪的追赶行为之间不具有法律上的因果关系。

综上，原告张庆福、张殿凯的诉讼请求理据不足，不予支持。

【案例注解】

1. 个人非因法定职责，为保护国家、公共利益或者他人的人身、财产安全，不顾个人安危，制止正在发生的违法犯罪行为或者抢险救灾、救死扶伤的行为属于见义勇为，人民法院可以在民事审判中作出认定，并予以支持和鼓励。

《论语·为证》中说："见义不为，无勇也。"看到合乎道义的事，便勇敢地去做，甚至不顾个人安危，是大义，惩恶扬善、见义勇为是中华民族的传统美德。《宪法》《刑法》《刑事诉讼法》均从法律角度鼓励、支持公民同违法犯罪行为做斗争。《最高人民法院关于在人民法院工作中培育和践行社会主义核心价值观的若干意见》也明确指出："倡导、培育和维护公序良俗，谴责、制裁、摒除各类缺德行为或丑恶现象，是人民法院肩负的重要职责……大力倡导'以和为贵''宽容互让''尊老爱幼''助人为乐''见义勇为'等高尚行为。"本案发生后，受到社会媒体广泛关注，继"扶不扶""劝不劝"后，又形成了"追不追"的社会话题，社会各界期待人民法院给出明确答案。

对此，需要研究的问题有两个：一是朱振彪的行为是否属于见义勇为；二是能否在司法裁判中直接认定见义勇为。首先，虽然在民法上何为"见义勇为"在学术界存在争议，目前也无法律对此作出明确规定，但各省基本都出台了关于见义勇为奖励和保护的地方性法规。《河北省奖励和保护见义勇为人员条例》第二条规定："本条例所称见义勇为，是指个人非因法定职责，为保护国家、公共利益或者他人的人身、财产安全，不顾个人安危，制止正在发生的违法犯罪行为或者抢险救灾、救死扶伤的行为。"具体到本案，因《道路交通安全法》第七十条明确规定，交通肇事发生后，车辆驾驶人应当立即停车、保护现场、抢救伤者，故张永焕肇事逃逸的行为构成违法，朱振彪作为普通公民，发现违法行为，挺身而出，予以制止，属于见义勇为。其次，根据《河北省奖励和保护见义勇为人员条例》第十条规定，见义勇为行为由当地县（市、区）社会综合治理工作机构审查确认。本案审理过程中，在相关部门尚未作出审查结论情况下，是否可以在民事判决中直接认定朱振彪的行为属于见义勇为，存在一定分歧。然而，司法裁判定分止争的主要职能，本质上是对社会行为的一种法律判决和价值判断。现代社会的复杂性对司法裁判提出了新要求和新期待，司法裁判要确保政治上的正确性，法律上的合法性以及伦理上的正当性，要弘扬社会主义核心价值，要让司法公正得到更广泛的社会认同。司法裁判要承担起对社会主导价值观和行为模式的引导责任，势必要对传统严格适用法律解决纠的裁判模式进行适当拓展。所以，我们认为人民法院可以通过司法裁判的方式认定见义勇为行为，并旗帜鲜明地予以支持和鼓励，从而以公正裁判树立行为规则，引领社会风尚。

2. 见义勇为致违法犯罪者损害，构成正当防卫或紧急避险的，依法免除或减轻侵权赔偿责任；不构成上述情形的，按照一般侵权责任审查处理，但应与普通侵权行为有所区别，除有故意和重大过失外，见义勇为者不承担侵权赔偿责任。

见义勇为并不是严格意义上的民法或者刑法概念，对见义勇为行为的支持和鼓励，司法裁判中更多依托民法或刑法中的正当防卫和紧急避险制度。然而，见义勇为的情形并不完全等同于正当防卫、紧急避险，有其特殊性。正当防卫针对的是正在发生的不法侵害，目的是阻止侵害行为，防止损害后果发生。而见义勇为，还包括侵害行为发生后的紧急救助，防止损害后果的扩大。紧急避险要求行为人在不得已的情况下采取避险措施，而见义勇为旨在提倡救人于危难，只要情况紧急，并不要求不得已而为之。正当防卫和紧急避险制度，在一定程度上解决了见义勇为者的后顾之忧。但对于不构成正当防卫或紧急避险的见义勇为行为，造成违法犯罪者损害的，是否应减轻或免除侵权责任，法律尚无特别规定。对此，参考最高人民法院发布的“张德军故意伤害案——见义勇为引发他人伤亡的如何处理”刑事指导案例①提出的观点：见义勇为行为构成刑法中正当防卫、紧急避险的，不承担刑事责任和民事赔偿责任；即使不构成正当防卫、紧急避险，如不具有“过错”和“因果关系”的要件，亦应免除刑事责任和民事赔偿义务，以及《民法总则》第一百八十四条“紧急救助免责”的立法精神，法院经研究倾向认为：对于不属于正当防卫或紧急避险性质的见义勇为行为致违法犯罪人损害的，应根据《侵权责任法》第六条规定的一般侵权责任审查处理，主要包括违法性、过错、损害事实和因果关系等四个构成要件，在认定见义勇为者主观过错时应以“故意和重大过失”为限，适当减轻或免除侵权赔偿责任。

具体到本案，被告朱振彪的行为因为时间要件不符，不属于正当防卫，但其发现违法行为，挺身而出，予以制止，属于见义勇为。虽然有伤亡后果的损害事实发生，且与朱振彪的追赶行为有一定关系，但朱振彪向火车示警并予以

① 载《刑事审判参考》2006年第4期，总第51期。

提醒，张永焕依然拒绝躲避行驶的火车，张永焕的死亡结果与朱振彪的行为不具有法律上的因果关系。考虑到交通事故事发突然，当时张雨来处于倒地昏迷状态，在此情况下被告朱振彪未能准确判断张雨来伤情，在追赶过程中有时喊话传递的信息不准确或语言不文明，也属情理之中，且双方在此过程中从未有过身体接触，从朱振彪的具体行为过程分析，其主观上不存在故意和重大过失。

（**一审法院合议庭成员**　潘　楷　杨会军　任作新　鲁　敏　高彩香
二审法院合议庭成员　李学静　刘群勇　徐万启
编写人　河北省高级人民法院　王　佳
责任编辑　高　尚
审稿人　曹守晔）

田九菊诉杨帆生命权纠纷案

——“电梯劝烟案”中公平责任原则的适用

关键词：公平责任原则　因果关系　上诉拘束原则的例外　社会公共利益

【裁判要旨】

公平责任原则是侵权法基于现代社会生活出现的严重对立而产生的衡平归责。其功能在于分配“不幸”而非惩罚过错。受害人与行为人均无过错和行为与损害之间具有因果关联是适用公平责任原则的前提和基础。公平责任原则不是侵权法上除过错责任原则和无过错责任原则之外的又一归责原则，并非符合公平责任原则适用前提和基础的案件都必须适用《侵权责任法》第二十四条进行判决，法官要根据案件的其他情况综合考量是否适用第二十四条，尤其要审慎地考量适用第二十四条是否会破坏行为自由的基本底线，是否会损及其他更大的社会利益，注重司法判决的引领作用。

【相关法条】

《中华人民共和国侵权责任法》第二十四条　受害人和行为人对损害的发生都没有过错的，可以根据实际情况，由双方分担损失。

《最高人民法院关于适用〈中华人民共和国民事诉讼法〉的解释》第三百二十三条　第二审人民法院应当围绕当事人的上诉请求进行审理。

当事人没有提出请求的，不予审理，但一审判决违反法律禁止性规定，或者损害国家利益、社会公共利益、他人合法权益的除外。

【案件索引】

一审：河南省郑州市金水区人民法院（2017）豫0105民初14525号（2017年9月4日）

二审：河南省郑州市中级人民法院（2017）豫01民终14848号（2018年1月12日）

【基本案情】

原告田九菊诉称：原告系死者段小立的配偶。2017年5月2日，在金水区天骄华庭2期小区5号楼1单元电梯内，被告杨帆无故与段小立发生争执，又在小区物业办公室内、外对段小立大声呵斥，当场导致段小立心脏病发作死亡。故原告诉至法院，请求判令：（1）被告杨帆赔偿原告田九菊死亡赔偿金326796元、丧葬费22960元、精神抚慰金5万元，医疗费755.8元，以上共计400511.8元；（2）本案诉讼费由被告杨帆承担。

被告杨帆辩称：被告并非无故与死者段小立发生争执。因被告与段小立同乘电梯时，段小立在狭小的电梯厢内吸烟，被告作为一名同乘人、一名职业医护工作者，善意告知段小立吸烟对自己、对他人的危害，在电梯内吸烟是一种不文明的行为表现。段小立不但不听劝阻，反觉被告是多管闲事，是对老人的不尊重，双方因此产生意见分歧和争执。被告并未“大声呵斥”段小立，段小立也并非是在被告的“大声呵斥下当场心脏病发作死亡”。段小立是在双方分开后，在物业人员劝说下到物业办公室冷静情绪期间因心脏病突发而死亡，其死亡的直接原因是自身的心脏病发作，该死亡结果与被告不存在任何因果关系，其不应对段小立的死亡结果承担任何法律责任。请求法院驳回原告田九菊的诉讼请求。

法院经审理查明：2017年5月2日9时24分许，段小立（69岁）与杨帆（30岁）先后进入金水区天骄华庭2期小区5号楼1单元电梯内，因段小立在电梯内吸烟，二人发生言语争执。段小立与杨帆走出电梯后，双方仍有言语争执。双方被该小区物业公司工作人员劝阻后，杨帆离开，段小立同物业公司工作人员一同进入物业公司办公室休息，后段小立因心脏病发作猝死。根据金水区天骄华庭小区监控视频显示内容，事件发生过程中，段小立情绪较为激动，并随着时间的推移，情绪激动程度不断升级；杨帆在整个过程中，情绪相对比较冷静、克制；二人只有语言交流，无拉扯行为，无肢体冲突。经核算，三段监控视频中显示杨帆与段小立接触时长不足5分钟。在120救护车到达前，具有职业医护经验的杨帆积极对段小立实施了心脏按压复苏。段小立有心脏病史，2007年做过心脏搭桥手术。田九菊系段小立配偶，二人共同育有三子女，该三子女均声明放弃参加本案诉讼的权利，段小立的父母均先于段小立死亡。

【裁判结果】

河南省郑州市金水区人民法院于2017年9月4日作出（2017）豫0105民初14525号民事判决：一、杨帆于判决生效后10日内补偿田九菊15000元。二、驳回田九菊的其他诉讼请求。

宣判后，田九菊不服，向河南省郑州市中级人民法院提起上诉。河南省郑州市中级人民法院于2018年1月12日作出（2017）豫01民终14848号民事判决：一、撤销河南省郑州市金水区人民法院（2017）豫0105民初14525号民事判决；二、驳回田九菊的诉讼请求。

【裁判理由】

法院生效判决认为：本案属于生命权纠纷，应当适用《侵权责任法》相关规定。《侵权责任法》第六条第一款规定："行为人因过错侵害他人民事权益，应当承担侵权责任。"因此，确定杨帆应否承担侵权责任，关键是要分析杨帆对段小立在电梯间吸烟进行劝阻与段小立死亡的事实之间是否有因果关系、杨帆是否存在过错。具体分析如下：（1）杨帆劝阻段小立吸烟行为未超出必要限度，属于正当劝阻行为。在劝阻段小立吸烟的过程中，杨帆保持理性，平和劝阻，双方之间也没有发生肢体冲突和拉扯行为，本案中也没有证据证明杨帆对段小立进行过呵斥或有其他不当行为。（2）杨帆劝阻段小立吸烟行为本身不会造成段小立死亡的结果。段小立自身患有心脏疾病，在未能控制自身情绪的情况下，心脏疾病发作不幸死亡。虽然从时间上看，杨帆劝阻段小立吸烟行为与段小立死亡的后果是先后发生的，但两者之间并不存在法律上的因果关系。（3）杨帆没有侵害段小立生命权的故意或过失。杨帆此前不认识段小立，也不知道段小立有心脏病史并做过心脏搭桥手术，其劝阻段小立吸烟是履行公民应尽的社会责任，不存在加害段小立的故意，而且杨帆在得知段小立突发心脏疾病后，及时发挥专业技能对段小立积极施救。杨帆对段小立的死亡无法预见，也不存在疏忽或懈怠，没有过错。综上，杨帆对段小立在电梯间吸烟予以劝阻的行为与段小立死亡结果不存在法律上的因果关系，杨帆不存在过错，不应承担侵权责任。田九菊关于杨帆存在过错，应承担一般侵权责任的上诉理由不能成立，法院不予支持。

《侵权责任法》第二十四条规定："受害人和行为人对损害的发生都没有过错的，可以根据实际情况，由双方分担损失。"适用《侵权责任法》第二十四条的前提是行为与损害结果之间有法律上的因果关系，且受害人和行为人对损害的发生都没有过错。而本案中杨帆劝阻吸烟行为与段小立死亡结果之间并无法律上的因果关系，因此，一审判决以段小立确实在与杨帆发生言语争执后猝死为由，依照《侵权责任法》第二十四条的规定，适用公平原则判决杨帆补偿田九菊 15000 元，属于适用法律错误。

《最高人民法院关于适用〈中华人民共和国民事诉讼法〉的解释》第三百二十三条规定："第二审人民法院应当围绕当事人的上诉请求进行审理。当事人没有提出请求的，不予审理，但一审判决违反法律禁止性规定，或者损害国家利益、社会公共利益、他人合法权益的除外。"本案一审判决作出后，杨帆未上诉，但一审判决适用法律错误，损害社会公共利益，依法应予改判，理由如下：保护生态环境、维护社会公共利益及公序良俗是民法的基本原则，弘扬社会主义核心价值观是民法的立法宗旨，司法裁判对保护生态环境、维护社会公共利益的行为应当依法予以支持和鼓励，以弘扬社会主义核心价值观。根据郑州市有关规定，市区各类公共交通工具、电梯间等公共场所禁止吸烟，公民有权制止在禁止吸烟的公共场所吸烟的吸烟者。该规定的目的是减少烟雾对环境和身体的侵害，保护公共环境，保障公民身体健康，促进文明、卫生城市建设，鼓励公民自觉制止不当吸烟行为，维护社会公共利益。本案中，杨帆对段小立在电梯内吸烟予以劝阻合法正当，是自觉维护社会公共秩序和公共利益的行为，一审判决判令杨帆分担损失，让正当行使劝阻吸烟权利的公民承担补偿责任，将会挫伤公民依法维护社会公共利益的积极性，既是对社会公共利益的损害，也与民法的立法宗旨相悖，不利于促进社会文明，不利于引导公众共同创造良好的公共环境。因此，一审判决判令杨帆补偿田九菊 15000 元错误，二审依法予以纠正。杨帆称其考虑到田九菊不幸失去了亲人，愿意对田九菊捐赠一定费用，因不属于本案审理范围，由双方当事人自行解决。

【案例注解】

一、从本案看《侵权责任法》第二十四条的适用

本案一审法院在实体法上适用《侵权责任法》第二十四条之规定，在认定当事人双方均没有过错的情况下，根据公平原则，判决被告向原告补偿15000元。该判决在社会上引起了极大的负面影响。二审法院以“杨帆劝阻吸烟行为与段小立死亡结果之间并无法律上的因果关系”否定了第二十四条在本案中的适用，使本案回归实体正义，获得舆论一致好评。本案一、二审对《侵权责任法》第二十四条的不同理解和适用，在一定程度上反映出当前我国司法实践中对《侵权责任法》第二十四条的适用存在模糊不清的认识，而科学界定《侵权责任法》第二十四条的规范性质，是正确进行司法适用的前提。

（一）《侵权责任法》第二十四条的规范性质

《侵权责任法》第二十四条实际上是民法公平原则在侵权法中的体现。《侵权责任法》第二十四条虽源于《民法通则》第一百三十二条，但与其具有本质区别。《侵权责任法》不仅在立法体例上将第二十四条置于损失数额确定和分担的位置，而且对其内容进行了根本性变更。一是在主体身份上，将范围宽泛的“当事人”修改为具体的“受害人和行为人”；二是在损害成因上，将“对造成损害都没有过错”修改为“对损害的发生都没有过错”；三是在法律后果上，将“由当事人分担民事责任”修改为“由双方分担损失”。上述修改除技术因素之外，至少体现了三个方面的考虑：一是充分体现侵权法的权利救济法性质；二是严格赔偿与补偿、义务与责任、归责与救济；三是严格限制其适用范围和适用条件。由此应当从以下三方面把握第二十四条的性质。

首先，从《侵权责任法》第二十四条的立法理论基础看，主要是公平原则和衡平理念。当受害人与行为人对于损害的发生均无过错而损害客观存在时，让受害人承担全部不幸后果有违民法之公平观念。所以，为避免因一方全部负担损害后果所产生的不合理现象，让双方合理分担损失，通过互助共济，实现社会和谐稳定。在我国社会保障制度不尽完善的情形下，该规定尤其具有现实意义。

其次，《侵权责任法》第二十四条不是除过错责任原则和无过错责任原则之外的又一归责原则，也不是公平责任的一般条款。这不仅因为第二十四条在性质上根本不是侵权责任，而是一种补偿义务；更在于公平责任及其归责原

则，根本不具有成立的理论基础。（1）归责原则是指确认和归究侵权责任的基本规则，是统领整个侵权责任制度的基本规则。归责原则不仅决定构成要件，而且决定抗辩事由、责任方式、责任大小等具体制度。因此，归责原则的确立，必须有法律明确规定。我国《侵权责任法》第六条和第七条在特定位置明确规定了过错责任和无过错责任两项归责原则。根据法律的明确规定，只有在法律明文规定的情况下才能适用无过错责任，除此之外均属过错责任原则的适用范畴。由此可见，过错责任原则与无过错责任原则具有非此即彼的排他性。推定过错责任只是过错责任的一种特殊形态，其实质上仍然属于过错责任的范畴。所以，在过错责任和无过错责任原则之外，不可能存在第三种归责原则。（2）从《侵权责任法》第二十四条规定的内容看，“由双方分担损失”显然是一种补偿义务，并非一种侵权责任。既然其不是一种侵权责任，更不可能成为侵权责任的归责原则。《侵权责任法》第二十四条将《民法通则》第一百三十二条规定的“由当事人分担民事责任，”修改为“由双方分担损失”，其立法目的显然是在突出强调第二十四条不是归责，而是救济；不是赔偿，而是补偿；不是责任，而是义务。如此明确的立法本意，特别是如此明显的立法变化，充分说明《侵权责任法》第二十四条规定的既不是公平责任，更不是公平责任原则，并且任何一项归责原则均不可能以任意性规范的形式存在。（3）如果将其作为公平责任原则广为适用，则必然从根本上消解过错责任原则的基础地位，并导致难以遏制的司法擅断和无法控制的法律规避，使第二十四条成为各类损害救济的兜底条款。正是基于这种考虑，任何国家均未在法律上确立具有归责原则性质的公平责任原则，而是将其仅限于赔偿数额确定或者损失分担时的一种具体规则。

最后，《侵权责任法》第二十四条是一项任意性规范，不具有强制性规范属性。《侵权责任法》第二十四条的规定有两个核心词值得强调。一是本条中关于“可以”的规定。第二十四条规定：“……可以根据实际情况，由双方分担损失。”其用语既不是“应当”，更不是“必须”。这充分说明，第二十四条并不是一个强制性规范。据此，我们完全可以对其作如下理解：当受害人与行为人对损害的发生均无过错时，“可以”根据实际情况，由双方分担损失；也“可以”不由双方分担损失。二是本条中关于“实际情况”的规定。该规定表明，双方分担损失的依据并不是基于侵权行为或者主观过错，而是与责任构成完全无关的“实际情况”。这种实际情况涉及损害客观存在、损害后果较大、受害人无力承受、无其他可以补救的措施等具体情况。只有符合特定条件后，才可以由双方分担损失。

（二）《侵权责任法》第二十四条的适用条件

根据以上分析，《侵权责任法》第二十四条作为特殊情形下的损失分担规则，必须符合一定具体条件方可适用。

第一，必须受害人和行为人对损害的发生均无过错，这是损害分担的前提条件。如果行为人具有主观过错，其理应依过错责任原则承担侵权责任；如果受害人具有主观过错，行为人更不需要与其共同分担损失。如果第三人对损害的发生具有过错，则理应由第三人依法承担侵权责任。具体到本案，个人不应在公共场所吸烟已成了社会共识。禁止在公共场所吸烟，旨在减少烟雾对环境和他人身体的侵害。从这个意义上讲，劝阻他人在公共场所吸烟是一种维护社会公共利益的行为，是一种值得提倡的行为。在一般情况下，劝阻他人在公众场所吸烟，即使劝阻者言语或行为略有不当，也会得到社会的肯定和赞许。本案劝阻者杨帆没有过激行为，没有与对方发生肢体冲突，也不知道被劝阻者患有心脏病，杨帆的行为不具备主观过错。本案的特殊性在于被劝阻者在言语争执后猝死。猝死的结果是劝阻者意料之外的。对生命权来说，存亡是大问题。对死者及其家属的同情与对劝阻他人在公共场所吸烟行为的评价之间如何考量，如何取舍，是审判案件的法官考量的问题，也是社会关注的问题。

第二，必须行为人客观上造成了受害人的损害，即必须有损害事实的客观存在，且该损害与行为人的行为直接相关。侵权法以受害人自我负担为原则，在欠缺充分理由转由他人负担时，无辜的受害人应自我承担生命中的不幸与损害。“充分理由”应理解为行为人的“行为”与受害人的损失之间具有因果关联，否则，行为人不应当与受害人分担损失。也就是说，并非所有的意外损害均可由双方分担；只有与行为人有关的损害，才可由行为人与受害人分担，否则便是法律对行为人自由的无端干涉。就本案而言，杨帆劝阻段小立吸烟行为本身不会造成段小立死亡的结果。段小立自身患有心脏疾病，在未能控制自身情绪的情况下，心脏疾病发作不幸死亡。虽然从时间上看，杨帆劝阻段小立吸烟行为与段小立死亡的后果是先后发生的，但杨帆劝阻吸烟的行为在客观上并不能造成段小立死亡的损害后果，两者不具备因果关联，因此，本案不具备适用第二十四条的基础，一审判决适用法律错误。审判实践中有些个案不注重对这种因果关联的审查，只要行为人和受害人均没有过错，如果再存在损害后果比较大或受害人情绪比较激烈的情况下，就适用第二十四条下判，导致了第二十四条的滥用。可见双方对损害的发生都没有过错，只是行为人分担损失的必要条件，但绝不是行为人分担损失的充分条件。

第三，必须确无真正的侵权责任人。如果受害人的损害系第三人所致，理应由第三人依法承担侵权责任。在此情形下，根本无须也不应当由行为人与受害人分担损失。虽然《侵权责任法》第二十四条本身并不具有此项含义，但是从可推知的立法目的看，其显然不会令行为人与受害人承担本应由第三人承担的侵权责任。

第四，必须受害人损失较大且无力承受。在第二十四条规定的情形下，行为人因为没有过错，依法本可不承担任何责任。按照“损害自担”的传统原则，受害人的损失只能由自己承担。但是，由于受害人对此也没有过错，如果由其全部承担亦不合情理，所以法律才要求行为人与受害人分担损失。因此，损害较大且受害人无力承受，应当成为适用《侵权责任法》第二十四条的必要条件。否则，第二十四条将有可能被随意滥用。

第五，必须受害人的损失无法通过其他途径获得补偿。《侵权责任法》第二十四条规定在双方对损害的发生均无过错的情形下，让行为人与受害人分担损失完全是无奈之举。所以，行为人与受害人分担损失的前提，必须是受害人的损失确实无法通过其他任何途径获得补偿。如果受害人的损失可以通过第三人承担责任予以补偿，或者可以通过社会保障和商业保险得以补偿，行为人也无须与受害人分担损失。

第六，必须考量是否破坏行为自由的基本底线，是否损及其他更大的社会利益，考虑裁判的社会效果。虽然现代侵权法将对受害人利益的保护上升到与行为人自由的保障同样高的位阶，但行为人自由的保障仍是侵权法的重要任务，尤其是当行为涉及法律应当保护的更大利益时。本案即涉及对死者及其家属的补偿与对劝阻他人在公共场所吸烟行为的评价之间如何取舍的问题，涉及公众有没有对不道德、不合法行为进行阻止的自由问题，涉及个人利益和社会公共利益的冲突与调和的问题。二审判决否定了一审的补偿判决，作出维护社会公共利益的判决。这一判决是对社会公共利益维护行为的肯定，是对在维护社会公共利益、群体利益、他人利益方面见义勇为行为的肯定。

二、关于《最高人民法院关于适用〈中华人民共和国民事诉讼法〉的解释》第三百二十三条在本案的适用

本案二审在一审原告启动上诉审程序，一审被告没有上诉的情况下，经审理认为一审判决适用法律错误，损害社会公共利益，直接改判免除了一审被告、二审被上诉人的赔偿责任，这确实涉及对我国《民事诉讼法》规定的当事人自由处分原则的遵守和对当事人意思自治的尊重问题。但是，我们从二审判决书看到，二审法院在判决时已注意到这个问题，判决书引用了《最高人

民法院关于适用〈中华人民共和国民事诉讼法〉的解释》（以下简称《民诉法解释》）第三百二十三条规定："第二审人民法院应当围绕当事人的上诉请求进行审理。当事人没有提出请求的，不予审理，但一审判决违反法律禁止性规定，或者损害国家利益、社会公共利益、他人合法权益的除外。"二审法院依据《民诉法解释》第三百二十三条的规定作出的判决，是基于社会公共利益考量作出的判决。

第一，我国民事诉讼制度一直存在上诉请求拘束原则的例外。如果将我国《民事诉讼法》第一百六十八条"第二审人民法院应当对上诉请求的有关事实和适用法律进行审查"和《民诉法解释》第三百二十三条第一款"第二审人民法院应当围绕当事人的上诉请求进行审理"理解为我国民事诉讼制度中的"上诉请求拘束原则"的话，那么我国民事诉讼司法解释层面一直存在着该原则的例外规定。

从1992年《最高人民法院关于适用〈中华人民共和国民事诉讼法〉若干问题的意见》第180条规定的"对上诉人上诉请求的有关事实和适用法律进行审查时，如果发现在上诉请求以外原判确有错误的，也应予以纠正"，到1998年《最高人民法院关于民事经济审判方式改革问题的若干规定》第三十五条规定的"判决违反法律禁止性规定、侵害社会公共利益或者他人利益的除外"（当事人没有提出上诉请求也应审查），再到2015年《民诉法解释》第三百二十三条第二款将例外调整为"一审判决违反法律禁止性规定，或者损害国家利益、社会公共利益、他人合法权益"，可以清晰地发现司法解释层面的例外规定一直存在，但范围趋向限缩。事实上，如果二审认为案件依法不应由法院受理的，可以不顾上诉请求，直接裁定撤销原裁判，驳回起诉（《民诉法解释》第三百三十条）；认为违反专属管辖规定的，也可以不顾上诉请求，裁定撤销原裁判并移送有管辖权的法院（《民诉法解释》第三百三十一条）。这些都可视作违反诉讼法的禁止性规定，构成"上诉请求拘束原则"的例外。

第二，二审法院负有审级监督功能。本案一审判决属于比较典型的法律适用错误，二审法院有责任正确适用法律，并不受当事人法律适用主张的拘束。因此，相较于事实认定，二审法院更有理由超越当事人的上诉请求及其理由，对一审裁判的法律适用进行审理。如果二审法院发现错误而坐视不理，等到裁判生效后再通过审判监督程序、第三人撤销之诉等予以纠正，并不符合裁判终局性、诉讼经济性的原理。

第三，本案一审被告杨帆并不接受一审判决结果，我国民事诉讼制度并未设立"附带上诉制度"。本案二审程序中作为被上诉人的杨帆答辩称："对段小立的死亡不应当承担任何法律责任。但考虑到田九菊失去了亲人，即使田九菊不提起诉讼，也愿意对其进行一定费用的捐赠。”可见杨帆自愿捐赠，但并不接受法院裁判的分担义务，只是基于对死者及其家属的同情，未提出上诉。我国并未如域外通常的立法例那样设置“附带上诉”制度（即被上诉人有权在收到上诉状之日起一定期间内提起上诉，从而扩大上诉审理的范围），过于严格地适用“上诉请求拘束原则”，缺乏必要的辅助制度作支撑。

第四，一审判决结果构成对社会公共利益的损害。关于公共利益的定义有很多，我们认为，凡是涉及不特定多数人的利益就是公共利益。如在公共场所抽烟、乱扔垃圾，在公共场所（如车站、码头、公园等）不当地侵占公用设施，在公共场所大声喧哗、不遵守交通秩序，等等，这些行为都影响了不特定的多数人的利益，其影响的利益可以称之为公共利益。本案中，《郑州市公共场所禁止吸烟条例》第三条明确规定禁止在电梯间等公共场所吸烟，段小立在电梯内吸烟，显然违反了《郑州市公共场所禁止吸烟条例》的规定，构成对社会公共利益的侵害。杨帆劝阻吸烟的行为，是对公共利益的维护，是一种值得大力提倡的合法行为。一审判决让合法行为向违法行为补偿，是对公民行为自由的侵害，也是对公共利益的一种侵害。

第五，当多种利益相冲突时，法官自由裁量权的行使。司法裁判的初级目标是定分止争，中级目标是为社会提供正确的行为规则，终极目标是固守这个社会赖以运行的核心价值观。作为审判案件的法官，在审理涉及社会公共利益的案件或涉及社会道德问题的案件时，不仅要关注个案的公正，而且还要关注判决对社会关系调整和核心价值观的维护。在个人权益保护与社会公共利益维护发生冲突时，应优先选择适用公共利益保护原则。具体到本案来说，在对当事人意思自治权的尊重与社会公共利益保障之间发生冲突时，二审法院审判法官基于对当事人意思自治权利的尊重与社会公共利益保障之间的平衡与考量，选择适用了《民诉法解释》第三百二十三条第二款，免除了一审被告的赔偿责任，该判决的意义不仅仅限于案件本身。司法判决不仅在于定分止争，而且还在向社会宣示正义的行为规则。一般大众大都根据司法判决结果来决定自己的行为方向和价值取向。从这个意义上讲，司法判决是在向社会公众宣布什么行为是正确的，什么行为是错误的，什么行为是善的，什么行为是恶的，其对社会大众社会价值观的引领具有风向标的意义。当今社会，危害社会公共利益的行为、有违社会公德的行为时有发生，如在车站、码头、公园等公共场所不当地侵占公用设施，乱扔垃圾，在公共场所等大声喧哗，等等，如果让劝阻者对被劝阻者不可预见的行为后果负责，则无疑会对社会公共利益的维护、社会公共道德的倡导有消极意义。该案的判决结果不仅是对劝阻他人在公共空间吸烟行为的肯定，而且也是对维护社会公共利益、有利于增进社会道德的行为的肯定。

（**一审法院合议庭成员** 何 珂 周海玲 杨玉汶
二审法院合议庭成员 杨相峰 李庆伟 姚振勇
编写人 河南省郑州市中级人民法院 欧阳梅
责任编辑 杨 奕
审稿人 曹守晔）

“服务供给侧结构性改革。各级法院审结一审商事案件1643.8万件，同比上升53.9%。积极开展破产审判工作，开通全国企业破产重整案件信息网，出台‘执行转破产’意见，健全市场主体救治和退出机制，依法稳妥处置‘僵尸企业’，审结破产案件1.2万件，重庆钢铁、东北特钢等破产重整案取得良好效果。制定公司法司法解释，规范公司治理，加强股东权利保护。审结买卖合同案件410.6万件，促进公平交易。审结房地产纠纷案件132.1万件，促进房地产市场规范有序发展。”

——摘自2018年3月9日最高人民法院院长周强在第十三届全国人民代表大会第一次会议上所作《最高人民法院工作报告》。后面两个案例即为《最高人民法院工作报告》中提及的东北特钢、重庆钢铁破产重整案。

阿拉善盟金圳冶炼有限责任公司申请东北特殊钢集团有限责任公司、东北特钢集团大连特殊钢有限责任公司等破产重整案

——市场化、法治化和当事人意思自治原则在重整中的运用

关键词：破产重整　债的平等性　市场化　法治化　意思自治

【裁判要旨】

竞争是市场经济的基本特征，也是最有效率的资源配置方式，优胜劣汰的市场机制决定了对困境企业的重整亦应遵循市场化的原则：无论破产重整审判整体思路的设计，还是战略投资者的遴选，均应遵循市场化原则。

社会主义市场经济本质上是法治经济，重整过程中相关各方的利益分歧和诉求均应在法治的框架下得以解决和实现。按照债权平等的原则打破债券刚性兑付的市场预期，平等保护各类普通债权人的利益，是破产重整过程中坚持法治化原则的集中体现。

个人是自我利益的最佳判断者，对困境企业的破产重整应通过保障主要债权人对破产重整重大事项的知情权、参与权、监督权和决定权的方式，最大限度地贯彻当事人意思自治的原则，以保障提交债权人会议表决的重整计划草案成为各方当事人意志和利益的最充分体现。

【相关法条】

《中华人民共和国企业破产法》第二条　企业法人不能清偿到期债务，并且资产不足以清偿全部债务或者明显缺乏清偿能力的，依照本法规定清理债务。

企业法人有前款规定情形，或者有明显丧失清偿能力可能的，可以依照本法规定进行重整。

第七条 债务人有本法第二条规定的情形，可以向人民法院提出重整、和解或者破产清算申请。

债务人不能清偿到期债务，债权人可以向人民法院提出对债务人进行重整或者破产清算的申请。

企业法人已解散但未清算或者未清算完毕，资产不足以清偿债务的，依法负有清算责任的人应当向人民法院申请破产清算。

第七十条 债务人或者债权人可以依照本法规定，直接向人民法院申请对债务人进行重整。

债权人申请对债务人进行破产清算的，在人民法院受理破产申请后、宣告债务人破产前，债务人或者出资额占债务人注册资本十分之一以上的出资人，可以向人民法院申请重整。

第七十一条 人民法院经审查认为重整申请符合本法规定的，应当裁定债务人重整，并予以公告。

第八十六条 各表决组均通过重整计划草案时，重整计划即为通过。

自重整计划通过之日起十日内，债务人或者管理人应当向人民法院提出批准重整计划的申请。人民法院经审查认为符合本法规定的，应当自收到申请之日起三十日内裁定批准，终止重整程序，并予以公告。

【案件索引】

一审：辽宁省大连市中级人民法院（2016）辽02破申2号、3号、4号（2016年10月10日）；辽宁省大连市中级人民法院（2016）辽02破02-6号、03-4号、04-4号（2017年8月11日）

【基本案情】

申请人阿拉善盟金圳冶炼有限责任公司诉称：申请人与被申请人东北特殊钢集团有限责任公司、东北特钢集团大连特殊钢有限责任公司、东北特钢集团大连高合金棒线材有限责任公司（以下简称东北特钢等三家公司）自2011年起保持产品购销业务往来。截至2016年1月31日，东北特钢等三家公司分别拖欠申请人货款18632649.76元、10605407.70元、53258374.52元。2016年

1月31日，申请人分别向东北特钢等三家公司发出《债权催收函》，东北特钢等三家公司于2016年2月5日复函，对申请人所述的情况及欠款数额予以确认，同时表示由于经营困难，资金短缺，无力清偿，故申请对东北特钢等三家公司进行破产重整。

东北特钢等三家公司对申请人阿拉善盟金圳冶炼有限责任公司所提交的重整申请无异议。

大连市中级人民法院经审理查明：东北特殊钢集团有限责任公司、东北特钢集团大连特殊钢有限责任公司、东北特钢集团大连高合金棒线材有限责任公司是辽宁省国资委控股的三家国有骨干企业，共有职工7000余人。由于钢铁行业属资金密集型企业，且受外部经济环境等因素影响，东北特钢等三家公司的债务规模大、债务结构复杂，截至2017年6月30日，三家公司整体负债规模达到765.54亿元。2016年3月，东北特钢在全国银行间债券市场发行的债券发生实质性违约。其后，三家公司启动庭外重组工作，但因三家公司企业债务规模大、引进战略投资者困难，国资股东无力以巨额现金增资方式拯救公司，债券类金融机构债权人坚决要求无条件刚性兑付等原因，庭外重组未能成功。2016年10月10日，大连市中级人民法院根据债权人阿拉善盟金圳冶炼有限责任公司的申请，裁定对三家公司重整。后因意向投资人参与重整方案的可行性需论证、相关各方在东北特钢等三家公司的资产评估价值及重整方案内容等方面未达成一致等原因，债务人及管理人无法如期提交重整计划草案，本院根据债务人及管理人申请，于2017年4月10日、5月8日分别裁定重整计划草案的提交期限延长1个月和2个月。2017年7月10日，东北特钢等三家公司及管理人在法定期限内向大连市中级人民法院提交重整计划草案，2017年8月8日，该重整计划草案在投资人组和各债权组高票表决通过，重整计划进入执行阶段。

【裁判结果】

大连市中级人民法院于2016年10月10日分别作出（2016）辽02破申2号、3号、4号裁定：受理申请人阿拉善盟金圳冶炼有限责任公司提出的对被申请人东北特钢等三家公司进行重整的申请；2017年8月11日，大连市中级人民法院根据东北特钢等三家公司和管理人的申请，分别作出（2016）辽02破02－6号、03－4号、04－4号民事裁定：一、批准东北特殊钢集团有限责任公司重整计划；二、终止东北特殊钢集团有限责任公司重整程序。

【裁判理由】

法院生效裁判认为：被申请人东北特钢等三家公司不能清偿到期债务，具有明显丧失清偿能力的可能，符合重整程序的适用条件，申请人提出的重整申请符合法律规定，依法应予准许；东北特钢重整计划草案已经东北特钢各债权组表决通过，重整计划草案涉及的出资人权益调整方案已经东北特钢出资人组表决通过，符合《企业破产法》第八十六条第二款之规定，可以批准重整计划草案。

【案例注解】

本案系供给侧结构性改革背景下，破产审判探索特大型国有企业改革、以市场化和法治化手段化解企业债务危机的典型代表。虽然2014年的“ST超日”破产重整案首次打破了债券隐性刚性兑付的市场预期，但其后该案又通过重整计划方案之外清偿安排的方式，满足了公募债投资人公募债刚性兑付的要求。东北特钢重整案审理过程中，大连市中级人民法院严格按照债权平等的原则处理公募债权的清偿问题，彻底打破了公募债投资人公募债刚性兑付的市场预期，该举措对企业破产审判的法治化、市场化进程具有标杆意义。

东北特钢等三家公司重整案审理的主要难点可以归为四个方面：一是东北特钢等三家公司作为国防军工、航空航天等关键领域高端特钢材料主要的生产商和供应商，三家公司能否重整成功直接关系着国防军工安全，而其债务规模大、债务结构复杂，引进战略投资者困难，必须找到有效化解高达765.54亿元的巨额企业债务的方案；二是东北特钢等三家公司在全国银行间债券市场发行的债券连续三次发生实质性违约，媒体舆论关注程度高、社会影响大，并且债券类金融机构债权人坚决要求按照公募债券市场的惯例无条件刚性兑付，公募债务的清偿问题必须稳妥解决；三是如何通过公开透明的司法程序提高破产审判的公信力；四是如何在精准分析东北特钢等三家公司债务结构和债权人与意向投资人主要利益诉求的基础上，找出各方分歧的利益平衡点与联结点。

一、以市场化原则确定重整思路和投资者

根据中介机构对破产清算条件下债务清偿的模拟评估，在全部资产能够按评估清算价值变现的情况下，东北特钢等三家公司普通债权所能获得清偿的比

例分别为6.27%、1.77%、4.56%，远远低于普通债权人所期待的清偿比例。由此，战略投资人和战略投资资金的引入成了盘活整个东北特钢重整的关键。

受理东北特钢重整案后，大连市中级人民法院第一时间启动了对三家公司的全面调查和摸底，发现三家公司在人员、管理、业务、财产及资金使用等方面存在一体化、实质性人格混同等情形，对三家公司分别重整，难以明晰和真实反映三家公司的资产和负债结构；三家公司的日常经营已形成“1+1>2”的深度协同效应，对其分别重整不仅可能损伤企业的整体运营价值，而且还有可能影响重整工作的深度协同；在初期征询意向战略投资人意见的过程中，几乎所有意向投资人均没有参与三公司分别重整的投资计划。为此，大连市中级人民法院在认真调查研究、借鉴、参考其他法院同类案例的基础上，根据东北特钢重整案的实际情况以及投资者市场选择的结果，初步确立了对三家公司整体重整的审判思路。

在遴选战略投资人的过程中，大连市中级人民法院与管理人达成一致意见，即打破门户偏见，对参与竞争报价的所有意向战略投资人，实施“无差别对待”原则：无论意向投资者是国企背景还是民企背景，均需按照“公开、公平、公正”的原则参与竞争，并由作为平等市场主体的相关各方按照自主决策、自担风险、自享收益的市场化原则进行决策。经过多轮的竞争性报价和背对背谈判，国企鞍钢集团43亿元的投资方案因报价过低等原因，被债权人委员会放弃，民营企业宁波梅山保税港区锦程沙洲股权投资有限公司和本钢板材股份有限公司，则凭借沙钢集团的经营管理优势和55亿元的总投资方案，最终成为东北特钢整体重整的投资者。

二、按照法治化的原则化解各方的利益分歧

由于各方利益错综复杂、分歧严重，基本上不可能按照协商一致的规则达成共识。为此，大连市中级人民法院采取了法治化解决利益分歧的进路：

1. 打破债券刚性兑付的市场预期，平等保护各类普通债权人的权益。债券债权本质上是普通债权，对其实施特别保护并无法律依据，但破产审判实践却常常基于债券持有人人数众多、与金融机构债权人长期合作、社会维稳等非法治因素方面的考虑，对其实施额外全额清偿。东北特钢债券实质违约后，债市机构投资人也曾以公开谴责等多种方式施加压力，要求对债券类债权进行刚性清偿。由于意向战略投资人对债券持有人并无额外清偿的计划安排，违反意向投资人意愿，要求其对债券持有人进行全额债务清偿，既违反破产法关于债权平等的规则，也违反司法审判公平、公正的原则。据此，按照法治化规则，

打破公募债投资人公募债刚性兑付的市场预期成了唯一的选择。

2. 禁止各方私下交易，严格按照破产法律规则决定重整计划草案是否通过。个人是自己利益的最佳判断者，重整计划草案是否符合全体债权人的利益应由债权人会议进行集体表决。重整计划草案表决通过是重整参与各方所共同努力追求的最理想结果，但是如果部分当事人采取私下交易的方式促成重整计划草案的表决通过，则可能导致少数人受益、多数人利益受损的结局。为此，大连市中级人民法院要求管理人和债务人以债权人的利益诉求为导向，制定富有弹性的债务清偿方案，最大限度地尊重和兼顾各类债权人的利益，而将重整计划草案能否最终通过完全交由债权人会议表决：

（1）实事求是地调整投资人权益。破产审判实践中，企业所有者权益是对出资人权益调整的最主要依据。如果所有者权益为零，重整计划草案通常对出资人的权益进行削减或者归零处理。重整计划草案起草过程中，虽然东北特钢等三家公司的股东均为国资背景，但重整计划草案按照与普通出资人基本平等的原则对其权益进行调整：原出资人辽宁省国资委、物产集团、黑龙江省国资委的出资人权益全部调减为零，而出资人中国东方资产管理股份有限公司因对本次重整贡献了新价值，对其保留了部分出资人权益。

（2）对有物权担保的债权及建设工程价款债权实施留债处理。由于此类债权对应的担保财产属企业生产经营不可或缺的资产，并且担保债权的数额巨大，超过投资人投入偿债的资金总额。为此，重整计划草案依照破产法的相关规定，对此部分债权采取留债处理，并以支付延期清偿期间利息的方式，予以补偿。

（3）以“现金 + 债转股”的方式让债权人有机会分享企业的未来收益。基于同债同权、小额债权人的抗风险能力较弱、让债权人有机会分享企业未来重整成功后的经营成果等方面的考虑，重整计划草案采取合理确定全额清偿债权最高限额，剩余债权按比例一次性清偿或剩余债权全部债转股的方案予以解决。

三、按照当事人意思自治原则进行重大事项决策

大连市中级人民法院以重塑各方共识和提高司法公信力为导向，创新破产审判工作机制，要求管理人按照当事人意思自治的原则进行重大事项决策，确保决策结果的公信力：一是创设破产重整方案联合工作组，吸收主要债权人银行为工作组成员，保证主要债权人对破产重整工作的全程参与，以过程公开赢得债权人信任。二是创新审计机构和评估机构选聘工作机制，要求管理人、债

务人共同与金融债权人委员会进行交流，通报审计机构、评估机构选聘方案等事项，听取其意见，并邀请主要银行债权人代表直接参与评审。最终在大连市中级人民法院的监督下，债权人代表、债务人、管理人共同采取无记名投票的方式，确定了最终的审计工作机构和评估工作机构。三是针对部分债权人关于东北特钢隐瞒关键财务数据和转移优质资产的质疑，独创性地引入债权人和投资人复核程序，以专业事项专业监督的方式消除各方疑虑。四是创新战略投资人引入机制，将确定最终战略投资人的推荐权赋予金融债权人委员会。市场竞争是遴选最终战略投资人的原则，大连市中级人民法院要求管理人将遴选最终战略投资人的推荐权交由金融债权人委员会行使，使其对战略投资者的选择保有决策权。

四、通过科技手段创新破产审判模式

大连市中级人民法院结合东北特钢重整案的具体情况，坚持需求导向，借助现代技术手段创新破产审判模式：针对东北特钢债权人散布全国这一情况，通过全国企业破产重整案件信息网，采取网络会议与现场会议“同步召开、同步表决”的方式充分保障外地债权人的参与权、表决权和监督权；针对统计网上、网下1929家债权人表决票工作量大、耗费时间这一问题，采取扫描表决票上条形码的方式准确、高效地统计债权人表决结果；针对相关各方关于暗箱操作的担心，采取现场会议网上直播、表决全程大屏幕播放并同步录音录像等可视化方式，保证相关各方的参与权、监督权和对重整计划草案的最终决定权。

2017年8月8日，东北特钢等三家公司第二次债权人会议暨出资人组会议高票表决通过了东北特钢等三家公司重整计划草案：出资人组和职工债权组的同意率均为100%，其他各债权组的同意率均在80%以上。2017年8月11日，大连市中级人民法院依法裁定批准重整计划。2017年9月下旬，战略投资人沙钢集团正式介入东北特钢等三家公司，并按照沙钢集团的经营理念和管控模式调整和管理公司日常生产经营，三家公司的生产经营迅速扭转颓势，主要生产指标开始好转。

（**一审法院合议庭成员** 任延光 董 凯 曲 强
编写人 辽宁省大连市中级人民法院 郭云峰 任延光
责任编辑 韩建英
审稿人 曹守晔）

重庆来去源商贸有限公司申请重庆钢铁股份有限公司破产重整案

——上市公司破产重整的方式

关键词：上市公司　破产重整　公积金转增　第三方担保

【裁判要旨】

1. “A＋H”股上市公司重整中，重整计划草案涉及出资人权益调整事项的，A股和H股股东均可在出资人组会议对该事项行使表决权，可以不再召开类别股东会议进行审议。

2. 上市公司重整中用资本公积金转增股本偿债不同于一般意义上的权益分派、公积金转增股本的情形，可以申请证券交易所对除权参考价格计算公式予以调整。

3. 在尊重当事人意思自治的基础上，以相关债权人同意为原则，第三方担保问题可纳入重整计划一并解决。

【相关法条】

《中华人民共和国企业破产法》第八十五条　债务人的出资人代表可以列席讨论重整计划草案的债权人会议。

重整计划草案涉及出资人权益调整事项的，应当设出资人组，对该事项进行表决。

第八十六条第二款　自重整计划通过之日起十日内，债务人或者管理人应当向人民法院提出批准重整计划的申请。人民法院经审查认为符合本法规定的，应当自收到申请之日起三十日内裁定批准，终止重整程序，并予以公告。

第九十二条第三款 债权人对债务人的保证人和其他连带债务人所享有的权利，不受重整计划的影响。

【案件索引】

一审：重庆市第一中级人民法院（2017）渝01破3号之二（2017年11月20日）；重庆市第一中级人民法院（2017）渝01破3号之四（2017年12月29日）

【基本案情】

申请人重庆来去源商贸有限公司（以下简称来去源公司）诉称：被申请人重庆钢铁股份有限公司（以下简称重庆钢铁）不能清偿到期债务且资产不足以清偿全部债务，申请对重庆钢铁进行重整。

法院经审理查明：重庆市长寿区人民法院于2016年11月10日作出（2016）渝0115民初7536号民事判决，判决重庆钢铁支付来去源公司货款4074504.95元、逾期付款利息和迟延履行期间的债务利息，重庆钢铁至今仍未支付上述款项。

重庆钢铁于1997年8月11日在重庆市工商行政管理局登记注册成立，注册资本为443602.26万元；其股票分别于1997年10月17日、2007年2月28日在香港联合交易所和上海证券交易所挂牌交易；其住所地为重庆市长寿经开区钢城大道1号。

根据重庆钢铁2016年年度财务报告，截至2016年12月31日，重庆钢铁合并报表营业收入为44.14亿元，营业总成本为97.99亿元，归属于母公司所有者的净利润为－46.85亿元，本部收入为38.89亿元，净利润为－46.84亿元；重庆钢铁合并报表资产总额为364.38亿元，负债总额为365.45亿元，净资产为－1.07亿元；重庆钢铁本部的资产总额为364.38亿元，负债总额为366.38亿元，净资产为－2亿元。

法院认为，重庆钢铁不能清偿到期债务，且现有资产不足以清偿全部债务，符合破产重整条件。经逐级报请最高人民法院批准后，于2017年7月3日裁定受理重庆钢铁破产重整一案。

重庆钢铁破产重整案因系目前全国涉及资产及债务规模最大的国有控股上市公司重整、首例股票同时在上海证券交易所和香港联合交易所挂牌交易的

"A + H" 股上市公司重整、首家钢铁行业上市公司重整，而被认为属于"特别重大且无先例"。该案涉及债务近400亿元、在职职工8200余人、中小股东17万余户、申报债权人1400余名。

在法院的监督指导下，管理人以市场化为手段，立足于依托主营业务，优化企业内涵，化解债务危机，提升盈利能力的思路制定了重整计划草案。重整计划草案内容主要包括：剥离无效低效资产所得收益用于债务清偿；50万元以下债权以现金偿付；公司资本公积金转增股票清偿剩余未能以现金偿付的普通债权；控股股东重庆钢铁（集团）有限责任公司（以下简称重钢集团）全部让渡所持有的重庆钢铁股票用于引入重组方；按照"止血、造血、升级"的脉络分阶段实施的经营方案等。

2017年11月16日、17日，重庆钢铁重整计划草案分别在职工债权组会议、第二次债权人会议和出资人组会议上经表决高票通过。

【裁判结果】

重庆市第一中级人民法院于2017年11月20日作出（2017）渝01破3号之二民事裁定：一、批准重庆钢铁股份有限公司重整计划；二、终止重庆钢铁股份有限公司重整程序。重庆市第一中级人民法院于2017年12月29日作出（2017）渝01破3号之四民事裁定：确认《重庆钢铁股份有限公司重整计划》执行完毕。

【裁判理由】

本案系首例"A + H"股上市公司破产重整案，涉及众多债权人和中小股东的切身利益。如何协调好交易所交易规则与破产法程序规则之间的关系、如何依法保护好中小股东的利益、如何协调好破产重整对关联企业的影响等，是法院在重整程序推进和裁判中重点考虑的问题。

一、关于豁免召开类别股东会议的问题

因重整计划草案涉及控股股东让渡股权、资本公积金转增股票用于偿债等出资人权益调整事项，依照《企业破产法》第八十五条的规定，重庆钢铁重整案需设立出资人组对相关事项进行表决。然而，依照《香港联合交易所有限公司证券上市规则》（以下简称《联交所上市规则》）第19A.38条的要求，

如属认可、分配、发行或授予股份等事项需要按程序召开类别股东会议获得内资股及境外上市外资股股东以特别决议批准。在案件审理过程中，香港联合交易所向重庆钢铁专门发出问询函，询问仅召开出资人组会议是否符合《联交所上市规则》第19A.38条的要求。法院经研究认为，如果召开类别股东会议，需要提前45天通知，且召开程序烦琐冗杂，不利于重整程序的迅速推进。另外，《企业破产法》第八十五条已明确规定，重整计划草案涉及出资人权益调整事项的，应当设出资人组对该事项进行表决。事实上，在重整程序中，出资人组会议已承担了类别股东会议的相应功能，股东作为出资人对其权益调整事项的表决权通过出资人组会议能够得到充分保障，重整计划草案可以不再另行召开类别股东会议审议。经过管理人与香港联合交易所多轮次的问询与沟通，重庆钢铁正式向香港联合交易所提交了豁免召开类别股东会议的申请。最终，香港联合交易所同意了重庆钢铁的申请，也使本案成为重整程序中首例对《联交所上市规则》第19A.38条要求召开类别股东会议予以豁免的案例。

二、关于调整重整中资本公积金转增除权参考价格计算公式的问题

将重庆钢铁资本公积金转增股票用于偿债是重整计划草案中债权清偿方案的重要内容。根据《上海证券交易所交易规则》第4.3.1条的规定，上市证券发生公积金转增股本的需要作除权处理。然而，如果重庆钢铁公积金转增股票后也按照《上海证券交易所交易规则》第4.3.2条中的除权参考价格计算公式进行除权，其每股价格将仅为1元，大大低于债权人取得股票的抵债价格（3.68元/股）和重整时股票的停牌价格（2.15元/股），这将严重偏离股票的真实价值，既对中小股东不公平，更不利重整程序的平稳推进。法院与管理人通过深入研究后认为，本次资本公积金转增股本不同于一般意义上的权益分派、公司用资本公积金向股东转送股票，而是破产程序中法院裁定用于清偿公司普通债权及相关费用的股份，公司原股东实际并未获得转增股份。另外，重庆钢铁在重整中将资本公积金转增股票全部用于向债权人抵偿债务的行为在扩大股本的同时，抵销了公司债务，增加了公司的所有者权益。因此，本次权益调整与通常情况下的转增前后公司所有者权益维持不变的情形存在差异，也与原有投资者保持除权前后总投资成本一致性的原理相违背。另外，本次重整中H股股东所持股票无需除权。为了维护中小股东利益，并最大限度扩充公司资本进而用于偿付债权人，相关方面多次与上海证券交易所沟通、协商，指出本案情形与普通转增股本的区别。最终，上海证券交易所同意按照《上海证券交易所交易规则》第4.3.2条第三款的规定对重庆钢铁重整中资本公积金转增

除权参考价格计算公式进行调整，调整后重庆钢铁股票除权参考价与停牌价相同，仍为2.15元/股。重庆钢铁也成为上海证券交易所首例调整重整中除权参考价格计算公式的上市公司。

三、关于并案解决第三方担保的问题

本案中，重钢集团和重庆渝富资产经营管理集团有限公司曾为重庆钢铁对外贷款提供了数十亿元额度的担保，两者均希望该担保债务在重整计划中通过以其合法持有的重庆钢铁股票抵偿（股价仍为3.68元/股），不足部分以现金一次性补足的方式一并予以解决，相关债权人（均为金融债权人）也表达了相似的意愿。法院在研究后认为，虽然《企业破产法》第九十二条第三款规定，债权人对债务人的保证人和其他连带债务人所享有的权利，不受重整计划的影响，但如果当事人之间对于第三方担保责任承担方式能够达成一致，列入重整计划一并处理并不违反法律的规定。另外，一并处理的方案不但能节省相关债权人的时间成本，解决其不良贷款压力，做到债权人账面100%清偿，而且锁定了重庆钢铁及其担保人的债务风险，避免出现“多米诺骨牌”式的连环债务危机，进而有利于维护社会秩序的稳定。但该方案必须在充分尊重当事人意思自治的前提下，经相关债权人同意后才具法律效力。经与相关债权人进一步磋商后，该方案被正式列入到重整计划草案，并在第二次债权人会议上获得相关债权人的一致投票认可。

【案例注解】

重庆钢铁重整案涉及近400亿债务、8000余名在职职工、17万余户中小股东、2700余名债权人（其中申报债权人1400余名），系目前全国涉及资产及债务规模最大的国有控股上市公司重整、首例股票同时在上海证券交易所和香港联合交易所挂牌交易的“A+H”股上市公司重整、首家钢铁行业上市公司重整，被认为属于“特别重大且无先例”。本案是人民法院以市场化、法治化方式化解企业债务危机，从根本上实现企业提质增效的典型案例，入选全国法院十大破产典型案例，并作为最高人民法院向全国人民代表大会工作汇报中提及的25个典型案件之一。

在本案中，人民法院充分发挥破产重整程序的拯救功能，找准重庆钢铁的“病因”并“对症下药”，依托主营业务，以市场化方式成功剥离企业低效无效资产，引入产业结构调整基金，利用资本市场配合企业重组，实现了企业治理结构、资产结构、产品结构、工艺流程、管理制度等的全面优化。面对现行破产法律制度不完善且无先例可循的情形，人民法院迎难而上，积极探索，协同创新解决了审理中出现的各种新问题，为上市公司破产重整提供了可复制的范例。

1. 本案促成香港联合交易所首次对“A + H”股上市公司重整案出资人权益调整豁免召开类别股东会议，成为重整程序中首例对《联交所上市规则》第19A. 38条要求召开类别股东会议予以豁免的案例。通过召开出资人组会议替代类别股东会议，一是有利于解决《企业破产法》与《证券法》及《联交所上市规则》等制度冲突问题。二是提高了重整的效率。如果召开类别股东会议，需要提前45天通知，且召开程序烦琐冗杂，不利于重整程序的迅速推进。按照《企业破产法》的规定，召开出资人组会议可以极大地提高效率。三是避免了各方的混淆。统一适用《企业破产法》的规定，为债权人及股东提供了统一适用的规则，避免了适用上的混乱。

2. 本案重整中对重庆钢铁资本公积金转增除权参考价格计算公式进行调整，调整后重庆钢铁股票除权参考价与停牌价相同，一方面符合重整后重庆钢铁股票的真实价值，另一方面最大限度地保护了中小股东的利益。重庆钢铁是国内首例资本公积金转增后调整除权参考价格计算公式的上海证券交易所上市公司，必将为后续上市公司重整案件提供较大的借鉴意义。

3. 本案创造性地提出了在充分尊重债权人意思自治的前提下将第三方担保问题一并处理的具体思路和方案，保护了各方合法权益，化解了债务风险，维护了社会金融秩序。这一创新性举措是在充分尊重《企业破产法》公平清理债务、保护债权人和债务人的合法利益、维护社会主义市场经济秩序这一基本原则的前提下，对《企业破产法》的灵活运用与大胆创新，将会对破产法的适用产生积极影响。

经司法重整，重庆钢铁2017年度获得归属于上市公司股东的净利润为3.2亿元，公司扭亏为盈。上海证券交易所于2018年3月9日撤销重庆钢铁退市风险警示。重庆钢铁公布的2018年一季报显示，1至3月，公司实现营业收入51.52亿元，同比大幅增长211.3%；净利润3.5亿元，相较去年同期的巨额亏损5.94亿元，大幅扭亏为盈，每股收益0.04元，创出了历史同期最好水平。

（**一审法院合议庭成员** 曹世海 俞旭东 彭海波 张 毅 张 薇

编写人 重庆市第一中级人民法院 曹世海 刘德亮

责任编辑 杨 奕

审稿人 曹守晔）

二、案例精析

编者按　各级人民法院坚持“反映审判全貌，总结审判经验，服务审判工作”的编辑方针，突出“真实、全面、及时、说理”编辑特色，报送了一批具有典型性、新类型、重大疑难复杂案例，对指导审判业务、宣传国家法制、预防和化解社会矛盾纠纷，促进法学教育与理论研究作出了积极努力。《人民法院案例选》将继续坚持这一优良传统，并通过中国应用法学研究所责任编辑撰写编后补评等方式，对判决和评析中虽未提及但比较重要的或评析不充分的问题，进行补充评析，以期达到总结经验教训、指导审判业务、促进理论研究的目的。

刑 事

彭廷华污染环境案

——行政机关移送案件后犯罪嫌疑人自首的认定

关键词：污染环境 联合执法 移送案件 自动投案 自首

【裁判要旨】

公安机关与行政执法机关在联合执法中分别对犯罪嫌疑人的排污事实进行调查，行政执法机关将案件移送公安机关，公安机关作为刑事案件立案侦查后，犯罪嫌疑人主动到公安机关投案，不能认定为自动投案。

【相关法条】

《中华人民共和国刑法》第三百三十八条 违反国家规定，排放、倾倒或者处置有放射性的废物、含传染病病原体的废物、有毒物质或者其他有害物质，严重污染环境的，处三年以下有期徒刑或者拘役，并处或者单处罚金；后果特别严重的，处三年以上七年以下有期徒刑，并处罚金。

第六十七条第一款 犯罪以后自动投案，如实供述自己的罪行的，是自首。对于自首的犯罪分子，可以从轻或者减轻处罚。其中，犯罪较轻的，可以免除处罚。

《最高人民法院关于处理自首和立功具体应用法律若干问题的解释》第一条第一款第一项 自动投案，是指犯罪事实或者犯罪嫌疑人未被司法机关发觉，或者虽被发觉，但犯罪嫌疑人尚未受到讯问、未被采取强制措施时，主动、直接向公安机关、人民检察院或者人民法院投案。

《最高人民法院、最高人民检察院关于办理职务犯罪案件认定自首、立功等量刑情节若干问题的意见》第一条第一款、第三款 根据刑法第六十七条第一款的规定，成立自首需同时具备自动投案和如实供述自己的罪行两个要件。犯罪事实或者犯罪分子未被办案机关掌握，或者虽被掌握，但犯罪分子尚未受到调查谈话、讯问，或者未被宣布采取调查措施或者强制措施时，向办案机关投案的，是自动投案。在此期间如实交代自己的主要犯罪事实的，应当认定为自首。

没有自动投案，在办案机关调查谈话、讯问、采取调查措施或者强制措施期间，犯罪分子如实交代办案机关掌握的线索所针对的事实的，不能认定为自首。

《最高人民法院关于处理自首和立功若干具体问题的意见》第一条第二款

罪行未被有关部门、司法机关发觉，仅因形迹可疑被盘问、教育后，主动交代了犯罪事实的，应当视为自动投案，但有关部门、司法机关在其身上、随身携带的物品、驾乘的交通工具等处发现与犯罪有关的物品的，不能认定为自动投案。

【案件索引】

一审：贵州省贞丰县人民法院（2015）贞刑初字第185号（2015年10月26日）

二审：贵州省黔西南布依族苗族自治州中级人民法院（2015）兴刑终字第364号（2015年12月17日）

【基本案情】

贵州省贞丰县人民检察院指控被告人彭廷华使用碱法制浆工艺造纸，长期向外界排放危险废物，经环保部门多次查处仍未改正，其行为严重污染环境，提请贞丰县人民法院以污染环境罪依法判处。彭廷华对指控事实及罪名均无异议。

法院经审理查明：2014年2月至2015年8月期间，彭廷华使用碱法制浆工艺造纸，每次蒸煮制浆、浸泡产生数十吨废液，该废液属危险废物。彭廷华未取得排污许可，也未对废液进行处理，长期向外界排放废液，严重污染环境。贞丰县环境保护局、贞丰县公安局等部门组成贞丰县环境污染联合调查组，于2014年8月13日14时、2015年5月13日10时两次现场查获彭廷华向外排放废液，贞丰县环境保护局责令彭廷华停止违法行为，并对其处以罚款。2015年6月9日，贞丰县公安局传唤彭廷华进行调查。2015年7月1日9时20分，贞丰县环境污染联合调查组再次现场查获彭廷华排放废液。贞丰县环境保护局于2015年7月1日将案件移送贞丰县公安局，贞丰县公安局于2015年7月23日立案侦查。彭廷华于2015年8月11日到贞丰县公安局投案，归案后如实供述犯罪事实。

【裁判结果】

贵州省贞丰县人民法院于2015年10月26日作出（2015）贞刑初字第185号刑事判决：被告人彭廷华犯污染环境罪，判处有期徒刑八个月，并处罚金人民币3000元。

彭廷华以量刑过重为由，提出上诉。贵州省黔西南布依族苗族自治州中级人民法院于2015年12月17日作出（2015）兴刑终字第364号刑事裁定：驳回上诉，维持原判。

【裁判理由】

法院生效判决认为：彭廷华未取得排污许可，多次排放危险废物，严重污染环境，已构成污染环境罪。贞丰县人民政府为整治当地造纸排污，成立由贞丰县环保局、贞丰县公安局等有关部门组成的贞丰县环境污染联合调查组。联合调查组多次现场查获彭廷华违法排污，贞丰县环保局多次责令彭廷华停止违法排污行为，并对其予以行政处罚。贞丰县公安局已在联合调查中掌握其犯罪事实，并在刑事立案前传唤彭廷华，对其排污行为进行初查。贞丰县环保局向贞丰县公安局移送案件，贞丰县公安局立案侦查，彭廷华随后才到公安机关投案。因彭廷华投案前已分别受到环保部门和公安机关的调查，相应犯罪事实已被公安机关掌握，其投案行为不能认定为自动投案，故不能认定为自首，只能认定有坦白情节。

【案例注解】

《最高人民法院关于处理自首和立功具体应用法律若干问题的解释》规

定，自动投案，是指犯罪事实或者犯罪嫌疑人未被司法机关发觉，或者虽被发觉，但犯罪嫌疑人尚未受到讯问、未被采取强制措施时，主动、直接向公安机关、人民检察院或者人民法院投案。因此，自动投案应当符合一定的时间条件。彭廷华投案时公安机关已掌握其犯罪事实，且已受到讯问，故不符合自动投案的条件。此外，参照《最高人民法院、最高人民检察院关于办理职务犯罪案件认定自首、立功等量刑情节若干问题的意见》，行政执法机关发现犯罪行为并进行调查后移送公安机关，犯罪嫌疑人再主动到公安机关投案，也不属于自动投案。

一、彭廷华到公安机关投案时，其犯罪事实已被司法机关发觉

本案的侦破情况是，贞丰县公安局同贞丰县环境保护局等部门组成贞丰县环境污染联合调查组，于2014年8月13日、2015年5月13日、2015年7月1日三次现场查获彭廷华排放废液。2015年6月9日，贞丰县公安局传唤彭廷华进行调查。2015年7月1日，贞丰县环境保护局认为彭廷华的行为涉嫌犯罪，将案件及相关证据移送贞丰县公安局，贞丰县公安局于2015年7月23日立案侦查。上述侦破情况说明，贞丰县公安局作为贞丰县环境污染联合调查组成员单位之一，已经三次现场查获彭廷华的排污行为，贞丰县公安局也已传唤彭廷华进行了调查，彭廷华投案前司法机关已掌握其犯罪事实。

二、行政执法机关调查后移送案件到公安机关后，被告人到公安机关投案，不属于自动投案

需要说明的是，即使本案中公安机关在立案前从未传唤彭廷华进行调查，也不能认定自动投案。环保部门对污染环境的违法行为具有行政处罚权，对于涉嫌犯罪的违法行为则依法向公安机关移送案件，公安机关审查后决定是否立为刑事案件。这一过程与职务犯罪相似，在自首认定中可以参照职务犯罪的相关规定。2009年公布的《最高人民法院、最高人民检察院关于办理职务犯罪案件认定自首、立功等量刑情节若干问题的意见》中规定："犯罪事实或者犯罪分子未被办案机关掌握，或者虽被掌握，但犯罪分子尚未受到调查谈话、讯问，或者未被宣布采取调查措施或者强制措施时，向办案机关投案的，是自动投案。""没有自动投案，在办案机关调查谈话、讯问、采取调查措施或者强制措施期间，犯罪分子如实交代办案机关掌握的线索所针对的事实的，不能认定为自首。"这一规定的核心在于使用了"办案机关"一词，即不限于司法机关，还包括纪律检查机关。2010年公布的《最高人民法院关于处理自首和立

功若干具体问题的意见》中规定："罪行未被有关部门、司法机关发觉，仅因形迹可疑被盘问、教育后，主动交代了犯罪事实的，应当视为自动投案。"这条规定也意味着查处犯罪的机关不限于司法机关。因此，同纪律检查机关移送职务犯罪案件一样，行政执法机关移送执法中发现的涉嫌犯罪案件到公安机关时，也属于该案的办案机关。参照职务犯罪案件认定自首的精神，行政执法机关已经对犯罪嫌疑人进行调查询问后，犯罪嫌疑人才到司法机关投案，不能视为自动投案。因此，贞丰县环保局作为行政执法机关，贞丰县公安局作为司法机关，均在联合调查过程中掌握了彭廷华的犯罪事实，且已分别对彭廷华进行调查，故彭廷华在公安机关立案后的投案行为，已不符合自动投案的时间条件。

三、自动投案中时间条件的把握

司法实践中常常忽视自动投案的时间限制，片面认为只要犯罪嫌疑人的人身未受到司法机关控制而投案，就一律认定为自动投案。但是，法律之所以规定自首，意在鼓励犯罪分子认罪悔罪、降低社会危险性，节约司法成本并提高司法效率。犯罪分子在办案机关掌握其犯罪事实并调查讯问时，犯罪事实已被掌握，人身亦在调查时受到限制，犯罪分子在司法机关立案后才来投案，体现的主动性不强，与真正的自动投案不可同日而语，对于节约司法成本、提高司法效率的作用已不大，故不能认定为自动投案。《最高人民法院、最高人民检察院关于办理职务犯罪案件认定自首、立功等量刑情节若干问题的意见》和《最高人民法院关于处理自首和立功若干具体问题的意见》均将查处犯罪的机关不再限定于司法机关，正体现这一原则。只有准确把握自首的时间条件，才能充分体现自首规定的积极意义，真正促使犯罪嫌疑人在作案后积极投案，而不是在已经受到调查，犯罪事实已被查明，罪责已难逃避的情况下才被迫投案。当然，犯罪嫌疑人投案后如实供述犯罪事实，可体现较好的悔罪表现，实现社会危险性的降低，虽不能认定自首情节，但应肯定其投案行为和坦白情节，在量刑时予以考虑，实现对投案行为的刑法评价。

（**一审法院合议庭成员**　刘海英　吴转明　陈友虎
二审法院合议庭成员　刘启斌　杨　林　陈昌泽
编写人　贵州省黔西南布依族苗族自治州中级人民法院　陈昌泽
责任编辑　周维明
审稿人　李玉萍）

潘喜飞、张振兴等抢劫案

——劫取银行承兑汇票并套现行为的刑法认定

关键词：抢劫罪　银行承兑汇票　数额认识错误

【裁判要旨】

行为人劫取他人买卖占有的银行承兑汇票，并在控制占有人前提下对票据进行套现，其行为构成抢劫罪。在共同犯罪中，结合被告人参与的具体行为、生活经历等，行为人对于银行票据价值数额无法认知的情况下，可认定为数额认识错误，结合从犯等情节依法予以减轻处罚。对于被害人的身份认定，应以实际损失主体为判断标准，票据占有人、被套现者均应认定为本案被害人，平等进行保护。

【相关法条】

《中华人民共和国刑法》第二百六十三条第四项　以暴力、胁迫或者其他方法抢劫公私财物的，处三年以上十年以下有期徒刑，并处罚金；有下列情形之一的，处十年以上有期徒刑、无期徒刑或者死刑，并处罚金或者没收财产：

（四）多次抢劫或者抢劫数额巨大的；

【案件索引】

一审：江苏省扬州市中级人民法院（2014）扬刑初字第0002号（2014年10月21日）

二审：江苏省高级人民法院（2014）苏刑一终字第00162号（2016年2月3日）

【基本案情】

公诉机关：江苏省扬州市人民检察院。

被告人：潘喜飞（江苏永弘矿产资源开发有限公司法定代表人，以下简称永弘公司）、张振兴（江苏华健国际经贸有限公司法定代表人，以下简称华健公司）、常胜（江苏华特钢铁有限公司法定代表人，以下简称华特公司）、高平、陈小兵。

法院经审理查明：潘喜飞曾与常胜、张振兴一起合作经营铁矿石业务，后潘喜飞分别欠常胜、张振兴巨额债务无法归还。2012 年，张振兴经营的华健公司曾两次向中财招商投资集团有限公司（以下简称中财公司）大额借款融资，常胜系该融资业务的介绍人，潘喜飞经营的永弘公司系该借款的担保人，该融资模式为由中财公司借款给华健公司入银行账户，银行开具出相应额度的承兑汇票或其他金融票证后交由中财公司处置以回笼资金赚取利息，华健公司通过此融资增加银行贷款额度。2012 年 12 月左右，潘喜飞为偿还债务，产生再次向中财公司融资以开出银行承兑汇票后，从中财公司人员手中劫取汇票并转让套现的想法。

2012 年 12 月 16 日，潘喜飞、张振兴与中财公司达成借款协议并签订借款合同，约定由中财公司借款 9500 万元给永弘公司，永弘公司自己承担 500 万元转让贴息费用和利息费用，从银行开出 1 亿元，出票人为永弘公司，收款人为华健公司的银行承兑汇票后交由中财公司处理，同时，约定将永弘公司和华健公司的印章及网银 U 盾一并交由中财公司保管以确保中财公司借出资金的安全，此次借款由潘喜飞、张振兴及华健公司作担保人。为满足银行开具承兑汇票的条件，潘喜飞和张振兴还签订了一份价值 1 亿元的虚假铁矿石贸易合同。

为劫得汇票后顺利转让套现，12 月初，常胜和潘喜飞安排各自公司会计一起到农业银行南京凤凰南路分理处开设了华健公司和永弘公司账户，并开通了两个账户的网上银行业务。常胜又与潘喜飞公司两名员工一起刻制了华健公司的财务、法人和单位印章。12 月 19 日，常胜使用电话“黑卡”自称姓潘主动联系了杭州新浙金融外包公司（以下简称新浙公司），接洽了银行承兑汇票转让套现事宜。12 月中下旬，潘喜飞以公司间纠纷需要拿回永弘公司印章为由让高平召集了陈小兵，陈小兵又召集了夏前喜、常勇等人，根据潘喜飞的安排，夏前喜冒充永弘公司会计跟住中财公司人员以掌握动向，陈小兵、常勇等人负责劫取印章。

12 月 20 日上午，由于潘喜飞仅向张振兴借到 300 万元贴现费用和 100 万元预付给中财公司的利息费用共计 400 万元，中财公司确定借款 9200 万元给永弘公司，与潘喜飞借得的 300 万元贴现费用一起存入永弘公司银行保证金账户后，银行开出了面额总计 9500 万元，出票人为永弘公司，收款人为华健公司的 10 张银行承兑汇票，后该汇票交由中财公司业务人员刘翎。13 时许，潘喜飞、夏前喜和中财公司的刘翎、单礼一起来到位于扬州经济开发区新东方大厦 2 号楼的华健公司办公场所准备传真汇票给中财公司本部，潘喜飞借故让夏前喜和刘翎、单礼先行上楼，其在楼下等待事先召集的陈小兵、常勇等人，潘喜飞提供了华健公司电梯卡和提货单让陈小兵等人上楼劫取永弘公司印章。与此同时，常胜亦从南京赶至扬州华健公司楼下与潘喜飞汇合，二人一起在常胜车上等待。陈小兵、常勇等 9 人上楼后按照潘喜飞的指使强行从单礼、刘翎手中先后劫取了永弘公司印章和 10 张银行承兑汇票送至楼下给潘喜飞和常胜，刘翎讲出是中财公司自己的 9500 万元银行承兑汇票，但陈小兵等人未予理睬。由于陈小兵等人未能找到华健公司印章，常胜随即打电话让永弘公司员工将事先私刻的华健公司印章送来。在劫取印章及汇票期间，张振兴打电话给公司员工陈学富告知不要管公司办公场所内发生的事情，并让陈学富交代给公司其他员工。成功劫取印章和汇票后，陈小兵等人按潘喜飞和高平的指使继续在华健公司办公室内控制住刘翎和单礼。

与此同时，潘喜飞和常胜拿到汇票及私刻的华健公司印章后迅速赶至高速公路溧阳出口处与新浙公司人员在路边汽车上接洽，潘喜飞在背书栏加盖了私刻的华健公司财务章和法人印章后，新浙公司人员经过审核后将套现款人民币 9208 万余元汇入潘喜飞和常胜事先开设的华健公司南京农业银行账户。至当日 17 时许，潘喜飞确认资金到账后即打电话告知高平和陈小兵可以放人，陈小兵等人离开后，刘翎和单礼迅速报警，并电话告知张振兴 10 张银行承兑汇票已被他人抢走。

常胜确认资金到账后遂指使华特公司会计使用华健公司南京农行账户的网银 U 盾通过网上银行进行转账，转入华特公司账户 1438 万元，转入江阴可绿贸易公司（以下简称可绿公司）账户 950 万元，转入刘佳敏（孙运涛）账户 300 万元，之后将网银 U 盾转交给永弘公司会计。潘喜飞指使会计通过网上银行进行转账，先后分多次转入华健公司账户 6000 万元，转入扬州远方科技贸易有限公司（以下简称远方公司）账户 50 万元，转给吴彦菲 300 万元，转给常州巨鸿国际贸易有限公司（以下简称巨鸿公司）账户 50 万元。张振兴得知潘喜飞转账还款后，安排员工在酒店开房连夜等候。次日上午 10 时左右，张振兴见到 6000 万元资金陆续到账后，即安排员工按照事先拟定的还款顺序通过网上银行迅速转账还款，先后转入中国银行扬州国贸支行账户 2500 万元，转入谢馥兴账户 750 万元，转入江苏天润环境建设集团有限公司（以下简称天润公司）账户 1530 万元，转入张振兴个人信用卡账户 150 万元，转入扬州汇海投资担保有限公司（以下简称汇海公司）账户 209.6 万元，转入扬州锦泰华公司账户 825 万元。

案发后，常胜退出赃款 1438 万元，公安机关从新浙公司处查扣了被劫的 10 张银行承兑汇票，冻结了永弘公司在中国银行扬州国贸支行的保证金账户，暂扣了天润公司账户资金 1530 万元，冻结了永弘公司、华健公司账户资金共计 169 万余元，冻结了汇海公司、远方公司、刘佳敏（孙运涛）、可绿公司、南园之星、南通力愿、周净账户的资金共计 270 万余元。案发后陈小兵主动到公安机关投案。高平被抓捕归案后检举两条他人犯罪线索，公安机关均已立案侦查。

【裁判结果】

扬州市中级人民法院于 2014 年 10 月 21 日作出（2014）扬刑初字第 0002 号刑事判决：一、被告人潘喜飞犯抢劫罪，判处无期徒刑，剥夺政治权利终身，并处没收个人全部财产。二、被告人张振兴犯抢劫罪，判处有期徒刑十年，剥夺政治权利一年，并处罚金人民币 10 万元。三、被告人常胜犯抢劫罪，判处有期徒刑十二年，剥夺政治权利二年，并处罚金人民币 20 万元。四、被告人高平犯抢劫罪，判处有期徒刑四年，并处罚金人民币 3 万元。五、被告人陈小兵犯抢劫罪，判处有期徒刑三年，并处罚金人民币 2 万元。六、公安机关扣押的人民币 1530 万元退还江苏天润环境建设集团有限公司，公安机关冻结的扬州汇海投资担保有限公司在江都农村商业银行仙女支行 32108804720100000××××× 账户资金人民币 209.6 万元、冻结的扬州远方科技贸易有限公司在中国建设银行扬州分行 320017486360525××××× 账户资金人民币 11.56 万元、冻结的刘佳敏在中国工商银行汶河支行 62220211080031××××× 账户资金人民币 50.14 万元，均不予追缴。七、公安机关扣押的退赃款人民币 1438 万元及冻结的永弘公司、华健公司账户资金，发还中财招商投资集团有限公司。八、责令被告人潘喜飞、张振兴、常胜、高平、陈小兵继续退赔被害单位中财招商投资集团有限公司和杭州新浙金融外包公司的经济损失。

一审判决后，被告人潘喜飞、张振兴、常胜以不构成抢劫罪提起上诉。扬州市人民检察院以扣押冻结财物处理不当提起抗诉。

江苏省高级人民法院于 2016 年 2 月 3 日作出（2014）苏刑一终字第 00162 号刑事判决：一、维持江苏省扬州市中级人民法院（2014）扬刑初字第 0002 号刑事判决的第一、二、三、四、五、六、八项。二、撤销江苏省扬州市中级人民法院（2014）扬刑初字第 0002 号刑事判决的第七项。三、公安机关冻结的周净在江苏江南农村商业银行 62136300010642××××× 账户资金人民币 20478.05 元，不予追缴。四、公安机关扣押的退赃款人民币 1438 万元，冻结的永弘公司在中国银行扬州国贸支行 5339615××××× 的账户资金人民币 9644.8750 万元及孳息，在中国银行扬州国贸支行 5300604××××× 账户资金人民币 0.66 万元及孳息、在中国工商银行南京大厂支行 43010149091002××××× 账户资金人民币 8.03 万元及孳息，冻结的华健公司在中国银行扬州国贸支行 5027603××××× 账户资金人民币 43.4 万元及孳息、在中信银行扬州分行 73280101822001××××× 账户资金人民币 33.05 万元及孳息、在中国工商银行邗江支行 11082603191000××××× 账户资金人民币 34.95 万元及孳息、在中国农业银行南京凤凰南路分理处 1203010400××××× 账户资金人民币 49.21 万元及孳息，冻结的江阴可绿贸易有限公司在中国农业银行江阴西郊支行 6430010400××××× 账户资金人民币 13311.75 元及孳息，以上赃款均等返还中财招商投资集团有限公司和杭州新浙金融外包公司。

【裁判理由】

法院生效裁判认为：被告人潘喜飞以非法占有为目的，以欺诈手段诱使中财公司借出资金转账至银行而开具银行承兑汇票，继而采用暴力、胁迫手段劫得中财公司实际控制的银行承兑汇票，同时，看押中财公司相关人员并在此过程中转让套现，从而实现非法占有财物的目的，其行为符合抢劫罪的特征；被告人张振兴应当知道被告人潘喜飞欲行抢劫，仍提供帮助为抢劫银行承兑汇票创造了条件；被告人常胜应当知道被告人潘喜飞劫取的是中财公司实际控制的银行承兑汇票，仍提供帮助将劫得的银行承兑汇票予以套现；被告人高平、陈小兵在劫得银行承兑汇票后应当知道其不属于被告人潘喜飞所有，仍然帮助看押中财公司相关人员，为套现银行承兑汇票提供了时间保证；五名被告人的行为均已构成抢劫罪。被告人潘喜飞、张振兴、常胜、高平、陈小兵共同实施抢劫犯罪，被告人潘喜飞在共同犯罪中起主要作用，系主犯，应当按照其所实施的全部犯罪处罚；被告人张振兴在共同犯罪中起次要作用，被告人常胜在共同犯罪中起次要作用，均系从犯，依法予以从轻处罚；被告人高平、陈小兵在共同犯罪中均起次要作用，依法予以减轻处罚。被告人高平归案后如实供述罪行，依法可以从轻处罚；其检举揭发他人犯罪行为，有立功表现，依法予以从轻处罚。被告人陈小兵在案发后主动投案，如实供述犯罪行为，系自首，依法予以从轻处罚。

【案例注解】

本案事实复杂，不仅关系到抢劫他人控制的银行承兑汇票如何定性，而且涉及长链条的犯罪行为中共同犯罪的认定，且涉案财产数额巨大，涉及相关利害关系人众多，对于涉案财物处理等相关问题都具有研究价值。

一、劫取他人控制的银行承兑汇票构成抢劫罪

（一）中财公司的票据占有状态属于刑法上保护的法益

银行承兑汇票属于有价证券的一种，属于财产犯罪的行为对象。本案定性的争议在于如何认定行为人劫取自己为出票人的票据。对于中财公司占有票据的行为，是否在法律保护的范围之内，则要结合财产犯罪保护的法益进行认定。关于财产犯罪保护法益，传统理论往往笼统地表述为所有权，但所有权学说在适用上具有一定局限性，无法适应现代商品社会中所有权权能分离的现象，也无法解释挪用类犯罪侵害的对象，难以涵盖拒不支付劳动报酬罪等对象为债权的犯罪。① 因此，将财产犯罪保护的法益认定为本权说更符合司法实践需要。本权说认为，财产犯罪的法益是所有权及其他本权，本权是合法占有的权利，如担保物权、抵押权、租赁权等。在本案中，中财公司对票据的占有具有民法上权利基础的利益。在中财公司借款方式操作上，由中财公司出资借款，再到银行开具出票人为永弘公司、收款人为华健公司的银行承兑汇票，然后将银行承兑汇票交由中财公司控制，中财公司为保证借出资金在此期间的安全，要求将永弘公司的印章以及华健公司的印章交由中财公司保管。潘喜飞经营的永弘公司和中财公司签订借款合同时明确约定此次借款开出的汇票由中财

---

① 张明楷：《刑法学》（第四版），法律出版社2011年版，第836～837页。

公司保管并处置。此种借出资金然后通过控制银行承兑汇票转让以回笼资金的拆借资金模式实际上是一种票据买卖行为，票据买卖虽然不产生票据法意义上的权利义务，但属于民法中的合同行为，[①] 足以认定中财公司对被劫的10张银行承兑汇票具有实际、稳定的占有权，属于财产犯罪中本权的保护范围之内。

（二）劫取汇票行为符合抢劫罪构成要件

潘喜飞、张振兴、常胜第一阶段实施的各种欺骗行为是为抢劫行为做准备。首先假意借款与中财公司签订了空白借款合同、资金到账后又利用虚假贸易合同在银行开出承兑汇票，按照事先约定银行承兑汇票交由中财公司实际控制和处理，并且控制了永弘公司和华健公司的印章，常胜事先也帮助潘喜飞刻制了华健公司印章和开设华健公司账户欲行控制到账资金，并联系新浙公司准备转让银行承兑汇票，三被告人均参与借款前行为，属于共同犯罪中的共谋；第二个阶段中潘喜飞召集的陈小兵等人占有银行承兑汇票时实施了一般性强制性行为，结合陈小兵等9人到场造成对方心理压力的情况下，实际已使中财公司人员不能抗拒、不敢抗拒，具有暴力胁迫的行为特征，同时，潘喜飞等人在劫得银行承兑汇票后继续对中财公司人员进行看押控制，并在此时间内将银行承兑汇票予以套现。由此可见，潘喜飞非法取财的主要手段或者说中财公司丧失对财物控制的根本原因在于银行承兑汇票的被劫和相关人员被看押，也就是说劫取银行承兑汇票行为在非法占有财物过程中起了决定作用，同时，票据套现亦是在抢劫延续行为过程中予以实现，据此，潘喜飞的行为符合抢劫罪的"两个当场"特征，应当以抢劫罪定罪处罚。

（三）劫取汇票后套现行为的性质认定

劫取汇票后，常胜使用私刻的永弘公司印鉴进行背书、潘喜飞冒充合法持票人身份向新浙公司转让银行承兑汇票，虽然符合《刑法》第一百九十四条第一款第三项规定，冒用他人的汇票、本票、支票进行金融票据诈骗活动，骗取财物数额较大的行为构成票据诈骗罪。但不应对此单独评价，其已被抢劫犯罪包含在内，属于刑法中事后不可罚行为，不成立数罪。事后不可罚行为是"犯罪成立后，即使实施与该犯罪相关联的事后的一定违法行为，也不处罚的

---

① 关于票据买卖行为是否为非法的判断标准上，根据《最高人民法院关于适用〈中华人民共和国合同法〉若干问题的解释（二）》第十四条规定，强制性规定区分为效力性强制性规定与管理性强制性规定，违反效力性强制性规定则合同直接无效，违反管理性强制性规定的需要根据合同具体内容进行判断。票据买卖属于违反管理性规定，不属于无效合同。崔建远：《合同法总论》（上卷），中国人民大学出版社2008年版，第283页。

场合”。[①] 更为确切的表述是“在状态犯的场合，利用该犯罪行为的结果的行为如果孤立地看，符合其他犯罪的构成要件，具有可罚性，但由于被综合评价在该状态犯中，故没有必要另认定为其他犯罪”[②]。典型的事后不可罚行为包括财产犯罪后针对赃物的行为、犯罪后隐匿、毁灭证据的行为。之所以不处罚是因为可能后续行为没有侵害新的法益（缺乏违法性），也可能是缺乏期待可能性（缺乏有责性）。[③]本案中潘喜飞实施的抢劫汇票行为与使用汇票套现行为密不可分，劫取、控制汇票，行为人需要对票据进行转让、套现才能获取财产性利益，非法占有财产的目的最终得以实现，因此，抢劫行为与使用私刻印章转让贴现的行为是一个整体，后行为是前行为的延续，所实施的后行为所造成的结果都可归因于抢劫行为，故不需要单独进行刑法评价。

（四）被告人高平、陈小兵的行为定性

高平、陈小兵受潘喜飞的召集，虽然约定是拿回永弘公司的印章，但陈小兵等人采用暴力、胁迫手段抢得永弘公司的印章后，高平又按照潘喜飞的要求指使陈小兵去抢华健公司的印章，虽因客观原因未能抢到，但已明显超出帮助潘喜飞抢回永弘公司财物的范畴，高平、陈小兵应当知道此时的行为性质，但高平、陈小兵仍然继续帮助潘喜飞强行抢得中财公司人员控制保管的银行承兑汇票，在中财公司人员明确喊出是中财公司财物后，陈小兵等人仍然置之不理，又看押中财公司人员数小时，为潘喜飞转让套现银行承兑汇票提供了时间保证，两被告人的行为符合抢劫共犯的特征，均应以抢劫罪定罪处罚。高平、陈小兵参与抢劫银行承兑汇票并看押中财公司人员，属于事中共犯，陈小兵在劫得装有银行承兑汇票的信封时仅是确认，并不确切知道银行承兑汇票的实际状况，虽然中财公司人员明确喊出银行承兑汇票的面额，但此时陈小兵已将信封送往潘喜飞处，也没有证据证明两人从转让套现款中直接分得赃款，结合高平、陈小兵的身份和经历，对于银行承兑汇票的经济价值认识不足，属于数额认识错误，综合判定从犯情节，依法予以减轻处罚。

二、涉案财物处理及被害人权益保护

（一）被害人身份的认定

对于存在连续性犯罪行为中，被害人身份如何判断，司法实践中存在不同的观点，有的认为，应以行为人第一次行为造成损失者为被害人，后续行为属

① 马克昌：《比较刑法原理》，武汉大学出版社2002年版，第772页。

②③ 张明楷：《刑法学》（第四版），法律出版社2011年版，第432页。

于民事违约行为。例如，通过支付预付款获得他人房产后以抵押方式获得第三人借款过程中，既有欺骗卖房人的行为，也有欺骗抵押权人行为，应认定原房东为被害人。① 有的观点认为，应以犯罪行为是否给权利人造成实际损失为判断标准，例如，行为人骗取汽车租赁后又抵押借款行为，对于租赁者和借款人均应认定为案件被害人。②

被害人的确认应当结合个体法益和损害救济两个方面进行考察。就财产犯罪而言，一是相对方的财产利益有没有受损，二是受损结果是否是他人采取暴力、强迫、窃取、欺诈等为刑法所禁止的行为方式而导致的。③ 本案中因抢劫行为导致中财公司丧失了对票据的占有，财产利益受损，票据套现阶段，新浙公司因不成立票据的善意取得，④ 也造成了财产的损失。因此，本案中中财公司、新浙公司均属于被害人，对其权益应该平等加以保护。

（二）涉案赃物的处理

1. 银行承兑汇票处置。在银行承兑汇票的处理上，有的观点认为应发还给中财公司。二审判决中认为应退回承兑银行。判决主要考虑：首先，银行签发汇票亦是基于虚假的铁矿石贸易合同，故票据本身不具备合法的基础交易关系；其次，汇票已超过时效转化为普通债权债务关系。根据《票据法》规定，超过票据权利时效的，仍享有民事权利，可以请求出票人或承兑人返还其与未支付票据金额相当的利益。因此，本案中银行汇票已超过有效期，票据对应的财产性利益表现为汇票保证金予以释放，转化为一般性债权债务关系，作为本案赃款予以追缴并均等返还两被害单位。

2. 已偿还合理债务行为可成立善意取得。赃物处理中适用善意取得制度

---

① 参见周有文、陈巧芳合同诈骗案（第876号案例），载最高人民法院刑事审判第一、二、三、四、五庭主办：《刑事审判参考》（第93集），法律出版社2014年版，第26~32页。

② 参见曹忠合同诈骗案，载国家法官学院案例开发研究中心编：《中国法院2015年度案例（刑法分则案例）》，中国法制出版社2015年版，第57~60页。

③ 劳东燕：《被害人视角与刑法理论的重构》，载《政法论坛》2006年第5期。

④ 《票据法》第十二条规定：以欺诈、偷盗或者胁迫等手段取得票据的，或者明知有前列情形，出于恶意取得票据的，不得享有票据权利。

持票人因重大过失取得不符合本法规定的票据的，也不得享有票据权利。

在司法解释中已有规定。[1] 在金钱作为赃款时，也不宜一追到底，因为金钱作为种类物，不同于一般财物，转移占有即转移所有权。但是，行为人将赃款用于归还债务或相关经济活动的，必须是合法的正当债务以及正当经济活动，否则取得赃款的第三人不能认定为善意，不能适用赃物之善意取得原则。[2] 因目前《刑事诉讼法》对赃物处理的规定较为原则，并没有相应的处理程序，因此，法院在处理中引入听证程序，通知被告人及相应钱款接受方、中财公司、新浙公司等相关利害关系人到场，由钱款接受方通过购销合同、欠条以及相关业务资料等证据证明债权债务的真实性和正当性，法院由此判定其不明知接收的是涉案赃款，取得涉案财物的方式合法，依法不予追缴。

（**一审法院合议庭成员** 尹晓涛 朱恩松 姜金良
二审法院合议庭成员 叶 巍 陈亚鸣 贾冰一
编写人 江苏省扬州市中级人民法院 姜金良
责任编辑 周维明
审稿人 李玉萍）

---

① 2011年颁布的《最高人民法院、最高人民检察院关于办理诈骗刑事案件具体应用法律若干问题的解释》（法释〔2011〕7号）第十条规定了行为人已将诈骗财物用于清偿债务或者转让给他人，应当依法追缴的四种情形，同时明确了他人善意取得诈骗财物的，不予追缴。2014年10月颁布的《最高人民法院关于刑事裁判涉财产部分执行的若干规定》第十一条第二款明确规定了第三人善意取得涉案财物的，不予追缴，作为原所有人的被害人对该涉案财物主张权利的，人民法院应当告知其通过诉讼程序处理。

② 参见《刑事涉案财物处理问题之探讨》，载最高人民法院刑事审判第一、二、三、四、五庭主办：《刑事审判参考》（第79集），法律出版社2012年版，第196页。

张丽芳强制医疗解除案

——强制医疗解除的审查标准

关键词：刑事　强制医疗　解除　审查　程序

【裁判要旨】

法院在对诊断评估报告进行审查时，应重点关注医务人员是否具有相应资质，治疗程序是否科学合规，并可通过会见被强制医疗的人、完善专家证人制度等途径，从常理、常识与常情等方面综合判断诊断评估报告是否可信；只有在被强制医疗的人危险度评估为0级时，才能认为该患者没有人身危险性。

【相关法条】

《中华人民共和国刑事诉讼法》第二百八十八条　强制医疗机构应当定期对被强制医疗的人进行诊断评估。对于已不具有人身危险性，不需要继续强制医疗的，应当及时提出解除意见，报决定强制医疗的人民法院批准。

被强制医疗的人及其近亲属有权申请解除强制医疗。

《最高人民法院关于适用〈中华人民共和国刑事诉讼法〉的解释》第五百四十二条　强制医疗机构提出解除强制医疗意见，或者被强制医疗的人及其近亲属申请解除强制医疗的，人民法院应当组成合议庭进行审查，并在一个月内，按照下列情形分别处理：

（一）被强制医疗的人已不具有人身危险性，不需要继续强制医疗的，应当作出解除强制医疗的决定，并可责令被强制医疗的人的家属严加看管和医疗；

（二）被强制医疗的人仍具有人身危险性，需要继续强制医疗的，应当作出继续强制医疗的决定。

人民法院应当在作出决定后五日内，将决定书送达强制医疗机构、申请解除强制医疗的人、被决定强制医疗的人和人民检察院。决定解除强制医疗的，应当通知强制医疗机构在收到决定书的当日解除强制医疗。

【案件索引】

一审：福建省泉州市洛江区人民法院（2017）闽0504刑医解1号（2017年9月30日）

【基本案情】

申请人黄铮雯申请称：被强制医疗人张丽芳经过长时间的治疗，精神状态已经康复，已具备正常的思维和行为控制能力，不再具有对他人的人身危害性。为此，特申请解除对张丽芳的强制医疗，申请人将对其严加看管和治疗，不再让其危害社会。

法院经审理查明：2015年7月13日上午8时许，张丽芳在福建省泉州市丰泽区人民法院（以下简称丰泽法院）一楼执行庭与法官王东煌因执行事宜发生口角。尔后，张丽芳离开丰泽法院前往某文具店购买了一把红色美工刀又返回，其在丰泽法院安检室内企图不经过安检通道进入该院办公区。在遇保安张宝宽上前劝阻时，张丽芳用美工刀刺中张宝宽腹部，并持从对方身上掉下的警棍强行进入该院办公区，用警棍敲打执行庭办公室的门窗。协警马金明见状上前制止，张丽芳又持美工刀划伤马金明手掌。张丽芳随后被丰泽法院工作人员制服，同日被刑事拘留。经司法鉴定，张宝宽的损伤程度属重伤二级，马金明的损伤程度属轻微伤。经泉州市第三医院（以下简称泉州三院）司法鉴定所鉴定，张丽芳在作案时系偏执型精神分裂症现症患者，无刑事责任能力。同年8月26日，张丽芳被释放并采取临时保护性措施约束于泉州三院。2016年2月25日，泉州市洛江区人民检察院申请对张丽芳进行强制医疗。同年3月17日，福建省泉州市洛江区人民法院（以下简称洛江法院）经开庭审理决定对张丽芳予以强制医疗。同月29日案件生效后，张丽芳经公安机关送泉州三院执行。

2017年9月18日，洛江法院立案受理黄铮雯申请解除对张丽芳强制医疗一案。审理中，洛江法院会见了张丽芳，调取了泉州三院对张丽芳的诊断评估报告，对张丽芳的主治医生作了询问笔录，并委托泉州三院司法鉴定所对张丽芳进行鉴定。诊断评估报告对张丽芳的危险度评估为0级，泉州三院司法鉴定所的鉴定意见为：张丽芳目前处于偏执型精神分裂症缓解期，可以解除强制医疗。洛江法院组成合议庭开庭审理了本案，申请人及原申请强制医疗的洛江区人民检察院派员参加诉讼。经庭审查明，经强制治疗后，张丽芳意识清楚，年貌相符，接触好，注意力集中，检查合作，对答切题，情绪稳定，表情自然，谈笑自如，情感反应协调，对案发当时整个经过及当时的内心体验能清楚回忆，被害妄想已消失；思维连贯，逻辑推理正常；定向力正常，记忆力好，自知力恢复。

【裁判结果】

洛江法院于2017年9月30日作出（2017）闽0504刑医解1号解除强制医疗决定：一、对被强制医疗人张丽芳解除强制医疗；二、责令申请人黄铮雯对被强制医疗人张丽芳严加看管和医疗。宣判后，检察机关未在法定期限内提出书面纠正意见。

【裁判理由】

法院生效裁判认为：经强制医疗机构诊断评估报告及司法鉴定机构鉴定意见等证据证实，张丽芳经强制医疗后现已不具有人身危险性，不需要继续强制医疗。

【案例注解】

强制医疗解除作为强制医疗的一项重要内容，《刑事诉讼法》第二百八十八条对此规定为："强制医疗机构应当定期对被强制医疗的人进行诊断评估。对于已不具有人身危险性，不需要继续强制医疗的，应当及时提出解除意见，报决定强制医疗的人民法院批准。被强制医疗的人及其近亲属有权申请解除强制医疗。"囿于立法相对粗疏，强制医疗解除措施还存在不少需要完善之处，加之学界对此研究不多，实有探讨之必要。

一、强制医疗期限及解除启动问题

（一）强制医疗期限问题

《刑事诉讼法》只对强制医疗的审理期限进行规定，对强制医疗的期限即对精神病人送交执行后多长时间才能首次提出解除申请没有明确规定，《最高人民法院关于适用〈中华人民共和国刑事诉讼法〉的解释》（以下简称《刑诉法解释》）亦如此，其仅在第五百四十条第二款对再次提出解除申请的间隔期限规定为："被强制医疗的人及其近亲属提出的解除强制医疗申请被人民法院驳回，六个月后再次提出申请的，人民法院应当受理。"对首次提出申请的时间亦没有明确规定。从中可见，我国对强制医疗的期限实行的是不定期方式，具体视精神病人治疗康复情况、人身危险性程度是否消除而定。强制医疗的重点在于治疗疾病，让患者治愈后回归社会，而非限制或剥夺被强制医疗人的自由。强制医疗的期限关乎涉案精神病人的权利，规定过短不利于涉案人的疾病治理和健康利益，规定过长又可能侵害已痊愈当事人的人身自由权，使之遭受不当限制。如何确定强制医疗的期限，考验着司法者的智慧。从其他国家相关规定看，《意大利刑法典》规定，疗护处分的期限视行为人所犯之罪的法定刑而定，法定刑为五年以上监禁的，疗护处分的期限为一年以上；法定刑为十年以上监禁的，疗护处分的期限为三年以上。《日本更正刑法草案》规定，治疗处分的收容期限为三年，但裁判所认为有必要时，可以每二年予以更新。《俄罗斯联邦刑法》规定，对判处医疗性强制措施的人，精神病医生委员会应至少每六个月出具一次诊断证明。美国大部分州则规定，强制医疗按收治的期限确定，通常以六个月为期，期满需要进行听证以决定是否继续收治。从国内的实践看，公安部《强制医疗所条例（送审稿）》规定，强制医疗执行期满一年之日起30日内应进行首次诊断评估，之后一般每隔半年进行诊断评估。北京公检法三部门在《关于强制医疗程序的实施办法（试行）》中要求对患者进行的定期审核应以六个月作为周期，即使延长也不得超过一年。从精神病的治疗实践看，该病一般需要较长的治疗时间才能治愈，如精神疾病专家王健认为："通常对首次住院的患者，一个疗程需要三个月时间。这包括单一药物产生疗效时间、治疗剂量情况下巩固治疗时间、由治疗剂量逐渐减至维持量时间以及观察、假出院时间等。如果单一药物疗效不理想，尚需要合并用药、调整用药时间，如果患者出现不良反应等，需要的时间更长。"① 其建议强制医疗至少

① 王健：《浅议强制医疗的解除》，载《中国司法鉴定》2015年第2期。

需要一年的治疗、观察，才能提出解除申请。为避免被强制医疗的人在病情好转后被长期滞留限制自由，笔者建议将强制医疗首次提出的时间掌握在交付执行之日起的六个月至一年之间。本案中，张丽芳于2016年3月29日被交付强制医疗，其女儿黄铮雯于2017年9月18日向法院申请解除，两个时间点间隔一年以上。

（二）强制医疗解除启动问题

虽然《刑事诉讼法》第二百八十八条规定，强制医疗机构、被强制医疗的人及其近亲属均有权提出解除申请，但在实践中，对被强制医疗人是否具备解除条件最有话语权的强制医疗机构，由于顾忌执法风险，很少主动提出解除意见。以H市安康医院为例，2013～2015年共解除强制医疗22人次，由强制医疗机构提起的为0人次。① 对此，笔者认为，检察机关应加大对强制医疗案件的监督力度，对发现强制医疗机构存在未定期进行诊断评估或者未及时提出解除申请等违法行为的，应当及时提出纠正意见，强制医疗机构拒不改正的，可以对其采取行政罚款等规制措施。

二、已不具有人身危险性标准的把握问题

“已不具有人身危险性”是法院裁决解除强制医疗的唯一依据。按照全国人大法工委刑法室的解读，所谓“不具有人身危险性”，是指被强制医疗的人已经具有辨认或者控制自己行为的能力，不会再危害公共安全或者他人的人身安全。如何确定精神病人的行为倾向是否具有人身危险性是一个世界难题，至今国内外仍未见成熟的评估判断工具。目前，实务中精神病治疗机构对危险性评估依据的是原卫生部《重性精神疾病管理治疗工作规范》确定的6级评估标准：“0级：无符合以下1—5级中的任何行为。1级：口头威胁，喊叫，但没有打砸行为。2级：打砸行为，局限在家里，针对财物。能被劝说制止。3级：明显打砸行为，不分场合，针对财物。不能接受劝说而停止。4级：持续的打砸行为，不分场合，针对财物或人，不能接受劝说而停止。5级：持管制性危险武器的针对人的任何暴力行为，或者纵火、爆炸等行为。无论在家里还是公共场合。”医学临床上一般将0级患者视为病情稳定，1—2级患者视为病情基本稳定，3—5级患者视为病情不稳定，只有在被强制医疗的人危险度评估为0级时，才能认为该患者没有人身危险性。本案中，泉州三院出具的诊断

① 余才忠、张鹏：《解除强制医疗若干问题探析——基于安康医院模式和检察监督的双重视角》，载《中国检察官》2017年第5期。

评估报告证实张丽芳危险度评估为0级。

三、强制医疗解除审理程序的完善

笔者认为，目前，强制医疗解除审理程序在实践中仍然存在一些问题，亟待予以完善。

(一) 审理程序虚化

根据《刑诉法解释》第五百四十一条规定，强制医疗机构提出解除强制医疗意见，或者被强制医疗的人及其近亲属申请解除强制医疗的，人民法院应当审查是否附有对被强制医疗的人的诊断评估报告。所谓诊断评估报告，是指通过询问病史、体格检查、临床实验室检查、医技部门辅助检查等检查，对患者心理、生理、病情严重程度、全身状况等作出综合评估，用于指导对患者的诊疗活动。诊断评估报告是法院对人身危险性作出确认的主要参考，由于精神病治疗的专业性较强，在缺乏诊断评估报告情况下，法官很难对专业性问题作出准确的判断，这导致相当部分法官对诊断评估报告的过度依赖，有人认为，强制医疗“事实上裁判几乎是从法官的重心转移到医生的范围”①。对该问题，笔者认为，应更新刑事司法理念，充分认识强制医疗程序不仅仅是治疗措施而已，其实质是对人身自由的剥夺，相关决定权在于司法机关而非医疗机构，应强调法官作出强制医疗决定的主体地位。法院在对诊断评估报告进行审查时，应重点关注医务人员是否具有相应资质，治疗程序是否科学合规，并可通过会见被强制医疗的人，完善专家证人制度等途径，从常理、常识与常情等方面综合判断诊断评估报告是否可信，必要时可依《刑诉法解释》第五百四十一条第三款规定委托鉴定机构对被强制医疗的人进行鉴定。本案中，合议庭通过将诊断评估报告送检察机关“质证”听取意见，会见张丽芳及其主治医生了解情况，委托鉴定复核确认等方式，最终确认诊断评估报告的证据效力，避免司法审理程序的名不符实。

(二) 审理方式不一

《刑诉法解释》第五百四十二条仅规定对于强制医疗解除案件，人民法院应当组成合议庭进行审查，对于是否需要通知检察院参加，是否需要将除决定书外的其他材料在作出决定前送检察院“质证”以及是否应当公开开庭等规定不明。虽然，最高人民法院周峰、祝二军、李加玺三位法官曾撰文提出：

① 张丽卿：《司法精神医学——刑事法学与精神医学之整合》，中国政法大学出版社2003年版，第268页。

“法院对于解除强制医疗的申请和意见，原则上进行书面审查即可，无需开庭审理。为提高审查效率、避免重复劳动，可以由作出强制医疗决定的原合议庭审查。”① 但从福建省泉州市的审理情况看，对强制医疗解除案件的审理以另行组成合议庭开庭为主，极少采用书面形式审查，而且通常会通知检察机关“应诉”。笔者认为，根据《刑诉法解释》第五百四十三条规定，既然检察机关有权对解除强制医疗决定在收到决定书后20日内提出书面纠正意见，其作为此类案件隐性的“对抗”主体和监督机关，法院通知其参加庭审，亦无不可。

（三）文书格式不统一

因强制医疗类刑事案件目前尚无统一的文书样式可循，各地法院制作的文书格式不统一，差别较大，以强制医疗解除案件为例，对于被强制医疗的精神病人的称谓，有的表述为“被申请人”，有的表述为“被强制医疗人”，另外，在决定书中是否应列明检察机关的身份亦看法不一，对此建议最高人民法院尽快出台相关文书格式加以规范。

（**一审法院合议庭成员** 洪羚燕 王金怀 洪艺玲
编写人 福建省泉州市洛江区人民法院 林前枢
责任编辑 周维明
审稿人 李玉萍）

① 周峰、祝二军、李加玺：《强制医疗程序适用情况调研报告》，载《人民司法·应用》2016年第7期。

翟金凤受贿、非国家工作人员受贿案

——国家机关退休人员以借款为名受贿的认定

关键词：受贿罪　国家工作人员主体身份　退休人员　以借为名

【裁判要旨】

国家机关工作人员等在退休后，虽不再具有国家机关工作人员等身份，但依法继续从事公务的，仍应认定为国家工作人员。判断国家工作人员是否以借款为名行受贿之实，要从双方的人物关系、借款必要性、赃款去向、还款表现等方面综合考量，判断证据之间能否形成较为完整的证据锁链。虽存在借条，但双方间的钱款往来符合“权钱交易”特征的，仍应认定为受贿。

【相关法条】

《中华人民共和国刑法》第九十三条　本法所称国家工作人员，是指国家机关中从事公务的人员。国有公司、企业、事业单位、人民团体中从事公务的人员和国家机关、国有公司、企业、事业单位委派到非国有公司、企业、事业单位、社会团体从事公务的人员，以及其他依照法律从事公务的人员，以国家工作人员论。

第三百八十五条第一款　国家工作人员利用职务上的便利，索取他人财物的，或者非法收受他人财物，为他人谋取利益的，是受贿罪。

【案件索引】

一审：北京市海淀区人民法院（2016）京0108刑初732号（2016年12月8日）

二审：北京市第一中级人民法院（2017）京01刑终249号（2017年4月25日）

【基本案情】

被告人翟金凤于1997年1月至2002年12月被任命担任北京市海淀区四季青乡党委副书记，2003年1月至2004年9月被任命担任四季青乡人大副主席，2004年9月至2006年5月担任四季青镇副职待遇；2006年5月至2008年2月任四季青镇调研员，2008年3月起退休。根据四季青乡党委决定，翟金凤在担任四季青乡党委副书记期间约于2001年11月被乡党委委派兼任远大村党总支书记，主持远大村全面工作，后经远大农工商公司[①]党总支换届选举于2003年12月24日被任命为该公司党总支书记，直至2007年3月19日。翟金凤在兼任远大农工商公司党总支书记期间负责远大农工商公司全面工作。后经四季青镇党委会决定，翟金凤于2007年3月19日被免去远大农工商公司党总支书记职务。翟金凤自2002年至2007年2月底担任远大村及远大农工商公司党总支书记期间，主持远大村全面工作，对远大村范围内的所有工作全面负责，包括蓝靛厂地区拆迁工作、与北京永泰房地产开发有限责任公司合作建设"永泰大酒店"项目（原名为"四季青农业科技发展中心"项目）等工作。2007年3月12日，经四季青农工商总公司推荐，四季青镇经济合作总社第一届集体资产管理委员会决定由四季青农工商总公司聘任翟金凤为该公司总政工师。2008年1月，经远大农工商公司党总支会议决定聘请当时为该公司顾问的翟金凤作为远大农工商公司代表进入永泰酒店管理方董事会，负责远大农工商公司与永泰公司合作的该项目工作，对董事会中涉及远大农工商公司利益的重大事项进行监督，一直到2008年12月。

上述位于北京市海淀区远大路的"永泰大酒店"项目系四季青农工商总公司、海淀区远大农工商公司与北京永泰房地产开发有限责任公司合作开发建设的项目，于2003年前后双方协商签订的合作建设协议，原项目名称为"四季青农业科技发展中心"，性质为农业科技发展项目，后变更为酒店项目。该

---

① 农工商联合企业是农村的一种基层组织形式，除了管理村集体事务外，还会协助政府从事行政管理工作。远大村即包括村委会、远大农工商公司、党总支三块牌子，一套人员。远大农工商总公司是远大村对外开展经济活动的集体经济组织。远大农工商公司是集体所有制企业，系四季青农工商总公司的二级单位。

项目用地系由远大村农村集体所有村庄工矿用地获批征用后于2000年11月转为城市建设用地，属于国有土地；2005年2月，四季青镇政府批准四季青农工商总公司通过协议方式将该地块的国有土地使用权转让给北京永泰酒店管理有限公司，土地规划用途为商业、地下车库。该项目采用合作开发、委托经营模式，北京四季青乡农工商总公司作为甲方（授权委托远大农工商公司），北京永泰房地产开发有限公司作为乙方（授权委托永泰酒店管理有限公司作为丙方）进行具体磋商，约定甲方作为该项目建设用地的土地使用权所有者，乙方作为合作建设者，建成物业及项目经营收益甲乙双方按比例分成，有关租售事宜由甲方委托乙方统一经营，甲方分得产权以协议方式交由乙方经营；甲方提供地上三通一平的建设用地，负责建设用地的拆迁及拆迁后劳动力安置工作，办理土地使用所需要的文件、资料和手续，协助乙方办理房屋经营手续，协调与相邻单位的关系；乙方负责建设及承担相应费用。

2003年至2008年12月，被告人翟金凤在先后担任上述职务期间，受指派或委托作为上述项目的国有土地经营管理方的实际代表人员，与作为项目合作建设方的北京永泰房地产开发有限责任公司总经理戴迪、副总经理李礼等有关人员建立和开展业务关系，负责对上述项目中的国有土地经营收益等相关事项进行监督和管理。2008年3月底至4月初，被告人翟金凤利用上述职务便利，以借款的名义，向北京永泰房地产开发有限责任公司总经理戴迪和副总经理李礼索要人民币150万元，后将上述钱款用于支付以其配偶陈明贤名义购买的北京市海淀区清琴麓苑的一套房屋购房款。

被告人翟金凤于2014年1月1日被恒有源科技发展集团有限公司（中外合资的有限责任公司）聘任为公司经管顾问，担任顾问书记一职，直至2015年4月。在此期间，翟金凤受恒有源科技发展集团公司邀请和委托参与集团地能热冷一体化新兴产品的经营管理工作，牵头负责该公司在杏石口路80号的自建展示项目部的工作，对该项目行使管理、监督、审核职权。被告人翟金凤利用上述职务之便，在项目的工程进度审核、工程款结算支付等管理工作中为承包方北京韩建集团有限公司第八分公司的项目部经理陈东提供便利和帮助，并于2014年8月底至9月初收受陈东为其购买的一辆奥迪牌A4L型轿车，购买价款合计人民币328800元，并以其个人名下价值人民币89800元的本田牌雅阁型轿车折价置换。

被告人及其辩护人对于第一起事实的主要辩护意见为：涉案150万元是翟金凤与李礼、戴迪之间的借款，双方的借款手续完备，翟金凤没有受贿的故意；且翟金凤对涉案酒店项目没有监督管理职权，对涉案项目也不知情，没有利用职务便利为他人谋取利益的行为。

【裁判结果】

北京市海淀区人民法院于2016年12月8日作出（2016）京0108刑初732号刑事判决：一、被告人翟金凤犯受贿罪，判处有期徒刑五年六个月，罚金人民币20万元；犯非国家工作人员受贿罪，判处有期徒刑一年，决定执行有期徒刑六年，罚金人民币20万元。二、在案扣押人民币150万元，予以没收；责令被告人翟金凤退缴剩余赃款人民币239000元，予以没收。

宣判后，翟金凤向北京市第一中级人民法院提起上诉。北京市第一中级人民法院于2017年4月25日作出（2017）京01刑终249号刑事判决：驳回上诉，维持原判。

【裁判理由】

法院生效裁判认为：在案证据证明，涉案的永泰酒店项目系对国有土地进行开发和利用，四季青农工商总公司、远大村委会和远大农工商公司受四季青镇政府委托，协助政府经营管理永泰酒店项目的国有土地。翟金凤于2008年3月退休前，作为四季青镇的国家机关工作人员，受四季青镇指派担任远大村党支部书记、远大农工商公司党总支书记，负责远大村和远大农工商公司全面工作，从而直接负责永泰酒店项目；翟金凤于2008年3月退休后，虽不再具有国家机关工作人员身份，但仍受四季青农工商总公司和远大农工商公司的委托、任命担任四季青农工商总公司总政工师、远大农工商公司顾问暨驻永泰酒店董事会代表，继续负责永泰酒店项目，协助四季青镇政府对国有土地进行经营管理。翟金凤退休前后，均属于依法从事公务活动的人员，应认定为国家工作人员。翟金凤经营管理永泰酒店项目国有土地的权力对永泰酒店项目的合作方永泰公司形成了制约、管理的关系，翟金凤利用上述职务上的便利，向永泰公司的管理人员李礼、戴迪以借款名义索要150万元，其行为已符合受贿罪的构成要件。虽翟金凤辩解该150万元系民间借贷，但在案证据表明，翟金凤与李礼、戴迪之间除了因其职务上的便利而形成的制约与被制约的关系外，并无密切的私交，翟金凤既未在"借款"时与出借方约定利息，所借款项也未用于其"借款"时所述的用途，且在"借款"后截至案发时，长达七年的时间里，翟金凤在具备还款能力的情况下，没有还款的表示和行为。这足以表明该

150 万元并非借款而系索贿款。

【案例注解】

本案疑难点集中在第一起事实中：一是翟金凤索要 150 万元时已从四季青镇退休，不再属于国家机关工作人员，需要研究其是否还符合受贿罪的主体要件；二是涉案的 150 万元是翟金凤以“借款”的名义索要的且向李礼出具了“借款申请”，需要研究该笔钱款应认定为借款还是受贿款。

一、关于翟金凤主体身份的认定

对于第一起事实中翟金凤主体身份的认定存在两种意见：一种意见认为，翟金凤于 2008 年 3 月退休，其索要钱款时已经解除了国家机关工作人员的身份，也不再担任远大村和远大农工商公司的党总支书记，不属于“从事公务”的国家工作人员，不具有“职权便利”，不构成受贿罪。另一种意见认为，翟金凤索要涉案 150 万元时虽不再是在职的国家机关工作人员，其仍属于《刑法》第九十三条规定的国家工作人员，构成受贿罪。

笔者同意第二种观点，理由如下：

根据《刑法》第九十三条的规定，国家工作人员包括以下四类人员：（1）在国家机关中从事公务的人员；（2）在国有公司、企业、事业单位、人民团体中从事公务的人员；（3）国家机关、国有公司、企业、事业单位委派到非国有公司、企业、事业单位、社会团体从事公务的人员；（4）其他依照法律从事公务的人员。

从《刑法》规定可以看出，依照法律从事公务是判断国家工作人员身份的核心内容。虽然一般情况下任职、职务等是从事公务的前提条件，但司法实践中，依法从事公务的情况远比法律规定的前三种情况复杂，故法律又规定了第四种“其他依照法律从事公务”的兜底条款，应坚持将“公务性”作为判断国家工作人员身份的实质要件。

一般而言，国家机关工作人员从事公务的时间始于具备一定身份职责，终于退休离职。然而实践中较普遍存在的是国家机关工作人员等在退休后的一段时间内，仍从事公务。具体又细分为两种情形：一是退休后且不再有其他兼职、任命的情况下，在交接工作尚未正式完成前，退休的国家机关工作人员等往往仍会从事一定的公务。这主要是因为办理退休手续后的一段时间内，存在公共事务交接等问题，这就可能出现国家机关工作人员等已退休但还有职权仍从事公务的情况。此时，并不能因已办理退休手续就否定其仍从事公务的事实和国家工作人员的身份。公务员、国有公司、企业、事业单位、人民团体工作人员与国家工作人员是行政法和刑法上的不同概念，并不能完全划等号，不能因不再具备公务员等身份就直接否定国家工作人员的身份。二是国家机关工作人员在退休后，受原单位返聘或被委托、任命为村基层组织人员协助政府从事特定的行政管理工作等而继续从事公务，也是实践中非常常见的情况。村基层组织人员主要是指村党支部、村委会和村经联社、经济合作社、农工商联合企业等掌管村经济活动的组织的人员。在基层实践中，相关人员虽然到龄退休，但其原来负责的某项专项工作仍未完成，基于该项工作的复杂性及对工作的熟悉程度等原因，由其他国家工作人员来接手该项工作需要耗费大量的时间、精力，不利于工作的及时完成。为了较为顺畅地完成该项工作，基层政府组织往往通过返聘或让该退休人员继续在基层组织任职等变通的方式，让该退休人员在一段时期内能够合法地继续从事公务直至该专项工作完成。此时，该退休人员自然也应认定为国家工作人员。本案就属于第二种情况。

回到本案中，争议焦点之一即为翟金凤从事的是否为公务，能否认定为国家工作人员。从翟金凤退休前和退休后两个时间段来分析，翟金凤在2008年3月退休前任四季青乡党委副书记，翟金凤此时的身份是国家机关工作人员，并负责“永泰大酒店”项目中国有土地管理等相关事项，符合国家工作人员的主体身份。翟金凤在这一时期，经乡党委委派兼任远大村党总支书记，后经远大农工商公司党总支换届选举于2003年被任命为该公司党总支书记，受指派负责对“永泰大酒店”项目中国有土地经营收益等相关事项进行经营和管理。虽翟金凤也在村基层组织中任职，并以此身份配合政府从事公务，但这主要是从基层实践出发，为了更好开展工作的需要，这一时期其身份应属于国家机关中从事公务的人员。

翟金凤于2007年3月19日被免去远大农工商公司党总支书记职务，并于2008年3月从四季青镇国家机关退休，正常来讲，应当停止从事公务活动，失去享有的公权力。但其退休前后仍受四季青农工商总公司和远大农工商公司的委托、任命担任四季青农工商总公司总政工师、远大农工商公司顾问暨驻永泰酒店董事会代表，继续负责对“永泰大酒店”项目的监督管理。永泰酒店项目用地是国有土地，该项目的经营性质从本质上是国有土地经营管理活动，此时，翟金凤是以村经济组织人员的身份，继续负责协助政府进行国有土地的经营和管理，自然也应认定为“其他依照法律从事公务的人员”。①

综上，无论退休前后，翟金凤均具有国家工作人员的主体身份。

二、关于是借款还是受贿款的认定

对于第一起事实中150万元性质的认定存在两种意见：一种意见认为，这150万元是以借款的名义收取的，且翟金凤向李礼出具了借条，借款手续完备，翟金凤没有受贿的故意，戴迪、李礼也没有明确表示过这笔钱不需要归还，其仍具有债权，故这笔钱应当认定为借款。另一种意见认为，翟金凤虽然出具了借条，但综合双方的人物关系、借款必要性、赃款去向、还款表现等方面，双方之间“权钱交易”的意思明确，应认定为受贿。

笔者同意第二种意见，理由如下：

收受贿赂的方式除了赤裸裸的财物与权力交易外，大量地表现为以各种名目来进行掩饰。“以借为名”的贿赂犯罪就是一种具有隐蔽性、迷惑性的犯罪手段。

“以借为名”的受贿形式中，受贿人往往通过出具书面借款手续、虚假抵押等方式作为掩饰手段，使贿赂行为身披民间借贷的“合法”外衣。此时，仍应以受贿罪构成要件为基础，结合案件的具体情况综合加以判断和认定。是否出具借条，是否具有名义上的抵押担保不影响受贿罪的实质认定。

最高人民法院在《全国法院审理经济犯罪案件工作座谈会纪要》（以下简称《纪要》）中规定：国家工作人员利用职务上的便利以借为名向他人索取财物，或者非法收受财物为他人谋取利益的，应当认定为受贿。具体认定时，不能仅仅看是否有书面借款手续，应当根据以下因素综合判定：（1）有无正当、合理的借款事由；（2）款项的去向；（3）双方平时关系如何、有无经济往来；（4）出借方是否要求国家工作人员利用职务上的便利为其谋取利益；（5）借款后是否有归还的意思表示及行为；（6）是否有归还的能力；（7）未归还的原因；等等。

根据《纪要》的规定，准确界定行为是受贿还是正常的借款关系，首先要把握“权钱交易”的本质特征。双方之间的权钱交易动机明确，各有所求，

---

① 《全国人民代表大会常务委员会关于〈中华人民共和国刑法〉第九十三条第二款的解释》规定：村民委员会等村基层组织人员协助人民政府从事国有土地的经营和管理等行政管理工作，属于《刑法》第九十三条第二款规定的“其他依照法律从事公务的人员”。根据全国人大常委会的解释释义，解释中所说的“村委会等村基层组织人员”，主要是指村党支部、村委会和村经联社、经济合作社、农工商联合企业等掌管村经济活动的组织的人员。

心照不宣。在这种状况下实施的所谓“借款”行为，具有收受或索取他人财物的故意，出具的“借款手续”也不具有民事上的约束力，只是一种规避法律的行为。即便在形式上出具了借条，但经过一个合理的时间后，借款人一方无还款的明显打算和积极行动，出借人一方也没有催要借款的表现，联系其他条件则基本可以确定属于变相的受贿。即便具有名义上的担保，如果不符合抵押、质押、保证等法定生效条件，“出借方”对“借款方”的还款不能实现有效制约，亦不能排除受贿的成立。

回到本案中，针对翟金凤与永泰房地产公司管理人员之间是借款还是受贿款，应从事前、事中、事后的角度，结合主观意思表示和客观行为表现予以全面的分析和认定：（1）双方之间存在权钱交易的客观可能性。一般来说，如果借贷双方系亲友，国家工作人员的职权没有与对方发生关联，则真实借贷关系可能成立，否则，存在真实借贷关系的可能性较小。在案证据显示，双方基于业务认识，平时主要是业务关系，并无密切的私人关系或私交。（2）双方存在与职权密切相关的监管与被监管的管理关系，且给钱时仍存在制约、请托关系。翟金凤与永泰公司之间的业务制约、管理关系是一种整体上的概括性制约、请托关系，永泰公司的永泰酒店项目得以顺利实施、推进和继续持续经营，都离不开翟金凤的帮助和提供便利。故永泰公司一直有求于翟金凤。这种业务上管理和依赖关系是持续、连贯的，未因为翟金凤的职务变动而中断。（3）翟金凤出具的借条不具有民事上的约束力。虽然双方的借条是出借方主动要求翟金凤签订，但签订借条是为了规避法律的处罚，借条不是约束翟金凤还款的“紧箍咒”。双方未具体约定利息、还款方式、还款时间，且该借条被出借方随意放置，以上表现可以看出双方都没有将该借条作为有民事上约束力的借款凭证。（4）借款时机和借款事由不同于真实的借贷关系。自然人之间进行的借款，一般情况下都有特定的用途，往往表现为一方因经济拮据需要借钱，另一方经济宽裕、有能力出借。而本案中翟金凤并不是在急需用钱的情况下向对方借款。借款的时机恰恰在出借人有求于借款人，借款人利用职务便利能够帮助出借人获得某种利益的前后。且借款的名义用途与实际用途不符，借款理由牵强附会。借据上借款人的落款为：“陆洋　翟金凤代”，但实际上该笔借款系翟金凤购房使用，与陆洋无关且陆洋毫不知情，这实际上也反映出翟金凤避免受借条约束的主观心态。（5）翟金凤借款后没有归还的意思表示及行为，翟金凤也从未有过实质还款的意思表示。虽然戴迪的证言表示“2014 年春节前后，翟金凤主动给其打电话，说钱用得差不多了，过一段时间还给其。其说行，让她周转开就还给其。但至今她也没有把这钱还给其”。但不能据此认为翟金凤有真实的还款表示，事实表明翟金凤在借款长达6年之久后并未直接还款而首先以“过一段时间还款”试探借款人的态度，同时结合后期依旧不予归还的实际表现，翟金凤的还款表示并不真实，实为不想还款的暗示，在对方并未坚持要求其还款后，双方对翟金凤无需还款已是心照不宣。(6)翟金凤具备还款条件和能力后，没有还款实质意向或表现。将用所谓“借款”购买的房屋出卖之后，所得钱款用于购买基金、银行理财、购买房产、存入银行等，没有将钱款归还出借方的实际行为和真实意思表示。(7)直至案发前，长达7年的时间跨度里翟金凤一直未还款。直到2015年6月，翟金凤已被立案侦查，该笔款项才经其丈夫退还给永泰房地产公司。综合上述七方面足以认定，该“借款”实为索贿款。

需要进一步说明的是，借款后是否有归还的意思表示及行为要坚持主客观相一致的判断标准。无归还的意思表示并不因出借方是否有催讨“债务”的行为而改变。在实践中常见的情况是，出借方对于是否催讨“债务”态度暧昧，处于“如果还也可，不还也罢”的模棱两可的心态。如在本案中，钱款出借方北京永泰房地产公司总经理戴迪证称：“2008年初，翟金凤给其打电话说要借150万元作周转。其当时就意识到翟金凤将来有可能就不还这笔钱了，但因为考虑到之前与翟金凤合作过，且翟金凤在远大路酒店项目上也帮助过永泰公司，当时就答应了。翟金凤如果不还的话，其也不会要了。”戴迪还表示“让她周转开就还给其”。在这种情况下，出借方因受过国家工作人员职务上的“照顾”或者以后有求于国家工作人员，基于这种考虑而“借给”国家工作人员钱款，同时对于是否催讨债务态度暧昧，则是否归还这笔钱就取决于国家工作人员。如果国家工作人员没有归还的意思，出借方不会主动催讨，实质是双方认可了出借方将钱款给予国家工作人员。

判断借款后是否有归还的意思表示及行为，一方面，不能仅看借款人的口头表示，如果借款人仅口头表达要还款，但既无还款方案，又无还款行动，尤其是在有还款能力的前提下，这种还款“表示”不能认为是还款的真意表达。另一方面，借款人可能未还清全部借款，但承认债务的存在，积极筹措还款的资金，并偿还了部分的欠款，在这种情形下，应认为借款人有归还的意思表示及行为。

综合上述，区分受贿还是借款要结合多种因素作综合性实质判断，从借条的实际约束力、行为人借款理由、借款必要性、双方关系、双方对待借款的态度与做法等客观表现捕捉真实信息，探寻行为人的真实意思表示，不能单纯因有书面借款手续就否定受贿的成立，也不能因借款手续不完备就将钱款一概认定为受贿款，只有证据之间形成较为完整的证据锁链，达到足以排除合理怀疑的情况下才能认定受贿的成立。

（**一审法院合议庭成员** 覃 波 张 红 王秀华
二审法院合议庭成员 林辛建 宋振宇 杨 朔
编写人 北京市第一中级人民法院 林辛建 魏晓田
责任编辑 周维明
审稿人 李玉萍）

蒋飞洋破坏计算机信息系统案

——攻击网站服务器致其瘫痪再进行敲诈的刑法评价

关键词：计算机信息系统　敲诈勒索　后果严重　择一重罪处罚

【裁判要旨】

用攻击网站服务器致其瘫痪的手法进行敲诈勒索的，手段行为和目的行为分别触犯破坏计算机信息系统罪和敲诈勒索罪两个罪名，这两罪属于牵连竞合关系，应按重罪即破坏计算机信息系统罪处罚。

【相关法条】

《中华人民共和国刑法》第二百八十六条　违反国家规定，对计算机信息系统功能进行删除、修改、增加、干扰，造成计算机信息系统不能正常运行，后果严重的，处五年以下有期徒刑或者拘役；后果特别严重的，处五年以上有期徒刑。

违反国家规定，对计算机信息系统中存储、处理或者传输的数据和应用程序进行删除、修改、增加的操作，后果严重的，依照前款的规定处罚。

故意制作、传播计算机病毒等破坏性程序，影响计算机系统正常运行，后果严重的，依照第一款的规定处罚。

单位犯前三款罪的，对单位判处罚金，并对其直接负责的主管人员和其他直接责任人员，依照第一款的规定处罚。

《最高人民法院、最高人民检察院关于办理危害计算机信息系统安全刑事案件应用法律若干问题的解释》第四条　破坏计算机信息系统功能、数据或者应用程序，具有下列情形之一的，应当认定为刑法第二百八十六条第一款和第二款规定的“后果严重”：

（一）造成十台以上计算机信息系统的主要软件或者硬件不能正常运行的；

（二）对二十台以上计算机信息系统中存储、处理或者传输的数据进行删除、修改、增加操作的；

（三）违法所得五千元以上或者造成经济损失一万元以上的；

（四）造成为一百台以上计算机信息系统提供域名解析、身份认证、计费等基础服务或者为一万以上用户提供服务的计算机信息系统不能正常运行累计一小时以上的；

（五）造成其他严重后果的。

实施前款规定行为，具有下列情形之一的，应当认定为破坏计算机信息系统"后果特别严重"：

（一）数量或者数额达到前款第（一）项至第（三）项规定标准五倍以上的；

（二）造成为五百台以上计算机信息系统提供域名解析、身份认证、计费等基础服务或者为五万以上用户提供服务的计算机信息系统不能正常运行累计一小时以上的；

（三）破坏国家机关或者金融、电信、交通、教育、医疗、能源等领域提供公共服务的计算机信息系统的功能、数据或者应用程序，致使生产、生活受到严重影响或者造成恶劣社会影响的；

（四）造成其他特别严重后果的。

【案件索引】

一审：江苏省无锡市惠山区人民法院（2016）苏0206刑初79号（2016年5月5日）

【基本案情】

公诉机关指控：2015年7月19日13时许至7月20日22时许，被告人蒋飞洋通过远程控制的机器（俗称"肉鸡"）对无锡江南影视传播有限公司的K3K游戏服务器进行DDOS攻击，致使K3K游戏服务器瘫痪，后被告人蒋飞洋以不进行攻击为由敲诈K3K游戏运营公司人民币1888元。2015年8月12日21时许，被告人蒋飞洋以同样的方式对K3K游戏系统的服务器进行DDOS

攻击，后被告人蒋飞洋以不进行攻击为由敲诈K3K游戏运营公司人民币1888元。

2015年6月至8月，被告人蒋飞洋对浙江杭州齐趣科技有限公司运营的云海游戏服务器进行攻击，致使被攻击的游戏网站不能正常运行，之后通过腾讯QQ聊天工具与被攻击网站的负责人联系，向对方勒索钱财，按月收取保护费，否则威胁对方持续攻击网站，并让对方将钱款汇入其指定的支付宝账户内，共获利人民币5362元。

被告人蒋飞洋对起诉指控的犯罪事实没有异议。

辩护人辩称：被告人蒋飞洋归案后认罪态度好，能主动退赃，建议从轻处罚。

法院经审理查明：1.2015年7月19日13时许至7月20日22时许，被告人蒋飞洋通过其注册的无锡江南影视传播有限公司开发的K3K游戏账号“bingwawa”，登录该游戏客户端获取K3K游戏服务器IP地址后，将获取的IP地址设置在被其远程控制的IP地址为“58.215.49.13”和域名为“bingwa.3322.org”的两台主控端服务器攻击软件的攻击目标IP地址中，多次使用攻击软件中被其远程控制的机器（俗称“肉鸡”）对K3K游戏服务器进行DDOS攻击，致使K3K游戏服务器瘫痪，注册用户无法登录，游戏无法正常运行。后被告人蒋飞洋以不进行攻击为由敲诈K3K游戏运营公司人民币1888元。2015年8月12日21时许，被告人蒋飞洋以同样的方式对K3K游戏系统的服务器进行DDOS攻击，致使K3K游戏服务器瘫痪，注册用户无法登录，后被告人蒋飞洋以不进行攻击为由敲诈K3K游戏运营公司人民币1888元。

案发后，公安机关依法扣押被告人蒋飞洋白色东芝笔记本电脑1台、金色iPhone6手机1部、白色iPhone4S手机1部、黑色HP笔记本电脑1台；被告人蒋飞洋家属退出赃款人民币3776元。

2.2015年6月至8月，被告人蒋飞洋对浙江杭州齐趣科技有限公司运营的云海游戏服务器进行攻击，致使被攻击的游戏网站不能正常运行，之后通过腾讯QQ聊天工具与被攻击网站的负责人联系，向对方勒索钱财，按月收取保护费，否则威胁对方持续攻击网站，并让对方将钱款汇入其指定的支付宝账户内，共获利人民币5362元。

【裁判结果】

江苏省无锡市惠山区人民法院于2016年5月5日作出（2016）苏0206刑初79号刑事判决：一、蒋飞洋犯破坏计算机信息系统罪，判处有期徒刑一年九个月（刑期自判决执行之日起计算，判决执行以前先行羁押的，羁押一日折抵刑期一日，即自2015年8月13日起至2017年5月12日止）。二、扣押在案的作案工具东芝笔记本电脑1台、iPhone6手机1部予以没收，上缴国库。判决宣判后，被告人蒋飞洋未提出上诉、公诉机关江苏省无锡市惠山区人民检察院未提出抗诉，判决现已发生法律效力。

【裁判理由】

法院生效裁判认为：被告人蒋飞洋对计算机信息系统功能进行攻击、干扰，使其不能正常运行，借此对游戏网站进行敲诈勒索，获取非法利益，其破坏计算机信息系统的手段行为和敲诈勒索的目的行为分别触犯了破坏计算机信息系统罪和敲诈勒索罪，二者属于牵连竞合关系，应从一重罪处罚。本案破坏计算机信息系统罪所对应的法定刑明显高于敲诈勒索罪，属于重罪，应按该罪定罪处罚。

关于破坏计算机信息系统罪认定后果严重还是后果特别严重的问题，被告人蒋飞洋的违法所得共9138元，符合《最高人民法院、最高人民检察院关于办理危害计算机信息系统安全刑事案件应用法律若干问题的解释》所规定的"违法所得五千元以上"的后果严重的入罪条件。另外该解释规定"造成为一万以上用户提供服务的计算机信息系统不能正常运行累计一小时以上的"构成后果严重，五倍以上构成后果特别严重。虽然游戏公司提供了去重后的注册在线用户数量，但该数据是其单方面提供，无证据证明其统计软件的科学性和客观性，故不能据此认定构成后果特别严重。

【案例注解】

网络技术的日益发达，随之而来的是通过攻击网站、篡改系统数据等手段实施的各种犯罪。这其中往往伴随两个问题：

一、手段行为和目的行为相竞合的问题

在网络攻击的犯罪中，是对信息系统的破坏或者是对存储数据的修改，往往只是其攻击手段，最终黑客等要达到的可能是敲诈勒索、窃取国家秘密或者实施金融诈骗等目的，即其手段行为和目的行为往往会触犯多个罪名，在此情况下如何定罪量刑。笔者认为，在此种情况基于一个目的而实施的多行为之间存在手段与目的、结果与原因的牵连关系，应当择一重罪处罚。在确定案件性质后，另一行为触犯的罪名可以作为量刑情节予以考虑。这种处理方式与《刑法》第二百八十七条利用计算机实施犯罪的提示性规定的相关精神具有统一性，即便《刑法修正案（九）》在第二百八十七条后增加了之一、之二条款的非法利用信息网络罪、帮助信息网络犯罪活动罪两个新罪名，但是在上述条款中均规定：“有前两款行为，同时构成其他犯罪的，依照处罚较重的规定定罪处罚。”可见，牵连犯择一重罪处罚的刑法原则是明确的。这在严厉打击犯罪的同时，亦符合刑法罪责刑相适应的原则。

二、网络电子数据取证及证据认定的困难

被告人蒋飞洋曾因犯敲诈勒索罪，于2012年3月13日被广东省深圳市福田区人民法院判刑，其当年的作案手段与本案如出一辙，但是却认定为敲诈勒索罪，经了解主要是当年侦查机关未调取到其实施网络攻击的相关电子证据，从证据角度认定敲诈勒索罪更能体现出刑法疑罪从无的理念。

本案中被害单位报案后，侦查机关经过前期调查，在抓获被告人蒋飞洋时对其使用的电脑及硬盘进行了扣押，后来在其中提取到相关攻击程序，并对其所控制的“肉鸡”等数据进行了取证，后又对其所租用的服务器进行了证据调取，再由技侦人员对调取的硬盘复制，然后封存原始证据，在复制盘上进行漏洞修复和侦查比对实验，这一方面保证了证据提取程序的合法性，另一方面有效地避免了因调查取证对原始证据的破坏。再结合被害单位提供的被攻击数据等相关证据，可以反映出蒋飞洋攻击网站的初步事实。

但是本案在认定破坏计算机信息系统是后果严重还是后果特别严重时，并未依据被害单位提供的在线用户数。主要考虑理由有：首先，该证据是被害单位单方面提供，不能保证数据的客观性；其次，虽然被害单位表示其提供的用户数是根据用户注册时的机器码和IP地址去掉重复后统计得到的，但统计程序的正确性无其他证据证明，故不宜将其作为对被告人定罪量刑的证据使用。

利用计算机网络实施的犯罪，由于犯罪手段的高技术性、侦查技术的局限

性，往往使得证据的取得困难重重。虽然《最高人民法院、最高人民检察院关于办理危害计算机信息系统安全刑事案件应用法律若干问题的解释》第四条对于破坏计算机信息系统功能、数据或者应用程序，构成后果严重及后果特别严重均有具体规定，但是由于电子证据的特殊性，如何及时规范取证将直接影响证据的证明力问题。《最高人民法院、最高人民检察院、公安部关于办理刑事案件收集提取和审查判断电子数据若干问题的规定》为电子证据的提取和审查作出了相关指引性规定。但是在实际案件中，证据认定的可行性往往也是审理过程中的一道拦路虎。就本案而言，即使被害单位在线用户数的提取过程有第三方见证（如相关公证机构公证），但统计程序的正确性无法认定，这其中往往还涉及相关单位的知识产权及技术秘密等问题。所以，法院想通过《最高人民法院、最高人民检察院关于办理危害计算机信息系统安全刑事案件应用法律若干问题的解释》中规定的“造成为一百台以上计算机信息系统提供域名解析、身份认证、计费等基础服务或者为一万以上用户提供服务的计算机信息系统不能正常运行累计一小时以上的”这个数字标准来认定是否达到后果严重、后果特别严重，有实际的困难。

（**一审法院合议庭成员** 王艳华 顾溶熔 钱云霞
编写人 江苏省无锡市惠山区人民法院 顾溶熔
责任编辑 周维明
审稿人 李玉萍）

民　事

田其勇诉阳光财保北碚支公司机动车交通事故责任纠纷案

——免检期内未检验车辆发生交通事故保险公司责任的认定

关键词：民事　交通事故　免责条款　安全技术检验　因果关系

【裁判要旨】

对保险免责条款的效力认定，除了签约程序的正当性审查，还应关注条款内容的实质正当性。被保险车辆在交通事故发生时处于免检期，虽未进行安全技术检验，但该行为与事故的发生无直接因果关系，且车辆事后检验合格，保险公司以诉争车辆未进行检验为由主张免责的，人民法院不予支持。

【相关法条】

《中华人民共和国保险法》第十七条　订立保险合同，采用保险人提供的格式条款的，保险人向投保人提供的投保单应当附格式条款，保险人应当向投保人说明合同的内容。

对保险合同中免除保险人责任的条款，保险人在订立合同时应当在投保单、保险单或者其他保险凭证上作出足以引起投保人注意的提示，并对该条款的内容以书面或者口头形式向投保人作出明确说明；未作提示或者明确说明的，该条款不产生效力。

《中华人民共和国合同法》第四十一条　对格式条款的理解发生争议的，

应当按照通常理解予以解释。对格式条款有两种以上解释的，应当作出不利于提供格式条款一方的解释。格式条款和非格式条款不一致的，应当采用非格式条款。

《中华人民共和国道路交通安全法》第九十五条第一款 上道路行驶的机动车未悬挂机动车号牌，未放置检验合格标志、保险标志，或者未随车携带行驶证、驾驶证的，公安机关交通管理部门应当扣留机动车，通知当事人提供相应的牌证、标志或者补办相应手续，并可以依照本法第九十条的规定予以处罚。当事人提供相应的牌证、标志或者补办相应手续的，应当及时退还机动车。

《最高人民法院关于适用〈中华人民共和国保险法〉若干问题的解释（二）》第十条 保险人将法律、行政法规中的禁止性规定情形作为保险合同免责条款的免责事由，保险人对该条款作出提示后，投保人、被保险人或者受益人以保险人未履行明确说明义务为由主张该条款不生效的，人民法院不予支持。

【案件索引】

一审：重庆市北碚区人民法院（2016）渝0109民初175号（2016年2月15日）

二审：重庆市第一中级人民法院（2016）渝01民终4051号（2016年12月13日）

【基本案情】

原告田其勇诉称：2015年6月7日，原告田其勇驾驶渝AKU×××号车从北碚区方正大道向云汉大道行驶，至云顶酒店时，与前方停驶等红绿灯的渝A72×××号小客车相撞，造成两车受损、乘车人受伤的交通事故。该事故责任经交警队认定，原告田其勇负全部责任。所受损失经被告阳光财产保险股份有限公司重庆市北碚支公司（以下简称阳光财保北碚支公司）评估为135600元。但被告阳光财保北碚支公司以各种理由拒绝赔偿。原告田其勇为维护合法权益，特向法院起诉，要求被告阳光财保北碚支公司赔偿损失135600元。

被告辩称：原告田其勇所诉交通事故属实，渝AKU×××号车在我公司投保了交强险、商业险和机动车损失险，但事故发生时原告田其勇对渝AKU

×××号车未进行检验，根据商业险合同约定我方不负赔偿责任，交强险不免赔。

法院经审理查明：2015 年 4 月 16 日，田其勇就其所有的渝 AKU×××号车与阳光财保北碚支公司签订保险合同一份，投保险种有机动车交通事故责任强制险（保险金额 122000 元）、机动车辆损失险（保险金额 270470 元）、机动车辆第三者责任险（保险金额 50 万元）、驾驶员责任险（承保 1 座，每座限额 1 万元）、乘客责任险（承保 4 座，每座限额 4 万元），保险期间为 2015 年 4 月 26 日 0 时起至 2016 年 4 月 25 日 24 时止。合同签订后，田其勇按约向阳光财保北碚支公司缴纳了保险费。在该合同家庭自用汽车损失保险条款和机动车第三者责任保险条款中，均约定了“除另有约定外，发生保险事故时被保险机动车无公安机关交通管理部门核发的行驶证或号牌，或未按规定检验或检验不合格，阳光财保北碚支公司免责”。阳光财保北碚支公司对该免责内容用投保提示事项确认书的形式让田其勇签字确认。该投保提示事项确认书签字栏处载明：上述免责及减责条款、免赔率或免赔额、投保人义务、保险术语释义内容经本投保人仔细阅读，并已完全了解。在该合同保单投保人声明栏载明：（1）本投保人兹声明上述各项内容填写属实，贵公司已向本人详细说明了《机动车交通事故责任强制保险条款》、商业保险投保险种对应的保险条款的内容，特别就各条款中有关责任免除、赔偿处理和投保人、被保险人义务的内容作了明确说明。本人已领取了保险条款，阅读并充分理解相关内容，同意以此作为订立保险合同的依据。（2）本保险合同经投保人缴纳保费并经保险人签发保单后生效。（3）本人同意并授权：保险人在履行对投保人、被保险人个人信息严格保密义务的基础上，有权将其个人信息披露经阳光保险集团股份有限公司及其子公司（包括分支机构），以及保险人为投保人、被保险人进一步提供相关服务所需的第三方。

2015 年 6 月 7 日 8 时 50 分，田其勇驾驶渝 AKU×××号小轿车从方正大道向云汉大道行驶到高速出口，车行到云顶酒店至京东方中间时追前成洪停驶等红绿灯的渝 A72×××小客车尾，造成两车受损、郑利琼乘客（女）受伤，另渝 A72×××号车上一只狗受伤。此事故交警队认定田其勇负全部责任，成洪无责任。事故发生后，被告阳光财保北碚支公司对损失确认为 135600 元。

另查明，渝 AKU×××号车上次检验有效期止时间为 2015 年 5 月 31 日。2015 年 7 月 2 日，该车经重庆市公安局交通管理局检验合格。

【裁判结果】

重庆市北碚区人民法院于2016年2月15日作出（2016）渝0109民初175号民事判决：阳光财产保险股份有限公司重庆市北碚支公司从判决书生效之日起30日内赔偿田其勇因本次交通事故产生的损失135600元。

宣判后，阳光财产保险股份有限公司重庆市北碚支公司提起上诉。重庆市第一中级人民法院于2016年12月13日作出（2016）渝01民终4051号民事判决：驳回上诉，维持原判。

【裁判理由】

法院生效裁判认为：本案的争议焦点为，保险合同约定"车辆未按规定检验或检验不合格，保险公司不负责赔偿"，保险公司能否据此免除其在本案中的赔偿责任。

第一，从格式合同的解释来看，存在两种解释时，应当作出对保险公司不利的解释。《合同法》第四十一条规定："对格式条款的理解发生争议的，应当按照通常理解予以解释。对格式条款有两种以上解释的，应当作出不利于提供格式条款一方的解释。格式条款和非格式条款不一致的，应当采用非格式条款。"本案中，保险合同约定"车辆未按规定检验或检验不合格"，此处的"检验"，保险公司没有对其进行定义，相关法律法规亦没有对其进行定义，一种意见认为，"检验"应作狭义解释，即为"安全技术检验"；另一种意见认为，"检验"应作广义解释，即包括"向交通管理部门提交机动车检验标志申请表、机动车行驶证、机动车交通事故责任保险凭证、车船税或者免税证明，核查交通安全违法行为和交通事故处理情况，取得检验标志，在行驶证副页上签注等"。在不能确定通常解释时，应当作出对保险公司不利的解释，即此处的"检验"仅指"安全技术检验"。

第二，从意图解释看，要尊重双方在订立保险合同时的真实意图。之所以要约定"车辆未按规定进行安全技术检验或检验不合格，保险公司不负赔偿责任"，是因为具有安全性能隐患的车辆上路行驶，将会大大增加发生保险事故的概率，这对保费恒定的保险公司来说是不公平的，因此，保险合同要对安全技术检验进行特别的免责约定。然而，如果没有"审核机动车检验标志申请表、机动车行驶证、机动车交通事故责任保险凭证、车船税或者免征证明，核查交通安全违法行为和交通事故处理情况，核发检验标志，在行驶证副页上签注”，即没有进行这些事务性工作，不会增加机动车发生保险事故的概率，事务性工作对交通事故的发生没有直接因果关系，其不构成保险上的近因，故对“检验”进行解释时，“检验”就不应该包含这些事务性工作。

第三，从年检新政来看，6年内新车免于安全技术检验。2014年4月29日，公安部与国家质检总局联合印发《关于加强和改进机动车检验工作的意见》，其第11条规定：“试行非营运轿车等车辆6年内免检。自2014年9月1日起，试行6年以内的非营运轿车和其他小型、微型载客汽车（面包车、7座及7座以上车辆除外）免检制度。对注册登记6年以内的非营运轿车和其他小型、微型载客汽车（面包车、7座及7座以上车辆除外），每2年需要定期检验时，机动车所有人提供交通事故强制责任保险凭证、车船税纳税或者免征证明后，可以直接向公安机关交通管理部门申请领取检验标志，无需到检验机构进行安全技术检验。”涉案车辆于2011年5月12日注册登记，交通事故发生在2015年6月7日，按照该规定，涉案车辆处于新车6年免检期，免于安全技术检验，即不存在“车辆未按规定检验或检验不合格”的情况，故保险公司不能免责。

【案例注解】

为进一步推行年检便民措施，回应社会公众对改革现行车检制度的呼声，公安部与国家质检总局联合发布《关于加强和改进机动车检验工作的意见》，规定自2014年9月1日起，试行6年以内的非营运轿车和其他小型、微型载客汽车（面包车、7座及7座以上车辆除外）免检制度。每2年需要定期检验时，机动车所有人提供交通事故强制责任保险凭证、车船税纳税或者免征证明后，可以直接向公安机关交通管理部门申请领取检验标志，无需到检验机构进行安全技术检验。

在免检新政实施背景下，车辆免检期内发生交通事故，保险公司能否以涉案车辆未按期年检为由，援引免责条款主张免赔？法律规定不明确，实践中存在争议，主要有两种观点：第一种观点是6年免检新政并不免除机动车所有人申请办理检验手续并领取检验标志，依法张贴检验标志的义务，此为法律禁止性规定。故在保险公司尽提示义务后，有权依免责条款约定拒赔。比如，康劲与中国太平洋财产保险股份有限公司上海分公司案〔上海市第二中级人民法院（2015）沪二中民六（商）终字第456号，2016年1月6日〕、张冰与中国平安财产保险股份有限公司上海分公司等案〔上海市第二中级人民法院（2015）沪二中民六（商）终字第412号，2015年11月24日〕均为类似观点。第二种观点是免检期的车辆发生交通事故，保险公司不得以未检验为由援引免责条款。比如，倪贵宝与中国太平洋财产保险股份有限公司上海分公司案〔上海市第一中级人民法院（2016）沪01民终9559号，2016年10月9日〕、苏伟恒诉中国平安财产保险股份有限公司江门中心支公司案〔广东省江门市中级人民法院（2016）粤07民终522号，2016年3月24日〕均为类似观点。①

在6年免检新政背景下，本案例对于保险合同适时完善、免责条款的正确厘定、保险最大诚信原则的发挥不乏积极引导意义。

本案的争议焦点是保险公司能否以诉争车辆未进行检验为由，主张援引保险合同中的免责条款免赔。

从格式合同的解释来看，存在两种解释时应作出对保险公司不利的解释。《合同法》第四十一条规定："对格式条款的理解发生争议的，应当按照通常理解予以解释。对格式条款有两种以上解释的，应当作出不利于提供格式条款一方的解释。"本案中，保险合同免责条款中的"车辆未按规定检验或检验不合格"，此处的"检验"保险公司没有对其进行定义，相关法律法规亦没有对其进行定义。一种意见认为，应作狭义解释，即为安全技术检验；另一种意见认为，应作广义解释，即包括"向交通管理部门提交机动车检验标志申请表、机动车行驶证、机动车交通事故责任保险凭证、车船税或者免税证明，核查交通安全违法行为和交通事故处理情况，取得检验标志，在行驶证副页上签注等"。换言之，对系争条款存在两种解释，而保险人在保险合同订立时未就相关免责条款如何理解对被保险人进行针对性的说明，故应选择不利于保险公司的解释，"检验"指向的是安全技术检验。

从目的解释看，应关注保险合同签订的真实意图和相关内容实质正当性。该保险合同中的免责条款内容，本意在于防止有安全隐患的保险车辆上路增加事故发生概率和承保风险，亦契合鼓励机动车驾驶者避免酒驾、醉驾、无证驾驶，遵守交通法规的社会价值导向。其实际包含了两方面的免责事由：一是发生保险事故时保险机动车未按规定检验；二是发生保险事故时保险机动车不合格。从保险精算基础考察，机动车检验不合格显然会大大增加风险发生的概率，但机动车未按规定检验并不必然增加风险发生的概率。因此，应当从平衡

---

① 案例来源于中国裁判文书网。

保险人与被保险人利益的原则出发，以机动车未按规定检验是否明显增加了风险发生的概率为衡量标准，对该免责条款的适用加以合理的限缩。同时，诉争车辆在事故发生时虽未按期进行安全技术检验的行为，与事故的发生无直接因果关系，亦不会增加机动车发生保险事故的概率，不构成保险上的近因。而且事后诉争车辆按照规定通过了年检，排除了车辆技术状态对交通事故风险概率的影响。若仍以未检测作为免责事由，已明显超出保险人控制经营风险的合理需要，不符合公平原则及被保险人的合理期待。故应认定被保险车辆在事故发生前不存在安全隐患，保险公司应承担相应赔偿责任。

从年检新政来看，非营运新车6年内免于安全技术检验。公安部与国家质检总局联合发布《关于加强和改进机动车检验工作的意见》第11条规定："试行非营运轿车等车辆6年内免检。自2014年9月1日起，试行6年以内的非营运轿车和其他小型、微型载客汽车（面包车、7座及7座以上车辆除外）免检制度。……可以直接向公安机关交通管理部门申请领取检验标志，无需到检验机构进行安全技术检验。"本案中，从2011年5月12日注册登记到交通事故发生的2015年6月7日，诉争车辆尚处于6年免检期内，不存在未按规定检验，故不属于免责条款约定的适用范畴。事后顺利通过检验的行为亦证明了诉争车辆亦不存在检验不合格。综上，保险公司抗辩理由不成立。

（**一审法院独任审判员** 庹昌文
二审法院合议庭成员 郑 泽 李 娅 陈义熙
编写人 重庆市第一中级人民法院 陈义熙 王 坤
责任编辑 杨 奕
审稿人 蒋惠岭）

胡爱华诉余明亮、郑海琼等民间借贷纠纷案

——民间借贷中第三方居间服务费性质的认定

关键词：民事　民间借贷　融资咨询服务　利息　举证责任

【裁判要旨】

借款人、出借人及第三人签订《借款协议》及《融资咨询服务协议》，其中融资咨询服务费与利息的计算方式、给付周期及收款人存在一致性，在借款合同的履行过程中，出借人与融资咨询服务人也存在财产混同，融资服务费与实际的融资服务亦明显不对等的情形下，应认定利息与融资服务费之间具有一致性，融资咨询服务费系利息的补充约定，两者之和高于法定利率上限的，不予支持。

【相关法条】

《最高人民法院关于审理民间借贷案件适用法律若干问题的规定》第二十六条　借贷双方约定的利率未超过年利率24%，出借人请求借款人按照约定的利率支付利息的，人民法院应予支持。

借贷双方约定的利率超过年利率36%，超过部分的利息约定无效。借款人请求出借人返还已支付的超过年利率36%部分的利息的，人民法院应予支持。

第二十七条　借据、收据、欠条等债权凭证载明的借款金额，一般认定为本金。预先在本金中扣除利息的，人民法院应当将实际出借的金额认定为本金。

《最高人民法院关于民事诉讼证据的若干规定》第七十三条　双方当事人对同一事实分别举出相反的证据，但都没有足够的依据否定对方证据的，人民

法院应当结合案件情况，判断一方提供证据的证明力是否明显大于另一方提供证据的证明力，并对证明力较大的证据予以确认。

因证据的证明力无法判断导致争议事实难以认定的，人民法院应当依据举证责任分配的规则作出裁判。

《最高人民法院关于适用〈中华人民共和国民事诉讼法〉的解释》第一百零八条[①]　对负有举证证明责任的当事人提供的证据，人民法院经审查并结合相关事实，确信待证事实的存在具有高度可能性的，应当认定该事实存在。

对一方当事人为反驳负有举证证明责任的当事人所主张事实而提供的证据，人民法院经审查并结合相关事实，认为待证事实真伪不明的，应当认定该事实不存在。

法律对于待证事实所应达到的证明标准另有规定的，从其规定。

【案件索引】

一审：北京市朝阳区人民法院（2015）朝民（商）初字第55909号（2016年5月20日）

二审：北京市第三中级人民法院（2016）京03民终9212号（2016年11月18日）

【基本案情】

原告胡爱华诉称：胡爱华与余明亮、郑海琼通过莫畏相识。2013年4月29日，胡爱华与余明亮、郑海琼、莫畏签订协议及《借款协议》，约定胡爱华向余明亮、郑海琼出借350万元，借期6个月。同日，余明亮、郑海琼与莫畏签订《融资咨询协议》，约定了双方的权利义务。胡爱华与石英、杜涛签订《保证合同》，为上述借款提供连带保证责任。2013年8月5日，胡爱华与余明亮、郑海琼、莫畏又签订了协议及《借款协议》，约定胡爱华向余明亮、郑海琼出借100万元，借期4个月。同日，余明亮、郑海琼与莫畏亦签订了《融

① 《民事诉讼法》未对证明标准作出一般规定，《最高人民法院关于民事诉讼证据的若干规定》第七十三条第一款规定："双方当事人对同一事实分别举出相反的证据，但都没有足够的依据否定对方证据的，人民法院应当结合案件情况，判断一方提供证据的证明力是否明显大于另一方提供证据的证明力，并对证明力较大的证据予以确认。"此条设定了"高度盖然性"的证明标准。

资咨询协议》，约定了双方的权利义务。胡爱华与石英、杜涛签订《保证合同》，为上述借款提供连带保证责任。余明亮、郑海琼在签订上述协议后，履行了部分义务，后于2015年1月25日，胡爱华与余明亮、郑海琼签订补充协议，确认余明亮、郑海琼尚欠借款本金210万元。但至今，余明亮、郑海琼尚有借款本金100万元未偿还，故胡爱华诉至法院，要求余明亮、郑海琼返还借款本金100万元及利息；石英和杜涛对上述债务承担连带保证责任；本案诉讼费用由余明亮、郑海琼、石英、杜涛共同承担。

被告余明亮、郑海琼答辩并反诉称：（1）我方向胡爱华共计借款400万元，该笔借款用于工程保证金及施工周转。我方实际还款金额为5703500元，利息按照月利率2%计算，我方多支付了855800元。（2）胡爱华和莫畏均为借款人，同时签订《借款协议》和《融资咨询协议》是为了规避法律规定，《融资咨询协议》实际上是对利息的补充约定，不应得到支持。（3）因为我方不认识胡爱华，为了确定胡爱华为实际借款人，收到过我方之前的还款，所以签订了补充协议。该补充协议中并未区分利息和咨询服务费，且均是付给胡爱华，从侧面证明了咨询服务费是对借款利息的补充规定。故对超出法律规定的利息不应得到支持。综上，我方不同意胡爱华的诉讼请求，并提出反诉，要求胡爱华返还855800元及利息。

被告石英、杜涛辩称：余明亮通过我方与莫畏相识，我方并不认识胡爱华。余明亮最初需要350万元，后实际借款金额为300万元，双方约定利息为月利率3.8%。为了规避法律，莫畏称需要拆分成2个合同。后来余明亮又借100万元的事情我方不清楚，我方听余明亮说之后双方利息谈到了月息4.5%。我方确实对上述借款400万元提供了担保。

第三人莫畏称：我是上述两笔借款的中间人。当时余明亮做项目需要交纳工程质量保证金找我融资，并找来担保人，承诺几个月还清。于是我同余明亮签订了《融资咨询协议》，在对余明亮工地进行考察后，找到我的朋友胡爱华，由胡爱华出借给余明亮和郑海琼共计400万元。

法院经审理查明：2013年4月29日，甲方胡爱华与乙方余明亮、郑海琼，丙方莫畏签订协议，约定：鉴于乙方因经营需要资金，乙丙双方签订了《融资咨询协议》，约定丙方在协议约定期限内为乙方提供融资咨询服务，并最终促成乙方自甲方处获得借款人民币350万元整，借款期限为6个月即自2013年5月2日起至2013年11月1日止。在上述借款期限内，乙方应当以借款金额（350万元整）为基数，以每月1.8%的综合费率按月向丙方支付融资咨询服务费。服务费按实际用款金额计算。甲乙双方确认，在上述借款期限内，甲方向乙方出借借款的利息以月息2%计算，甲乙双方的具体权利义务由甲乙双方另行签订《借款协议》确定。甲乙丙三方确认，乙方应当向丙方支付的融资咨询费由甲方统一收取，乙方应当在每月的第2日前将应当支付给甲方的借款利息以及应当支付给丙方的融资咨询服务费以现金或转账方式统一支付给甲方。

同日，甲方胡爱华与乙方余明亮、郑海琼签订《借款协议》，约定：甲方向乙方出借借款人民币350万元整。本合同约定借款期限为6个月，即从2013年5月2日起至2013年11月1日。本合同项下的借款利率为月2%，在借款期限内，该费率保持不变。乙方应当在每月第2日向甲方支付利息，到期一次性还本。乙方应当在2013年11月1日前向甲方偿还借款；甲方要求乙方将应付款项及每月应付利息均打入莫畏中国建设银行账号43674238186××××××××中。为此余明亮与郑海琼还出具了收条及承诺。

同日，甲方余明亮、郑海琼与乙方莫畏签订《融资咨询协议》，约定：乙方为甲方提供融资咨询服务、助贷服务、居间服务。甲方应当以月为单位向乙方支付费用，标准为每月人民币63000元；在本协议签订当日，甲方应当在2013年5月2日向乙方支付服务费人民币63000元，并根据乙方的实际服务期限在下一周期内的对应日支付服务费用。甲方应当自2013年5月2日起向乙方支付服务费用至服务期限届满时止。

同日，保证人（甲方）石英、杜涛与债权人（乙方）胡爱华签订《保证合同》，约定：甲方所担保的主债权为主合同债务人在乙方办理主合同项下借款的本金350万元，利率2%，贷款期限自2013年5月2日始至2013年11月1日止，共6个月。保证范围：主合同项下债务本金、利息（包括复利和罚息）、违约金、赔偿金、债务人应向乙方支付的其他款项（包括但不限于有关手续费、电讯费、杂费、国外受益人拒绝承担的有关银行费用等）、乙方实现债权与担保权利而发生的费用（包括但不限于诉讼费、仲裁费、财产保全费、差旅费、执行费、评估费、拍卖费、公证费、送达费、公告费、律师费等）。甲方在本合同项下提供的保证为连带责任保证。2013年5月2日，胡爱华向余明亮转账300万元。

另查，2013年8月5日，甲方胡爱华与乙方余明亮、郑海琼，丙方莫畏又签订一份《协议》，约定：鉴于乙方因经营需要资金，乙丙双方于2013年8月5日签订了《融资咨询协议》，约定丙方在协议约定期限内为乙方提供融资咨询服务，并最终促成乙方自甲方处获得借款人民币100万元整，借款期限为4个月，即自2013年8月6日起至2013年12月5日止。在上述借款期限内，乙方应当以借款金额（100 万元整）为基数，以每月 2.5% 的综合费率按月向丙方支付融资咨询服务费。甲乙双方确认，在上述借款期限内，甲方向乙方出借借款的利息以月息 2% 计算，甲乙双方的具体权利义务由甲乙双方另行签订《借款协议》确定。甲乙丙三方确认，乙方应当向丙方支付的融资咨询费由甲方统一收取，乙方应当在每月的第 6 日前将应当支付给甲方的借款利息以及应当支付给丙方的融资咨询服务费以现金或转账方式统一支付给甲方。同日，几方又分别签订与 2013 年 8 月 5 日签订的《协议》约定内容相对应的《借款协议》《融资咨询协议》及《保证合同》。2013 年 8 月 6 日，莫畏向余明亮转账 100 万元。

2014 年 5 月 10 日，余明亮出具承诺书（欠款证明），内容为：截至 2014 年 5 月 10 日，承诺人余明亮、郑海琼仍欠贵方借款本金 250 万元整，利息付至 2014 年 5 月 17 日。（1）承诺严格按协议约定，在每月第 2 日付清当月利息；（2）最迟在 2014 年 5 月 25 日前向贵方偿还部分本金人民币 30 万元整；（3）余下本金 220 万元在 2014 年 7 月 2 日前全部还清。落款处余明亮签字确认。

2014 年 12 月 8 日，郑海琼出具承诺函，内容为：借款人余明亮、郑海琼向贵方承诺截至 2014 年 12 月 8 日，借款人欠贵方借款本金 210 万元，欠贵方正常利息 168000 元。并在 2014 年 12 月 15 日前将借款人名下的私家车（川 A92 × × ×）质押给贵方，本人尽量借钱还利息。落款处郑海琼签字确认。

2015 年 1 月 25 日，甲方胡爱华与乙方余明亮、郑海琼签订借款协议补充协议（还款协议），内容为：甲乙双方于 2013 年签订了 2 份借款协议，甲方已向乙方出借借款 400 万元，后乙方未能及时足额还款；截至本协议签订日，乙方确认：乙方仍欠甲方借款本金人民币 210 万元整及相应利息。经甲乙双方协商一致，甲方确认，截至本协议签订之日，乙方已归还本金 190 万元及约定的部分利息至莫畏指定收款账户。乙方确认尚欠甲方借款本金人民币 210 万元整；截至 2015 年 1 月的未付利息及协议约定相关未付费用合计人民币 252000 元整；乙方确认在 2015 年 1 月 27 日前按下列方式向甲方清偿部分款项：本金部分偿还人民币 110 万元整；截至 2015 年 1 月的未付利息及协议约定相关未付费用合计人民币 252000 元整。以上两项合计：1352000 元整。甲方指定收款账户为胡爱华招行账户 62148501 × × × × × × × ×。乙方向甲方偿还本协议第三条约定全部款项后，乙方欠甲方的借款本金余额为人民币 100 万元；乙方应当向甲方支付的利息及相关应付费用依照甲乙双方已经签订的原有协议继续执行。乙方确认在 2015 年 5 月 1 日前向甲方归还本金余款 100 万元至本协议第三条约定的甲方指定收款账户，且乙方在还款期间内不得拖欠甲方任何费用。如乙方未按本协议履行还款义务，则甲方有权按原借款合同约定追究乙方的逾期还款违约责任。

2015 年 2 月 6 日，胡爱华向莫畏转账 4 万元；2015 年 6 月 3 日，胡爱华向莫畏转账 30 万元；2015 年 6 月 16 日，胡爱华向莫畏转账 20 万元。莫畏认可以上费用是余明亮、郑海琼已向其支付的咨询服务费。

余明亮及郑海琼提交了短信记录及招行明细，证明胡爱华与莫畏均为出借人，融资协议是对借款协议的补充，合计利率为 4%，超过了法律规定。故余明亮及郑海琼已经付清借款本金及利息，并多支付了 855800 元。胡爱华称："余明亮之前偿还的费用包括了其应向莫畏支付的咨询服务费。另外，短信内容无法确认，不认可余明亮及郑海琼的证明目的。"

一审庭审中，双方确认余明亮向胡爱华和莫畏转账的总金额为 5703500 元。其中，2015 年 1 月 25 日前余明亮均偿还至莫畏账号，2015 年 1 月 25 日当天向胡爱华还款 1352000 元。2015 年 1 月 25 日之后余明亮均偿还至胡爱华账号。胡爱华称余明亮在 2015 年 1 月 25 日后偿还的 46 万元均支付给莫畏作为了咨询费。莫畏称："余明亮、郑海琼应支付我咨询服务费共计 1574000 元，其中，截至 2015 年 1 月 25 日余明亮向我支付咨询服务费 1034000 元，尚欠 20 万元；截至 2015 年 6 月，余明亮累计欠我咨询服务费 54 万元；但之后胡爱华已经转账给我，现余明亮、郑海琼已将咨询服务费支付完毕。"

关于莫畏提供融资咨询服务的情况，莫畏提交其调查余明亮、郑海琼财产情况的照片、书面材料及证人证言。余明亮、郑海琼、石英、杜涛认可莫畏曾调查余明亮、郑海琼的财产情况并催要债务的事实，但系作为债权人调查债务人，而非提供单独的融资咨询服务。

【裁判结果】

北京市朝阳区人民法院于 2016 年 5 月 20 日作出（2015）朝民（商）初字第 55909 号民事判决：一、原告（反诉被告）胡爱华于本判决生效后 7 日内向被告（反诉原告）余明亮、郑海琼返还 428987 元；二、驳回原告（反诉被告）胡爱华的全部诉讼请求；三、驳回被告（反诉原告）余明亮、郑海琼的其他反诉请求。宣判后，原告胡爱华不服，向北京市第三中级人民法院提起上诉，北京市第三中级人民法院于 2016 年 11 月 18 日作出（2016）京 03 民终 9212 号民事判决：驳回上诉，维持原判。

【裁判理由】

法院生效裁判认为：本案中，各方当事人对余明亮、郑海琼欠款、还款的事实及数额无争议，法院根据查明的事实对此予以确认。胡爱华和莫畏均主张《融资咨询协议》中的融资咨询合同关系与借款合同系独立的法律关系，且称融资咨询服务费已经按照约定标准支付完毕，故在本案中以借款合同为基础要求余明亮、郑海琼按照约定支付利息。余明亮、郑海琼、石英、杜涛则主张不存在事实上的融资咨询服务关系，胡爱华、莫畏系共同借款人，融资咨询服务费实质为借款利息的一部分，各方约定的利率高于法定标准，余明亮、郑海琼要求将多支付的利息返还。虽然本案案由系借款合同纠纷，但本案的争议问题实质系各方约定的借款利息是否高于法定标准，则不可避免涉及《融资咨询协议》中的咨询服务费的性质问题，即《融资咨询协议》约定的咨询服务费是否系借款利息的一部分。对此，法院进行如下认定：

《最高人民法院关于适用〈中华人民共和国民事诉讼法〉的解释》第九十一条规定："人民法院应当依照下列原则确定举证证明责任的承担，但法律另有规定的除外：（一）主张法律关系存在的当事人，应当对产生该法律关系的基本事实承担举证证明责任；（二）主张法律关系变更、消灭或者权利受到妨害的当事人，应当对该法律关系变更、消灭或者权利受到妨害的基本事实承担举证证明责任。"胡爱华、莫畏主张莫畏与余明亮、郑海琼存在融资咨询服务关系，则应对此承担举证证明责任。本案中，首先，《协议》《借款协议》及《融资咨询协议》均是在同一日签订，利息和咨询服务费的计算方式、支付日期、收款人等情况均高度一致，特别是咨询服务费亦是按月进行支付，不符合交易习惯；其次，2013 年 8 月 6 日的 100 万元借款系由莫畏支付余明亮，2015 年 1 月 25 日之前余明亮均是将借款本金、利息及咨询服务费打到莫畏一人账户，余明亮、郑海琼支付的 570 万元款项中，向胡爱华支付的为 1812000 元，向莫畏支付的为 3891500 元，上述数额与实际欠款数、咨询费数额不能对应，且胡爱华、莫畏均不能对此予以合理说明；再次，在胡爱华与余明亮、郑海琼签订的几份欠款说明和补充协议中，仅写明了未付本金和未付利息，并未明确区分咨询费和借款利息；最后，莫畏调查余明亮、郑海琼等资金情况的行为以及事后的积极催款行为，难以直接定性为其系为余明亮、郑海琼提供的融资咨询服务，完全有可能系作为债权人之行为或为债权人提供的服务。综上，胡爱华、莫畏主张存在单独的融资咨询服务合同关系，应单独计算融资咨询费，但其举证不能达到高度盖然性证明标准，故法院对胡爱华、莫畏的主张不予采信，对胡爱华的请求不予支持。至于胡爱华与莫畏之间就本案借款合同利息的分配问题，双方可另行解决。由于咨询服务费系利息的一部分，则各方约定的利息高出了法定标准，应予以调整。一审法院按照法定标准计算余明亮、郑海琼实际还款情况，并认定胡爱华应返还余明亮、郑海琼多付款项，认定正确，法院予以确认，胡爱华的上诉请求不能成立，应予驳回。

【案例注解】

在民间借贷纠纷案件的审理实践中，有一类案件同时存在借款合同与类似本案融资咨询合同的第三方参与的居间服务性质的合同，相关居间服务费用与借款合同所约定的利息之和高于法定民间借贷利率之上限。判断居间服务性质的合同与借款合同是否为相互独立的法律关系以及居间服务费用的性质是否属于利息，为此类案件的裁判难点。本案的争议焦点系《融资咨询协议》是否为《借款协议》的补充约定，即《融资咨询协议》中的咨询服务费是否系借款利息的一部分。对此，主要有两种观点：

第一种观点认为，《融资咨询协议》系当事人真实意思表示，则应充分尊重当事人意思自治，不应轻易否认其效力。即使居间服务人与出借人对于款项的出借及收取存在混乱情形，但应属双方正常经济往来，不应以此认定为居间人与出借人财产混同，另外，居间人如能举证证明其确实为借款提供了如审查借款人资金情况或催讨债务情形等居间性质的服务，则不能认定居间人与出借人为共同出借人。

第二种观点认为，《融资咨询协议》名为融资咨询，实际是对《借款协议》利息部分的补充约定，因为，咨询服务费用的计算方式及给付周期等，均与借款协议中关于利息的约定一致，另外，居间人调查借款人的资金情况及事后的积极催款行为也难以定性为系为借款人提供的融资咨询服务，出借人主张的融资咨询服务法律关系不成立。

法院裁判最终采纳了第二种观点，主要理由在于：本案裁判难点系两种法律关系是否独立的事实认定问题，涉及民事诉讼当事人就其主张的法律关系成立的举证证明责任及证明标准的探讨。

一、主张居间服务合同成立的一方应就其主张的该居间法律关系成立承担举证证明责任

《最高人民法院关于适用〈中华人民共和国民事诉讼法〉的解释》第九十一条规定："人民法院应当依照下列原则确定举证证明责任的承担，但法律另有规定的除外：（一）主张法律关系存在的当事人，应当对产生该法律关系的基本事实承担举证证明责任；（二）主张法律关系变更、消灭或者权利受到妨害的当事人，应当对该法律关系变更、消灭或者权利受到妨害的基本事实承担举证证明责任。"出借人、居间人主张居间人与借款人之间存在独立于借贷法律关系的居间服务法律关系，则出借人、居间人应对居间服务法律关系的成立承担举证证明责任，证明居间服务法律关系成立，应举证证明双方就居间服务达成合意、居间方提供了符合约定的服务，并且另一方按照约定支付相应等价的报酬等事项。如出借人、居间人能够对其主张的居间服务法律关系成立的法律事实进行了举证证明，此时，借款人提出居间服务法律关系不成立并主张借款法律关系成立的抗辩，则应提交证据对居间服务合同法律关系的成立进行反驳，并对居间人与出借人为借款合同关系中的共同出借人承担举证证明责任。具体来讲，借款人应举证证明咨询服务费的计算方式、支付日期及收款人等情况与利息存在高度一致、出借人与居间人之间存在资金混同，居间人并没有提供与融资服务协议约定相对应的服务等。

二、借款法律关系与居间服务法律关系成立之审查原则

当事人对争议的法律关系成立与否进行举证，判断证明的事实能否在法律上得以成立，有赖于民事诉讼证明标准的运用。《最高人民法院关于适用〈中华人民共和国民事诉讼法〉的解释》第一百零八条规定："对负有举证证明责任的当事人提供的证据，人民法院经审查并结合相关事实，确信待证事实的存在具有高度可能性的，应当认定该事实存在。对一方当事人为反驳负有举证证明责任的当事人所主张事实而提供的证据，人民法院经审查并结合相关事实，认为待证事实真伪不明的，应当认定该事实不存在。法律对于待证事实所应达到的证明标准另有规定的，从其规定。"民间借贷案件应确立以法律真实为基础的高度盖然性证明标准。就此类案件所涉事实，大致可以从以下几项中考查相关证据能否达到高度盖然性的证明标准。从融资服务法律关系与借贷法律关系是否存在混同的角度，人民法院应从以下方面进行审查：（1）合同约定内容，即看涉案合同的具体条款约定，考虑居间服务合同所约定的相关服务费用

与借款合同所约定的利息在计算方式、给付周期及收款人等方面是否存在一致；（2）合同主体，即考查出借人与居间服务人两个主体之间是否存在混同关系，包括资金混同出借、借款账户混同以及是否存在居间人履行出借资金的行为；（3）还款情况，借款人在还款过程中，收款人是否存在混同，即是否存在借款人向居间人还款的情形；（4）提供服务情况，居间服务方是否提供了相应服务以及另一方支付的报酬是否与居间服务相等价对应；（5）其他方面问题，如借款合同与居间服务合同签订时间是否合理，当事人在履行协议过程中达成相关对债权债务确认的承诺函件中，对于所欠款项本金及利息的计算是否对利息与融资咨询服务费加以区分等情况。

本案中，融资咨询服务费与利息的计算方式、给付周期及收款人存在高度一致，在借款合同的履行过程中，出借人与居间服务人也存在财产混同，当事人在履行协议过程中达成对债权债务确认的相关承诺函件中，对于所欠款项本金及利息的计算亦并未对利息与融资咨询服务费加以区分，融资服务费与融资服务亦明显不对等的情形下，法官从证据中形成事实极有可能或非常可能如此的内心判断，法院认为，《融资咨询服务协议》实为借款关系这一事实具有高度可能性，故认定借款人主张的《融资咨询服务协议》实为借款关系的法律事实成立。

（**一审法院独任审判员** 赵 娜
二审法院合议庭成员 邢 军 郑慧媛 孙承松
编写人 北京市第三中级人民法院 郑慧媛 李思巧
责任编辑 杨 奕
审稿人 蒋惠岭）

梁隆庆、刘秀英诉李林菲、黄乐儿等生命权、健康权、身体权纠纷案

——第三人侵权时物业管理公司安全保障义务的认定

关键词：民事　第三人侵权　物业管理公司　安全保障义务　因果关系

【裁判要旨】

物业管理公司作为物业服务的提供方，通过管理小区内的公共场所盈利，对小区内的公共场所拥有控制力，应对处于小区内的业主负有相应程度的安全保障义务。但安全保障义务的目的在于保障，不能要求物业管理公司负担完全避免在小区内发生刑事案件的绝对保障义务。认定物业管理公司有无尽到合理范围的安全保障义务，应结合直接侵权人所实施的具体侵权行为和物业管理公司所采取的措施等来认定。

【相关法条】

《中华人民共和国侵权责任法》第三十七条第一款　宾馆、商场、银行、车站、娱乐场所等公共场所的管理人或者群众性活动的组织者，未尽到安全保障义务，造成他人损害的，应当承担侵权责任。

《最高人民法院关于审理人身损害赔偿案件适用法律若干问题的解释》第六条第二款　因第三人侵权导致损害结果发生的，由实施侵权行为的第三人承担赔偿责任。安全保障义务人有过错的，应当在其能够防止或者制止损害的范围内承担相应的补充赔偿责任。安全保障义务人承担责任后，可以向第三人追偿。赔偿权利人起诉安全保障义务人的，应当将第三人作为共同被告，但第三人不能确定的除外。

《物业管理条例》第三十六条[①] 物业服务企业应当按照物业服务合同的约定，提供相应的服务。

物业服务企业未能履行物业服务合同的约定，导致业主人身、财产安全受到损害的，应当依法承担相应的法律责任。

【案件索引】

一审：广东省广州市海珠区人民法院（2014）穗海法民一初字第162号（2016年8月17日）

二审：广东省广州市中级人民法院（2016）粤01民终17628号（2017年3月13日）

【基本案情】

原告梁隆庆、刘秀英诉称：黄记锋及黄晓锋为金睿公司的员工。2013年4月25日22时许，黄记锋假扮成租客，黄晓锋以职业中介带租客看房的名义骗取被害人梁某的信任，蹿入被害人梁某位于广州市海珠区翠馨华庭B座××××房，强奸并杀害被害人后，将被害人分尸再将尸块及作案工具抛入小区边的河涌内。黄记锋及黄晓锋还偷窃被害人的苹果手机一部、联想笔记本电脑一台、苹果平板电脑一台等。黄记锋在刑事案件供词中承认自己为金睿公司的老板，黄记锋的妻子担任该公司的法定代表人，黄晓锋利用其为金睿公司的雇佣人员的便利，取得被害人信任，才得以进入被害人的房屋，实施犯罪行为，应该由金睿公司与黄记锋、黄晓锋对侵害被害人生命权利的民事责任后果承担连带赔偿责任。鹏盛公司作为被害人居住地的物业管理单位，负有安全监管的法定义务，该公司在案发前未尽合理范围内的安全保障义务，致使被害人遭受杀害，应当依法承担相应的责任。现因黄记锋已被执行死刑，黄记锋的第一顺位继承人为被告李林菲、黄乐儿、黄水焕、卢国妹，应依法在夫妻共同财产及继承财产范围内承担赔偿责任。梁隆庆、刘秀英作为被害人的父母，起诉要求：判令黄晓锋、金睿公司共同赔偿死亡赔偿金761080元、丧葬费31200元、交通费2000元、赡养费及其他财产损失20万元，并相互承担连带赔偿责任；鹏

---

① 本条为2007年修订的《物业管理条例》的规定，2018年修正的《物业管理条例》为第三十五条，条文内容不变。

盛公司对上述请求总额的50%为限，承担连带赔偿责任；黄晓锋、金睿公司和鹏盛公司共同赔偿精神抚慰金20万元，并相互承担连带赔偿责任；李林菲名下财产50%范围内对上述两项请求承担连带赔偿责任；李林菲、黄乐儿、黄水焕、卢国妹在继承黄记锋财产范围内，对上述两项请求承担连带赔偿责任；全部被告承担诉讼费。

被告李林菲、黄乐儿、黄水焕、卢国妹共同辩称：我们不同意原告的诉讼请求。根据发生法律效力的刑事判决书、刑事裁定书，已查明和认定原告女儿梁某的生命权、健康权、人身权被侵犯，完全是黄记锋和被告黄晓锋个人实施盗窃、强奸、杀害犯罪行为所致，黄记锋和被告黄晓锋已被法院判处刑罚，上述犯罪行为是黄记锋和被告黄晓锋的个人行为，与我们无关，由此产生的一切法律责任和法律后果依法均应由犯罪行为人个人承担。我们虽然是黄记锋的亲属，但在法律上与黄记锋是独立不同的法律主体，黄记锋的犯罪行为依法依理应由其罪责自负。黄记锋对原告的民事赔偿法律责任和赔偿义务，属于黄记锋的个人债务，根本不属于法律规定的因夫妻生活所负的债务，原告请求法院判令李林菲名下财产的50%范围承担连带赔偿责任没有任何事实依据和法律依据。同时，我们没有发现黄记锋有任何遗产，更没有继承或取得黄记锋的任何遗产，如果原告发现黄记锋有任何遗产，我们也完全同意放弃继承，原告要求我们在继承黄记锋财产范围内承担连带赔偿责任没有任何事实依据和法律依据。

被告黄晓锋辩称：原告诉状所述事实理由属实，我对此没有异议，我愿意赔偿。

被告广州金睿置业有限公司辩称：我公司不同意原告的诉讼请求。黄记锋和被告黄晓锋实施盗窃、强奸、杀人一案，完全与我公司无关，黄记锋及被告黄晓锋虽然是我公司的员工，但他们实施的犯罪行为是其个人行为，完全与执行公司的职务行为无关，我公司在案发前客观上不可能知道，也不可能制止黄记锋及被告黄晓锋的个人犯罪行为。黄记锋及被告黄晓锋作为公司员工应履行房地产代理中介咨询的职务行为，与其个人涉嫌实施的犯罪行为不存在“内在关联性”，所产生的法律责任依法应由黄记锋及被告黄晓锋个人负担，我公司依法不应承担任何法律责任。

被告广州市鹏盛物业管理有限公司辩称：我公司不同意原告的诉讼请求。本案是由黄记锋及被告黄晓锋故意实施侵权行为造成受害人的人身损害，黄记锋及被告黄晓锋是共同侵权人，应共同承担侵权责任。黄记锋及被告黄晓锋的询问笔录显示黄记锋本身就是该楼盘A座××××房的业主，有进入钥匙，黄记锋及被告黄晓锋是被告金睿公司的中介人员，利用职务之便与受害人交谈，导致本案发生，应由黄记锋、被告黄晓锋及金睿公司按各自过错承担侵权责任，我公司对侵权行为的发生结果没有任何因果关系，不应承担侵权责任。同时，我公司已尽安全保障义务，我公司对物业的管理已按照相关管理规则、条例认真有序进行，如实履行了安全保障义务，我公司在管理过程中采取多种措施对物业进行管理，本案的损害并非由我公司导致，我公司无须承担侵权责任，也无须承担连带责任。对于原告主张的损失，其中赡养费就是被扶养人生活费，原告既主张死亡赔偿金，又主张被扶养人生活费违反法律规定，请求法院予以驳回，其余赔偿项目应由法院根据相应情况予以调整。

法院经审理查明：黄记锋于2012年8月成立金睿公司，经营房地产代理等业务。涉案小区为广州市海珠区广州大道南962－968号翠馨华庭小区，黄记锋为翠馨华庭小区A座××××房的住户，黄晓锋是黄记锋的表弟，于2013年到金睿公司工作。被害人梁某因委托金睿公司代理其自有的翠馨华庭小区B座××××房的出租事宜，而与黄晓锋相识。2013年4月25日晚上，黄记锋和黄晓锋预谋由黄记锋假扮租客，黄晓锋以金睿公司工作人员的身份，以看房为名到被害人梁某家中作案。

涉案小区大门不设门禁，B座大楼设有门禁，小区内除了居民住宅还有商户。B座三楼平台设有游泳池和空中花园，可连通A座大楼。B座大楼的大堂、电梯和地下车库均安装了电子监控设备，其余楼层楼道未安装电子监控设备。鹏盛公司主张，三楼平台仅开放至晚上10点，其余时间会关闭；平时每隔一个半小时左右会有保安巡逻各个楼层，每层楼均有巡逻记录需要保安签名确认。

【裁判结果】

广东省广州市海珠区人民法院于2016年8月17日作出（2014）穗海法民一初字第162号民事判决：一、黄晓锋在判决生效之日起10日内赔偿共735558元给梁隆庆和刘秀英；二、李林菲、黄乐儿、黄水焕、卢国妹在继承黄记锋遗产实际价值范围内对判决第一项所确定的债务承担连带赔偿责任；三、驳回梁隆庆和刘秀英的其他诉讼请求。

宣判后，梁隆庆、刘秀英不服上述判决第三项，向广东省广州市中级人民法院提出上诉：（1）请求判令广州市鹏盛物业管理有限公司对735558元赔偿金额以50%为限承担连带赔偿责任。（2）请求判令诉讼费用由广州市鹏盛物业管理有限公司承担。广东省广州市中级人民法院于2017年3月13日作出（2016）粤01民终17628号民事判决：驳回上诉，维持原判。

【裁判理由】

法院生效判决认为：根据《侵权责任法》第三十七条之规定，公共场所的管理人负有安全保障义务。安全保障义务是指从事住宿、餐饮、娱乐等经营活动或者其他群众性活动的自然人、法人或者其他组织，应尽的合理限度范围内使他人免受人身及财产损害的义务。鹏盛公司作为物业管理公司（包含保安服务）的提供方，通过管理小区内的公共场所盈利，对小区内的公共场所拥有控制力，应对处于小区内的业主负有相应程度的安全保障义务。另根据《物业管理条例》第三十六条及第四十七条的规定，物业服务企业应当做好物业管理区域内的安全防范工作，并根据物业服务合同的约定提供相应的服务，若物业服务企业未能履行物业服务合同的约定，导致业主人身、财产安全受到损害的，应当依法承担相应的法律责任。因此，鹏盛公司作为涉案小区的物业管理单位，应对在社会活动中所存在的风险采取一定的防范措施，承担一定的安全保障义务，但安全保障义务的目的在于保障，不能要求小区物业负担完全避免在小区内发生刑事案件的绝对保障义务。关于鹏盛公司有无尽到合理范围的安全保障义务，应结合物业服务合同的约定、直接侵权人所实施的具体侵权行为和鹏盛公司所采取的措施来认定。

梁隆庆、刘秀英主张鹏盛公司对受害人梁某的死亡结果具有过错主要体现在三处：一是鹏盛公司在进出人员管理方面存在缺失，未对黄晓锋进出小区、搬运行李等行为进行登记检验；二是在日常安全管理和巡逻方面存在缺失，未对黄记锋、黄晓锋在三楼平台反复徘徊、多次进出电梯及上下楼的行为进行盘查和询问，巡逻表格亦没有维护秩序、治安管理类巡查内容；三是在监控设备方面存在缺失，未对黄记锋、黄晓锋深夜三次往返出入车库予以盘查，监控形同虚设。

关于登记检验问题，梁隆庆、刘秀英未提供受害人梁某与鹏盛公司签订的物业服务合同，双方在庭询中亦确认受害人梁某未与鹏盛公司签订物业服务合同，但有缴纳物业服务费，缴纳标准为每月每平方米5元。黄晓锋的身份除为金睿公司的职业中介外，还是居住在涉案小区内住户黄记锋的亲戚。根据鹏盛公司提交的《翠馨华庭住户手册》《翠馨华庭物业管理服务协议》，未约定黄晓锋此类小区住户亲友是否实行进出入登记。同时，法院参考《广东省物价局、省建设委员会关于公布广东省物业管理服务收费政府指导价的通知》《广州市物价局关于印发〈广州市普通住宅物业管理服务等级标准〉的通知》等文件，鹏盛公司收费所对应的物业服务标准为一级标准，一级标准对上述行为亦未予以强制性规定。结合小区的综合环境来看，除了有居民住宅还有商户，在A、B两栋住宅的楼下均设有独立的门禁。故在本案中，鹏盛公司未在小区的大门口对黄晓锋进出小区实行登记，与黄晓锋入户盗窃杀人的行为并无法律上的因果关系。

关于日常安全管理和巡逻的问题，鹏盛公司安排了保安24小时巡逻，且B座三楼平台设有游泳池和空中花园。鉴于三楼平台的设计用途，在黄记锋、黄晓锋作为住宅用户和用户亲友出现在三楼平台且每次停留时间不长的情况下，鹏盛公司主张难以发现其是否具有犯罪意图从而对其予以盘问，法院予以采纳。至于黄记锋、黄晓锋进出电梯、走廊及上下楼却未被巡逻询问的问题，鹏盛公司提交了小区内治安巡逻的初步证据，而梁隆庆、刘秀英未能提供充分证据证明鹏盛公司巡逻不到位，故法院对梁隆庆、刘秀英的主张不予采纳。

关于鹏盛公司监控设备和工作人员的问题，鹏盛公司在B座大楼的大堂、电梯和地下车库均安装了电子监控设备，可视为在合理范围内配备了相应的监控设备。至于监控设备是否形同虚设、工作人员是否疏忽职守，梁隆庆、刘秀英未能提供充分证据予以证明。此外，根据《最高人民法院关于审理人身损害赔偿案件适用法律若干问题的解释》第六条的规定，安全保障义务人承担补充赔偿责任的范围是在能够防止或者制止损害的范围内。鹏盛公司工作人员虽未对黄记锋、黄晓锋三次往返出入车库的行为进行盘问，但是该行为发生在损害结果发生之后，梁隆庆、刘秀英未能证明该事实与本案损害结果的发生存在何种因果关系。故本案中，梁隆庆、刘秀英关于鹏盛公司未尽到合理范围的安全保障义务的主张，证据不充分，法院不予认定。

【案例注解】

一、物业管理公司承担安全保障义务的法理基础

违反安全保障义务的侵权责任，是指违反了法律规定或者约定的安全保障义务，直接或者间接地造成他人人身或者财产权益损害，应当承担的损害赔偿责任。从法律规定以及合同约定两方面分析，物业公司对小区内的住户（包括业主和租户）负有安全保障义务。

2016年修订前的《物业管理条例》第四十七条规定："物业服务企业应当协助做好物业管理区域内的安全防范工作。发生安全事故时，物业服务企业在采取应急措施的同时，应当及时向有关行政管理部门报告，协助做好救助工作。物业服务企业雇请保安人员的，应当遵守国家有关规定。保安人员在维护物业管理区域内的公共秩序时，应当履行职责，不得侵害公民的合法权益。"物业管理公司作为物业服务的提供方，通过管理小区内的公共场所盈利，对小区内的公共场所拥有控制力，属于公共场所的管理人，应对处于小区内的业主负有相应程度的安全保障义务。因此，物业管理公司的安全保障义务来源于法律规定。

2016年修订前的《物业管理条例》第三十六条规定："物业服务企业应当按照物业服务合同的约定，提供相应的服务。物业服务企业未能履行物业服务合同的约定，导致业主人身、财产安全受到损害的，应当依法承担相应的法律责任。"由于物业服务合同一般也会对安全保障的相关内容作出约定，故物业管理公司的安全保障义务还可来源于合同约定。

二、物业公司违反安全保障义务的认定标准

实践中，违反安全保障义务的行为可以分为以下两类：一是承担安全保障义务的主体提供的设施、设备不符合法律规定或约定，即物的安全保障义务；二是对危险源的控制、防范，即行为的安全保障义务。按照上述划分标准，以下四种情形违反了安全保障义务：第一，怠于防止侵害行为。对于负有防范制止侵权行为的安全保障义务的人，没有对发生的侵权行为进行有效的防范或者制止。第二，怠于消除人为的危险情况。这就是对于管理服务等人为的危险状况，没有进行消除。第三，怠于消除经营场所或者活动场所具有伤害性的自然情况。例如，设施设备存在的不合理危险，没有采取合理措施予以消除。第四，怠于告知行为。对于经营场所或者社会活动场所中存在的潜在侵权行为，没有尽到告知义务，亦未尽适当注意义务。

本案中造成受害人损害后果的直接原因是第三人的犯罪行为，在第三人侵权的情况下，认定物业公司是否违反了安全保障义务，应从侵权行为的性质和力度、安全保障义务人的保安能力、发生侵权行为前后所采取的防范以及制止行为的措施等综合认定。

（一）侵权行为的来源

物业公司一方面应保证其提供的设备、设施，符合安全保障标准，确保小区内的住户能放心使用设施、设备；另一方面也应对发生在小区内公共场所的

第三人侵权行为做好一定控制、预防工作，营造安全小区环境。

若损害行为直接来源于物业公司所提供的设施、设备，则对物业公司的安全保障义务的判断标准就应从宽把握。反之，如果损害行为来源于物业公司之外的第三人或者是受害人本人，则安全保障义务的判断标准应从严把握，确保该义务在合理限度范围内。因为，任何人对自己行为的控制能力总是强于对他人行为的控制能力和预防能力。导致本案产生的危险是小区住户黄记锋及其表弟黄晓锋，其两人本来对进入小区就有正当性，并不属于非法侵入者，因此，在判定物业公司承担安全保障义务时应从严把握。

（二）事先防范行为的恰当性

物业公司作为小区专业的保安服务机构，虽然没有强求其对小区业主发生的损害后果承担无过错责任，但其应事先通过具体的行为进行防范，如果其行为不具备一定的安保能力，且其安保行为与损害后果具有相当性的因果关系，则可认定物业公司违反了安全保障义务。

在本案中，受害人家属一方认为物业公司的事先防范行为违反了安全保障义务体现在以下几方面：一是对进出人员管理方面存在缺失，未对黄晓锋进出小区、搬运行李等行为进行登记检验；二是在日常安全管理和巡逻方面存在缺失，未对黄记锋、黄晓锋在三楼平台反复徘徊、多次进出电梯及上下楼的行为进行盘查和询问等。然而，本案中黄晓锋的身份除为金睿公司的职业中介外，还是居住在涉案小区内住户黄记锋的亲戚。第一，从黄记锋、黄晓锋进出涉案小区的正当性分析。根据物业管理协议，未约定对黄晓锋此类小区住户亲友是否实行进出入登记。同时，参考《广东省物价局、省建设委员会关于公布广东省物业管理服务收费政府指导价的通知》《广州市物价局关于印发〈广州市普通住宅物业管理服务等级标准〉的通知》等文件，鹏盛公司收费所对应的物业服务标准为一级标准，一级标准对上述行为亦未予以强制性规定。第二，从物业公司采取的防范措施分析。涉案小区的综合环境，除了有居民住宅还在一楼有商户，但是在 A、B 两栋住宅的楼下均设有独立的门禁。故在本案中，鹏盛公司未在小区的大门口对黄晓锋进出小区实行登记，与黄晓锋入户盗窃杀人的行为并无法律上的因果关系。

关于日常安全管理和巡逻的问题，A、B 两栋在三楼互相相连，在相连之处设计有活动平台，黄记锋、黄晓锋在实施刑事犯罪之前，在三楼的活动平台逗留了一个小时左右。经办人员经过现场勘查，活动平台有居民健身设施，平时都有住户在此健身、歇息。黄记锋、黄晓锋在空中花园滞留的时间不是很长，也并非处于深夜，而是在晚上 10 点以前，这段时间本来就属于人员在三楼平台活动的正常时间，不能认为该两人在空中花园滞留就有异常。因此，也不能以黄记锋、黄晓锋在三楼活动平台有滞留，就认定物业公司没有履行到安全保障义务。

本案中，受害人家属一方还主张物业公司管理未到位，对黄记锋、黄晓锋三次出入车库的行为未进行盘查，对此应认定违反了安全保障义务。鹏盛公司工作人员虽未对黄记锋、黄晓锋三次往返出入车库的行为进行盘问，但是该行为发生在损害结果发生之后，物业公司没有对黄记锋、黄晓锋盘查的行为与本案损害结果的发生不存在因果关系，因此，在侵权人已经就本案损失承担赔偿责任的情况下，物业公司无需承担赔偿责任。

（**一审法院合议庭成员** 彭峻峰 钟信耀 李振昌
二审法院合议庭成员 陈瑞晖 崔利平 印 强
编写人 广东省广州市中级人民法院 印 强 张静霞
责任编辑 杨 奕
审稿人 蒋惠岭）

刘某某诉刘某不当得利纠纷案

——不当得利返还范围的具体认定

关键词：民事　不当得利　返还范围　恶意受益人　所受利益利息

【裁判要旨】

不当得利的返还范围应依据受益人的主观状态予以认定。善意受益人除返还现存的所受利益之外，无需返还利息；恶意受益人则需在返还所受利益的基础上返还相应的利息。在计算利息的具体金额时，应按中国人民银行公布的同期贷款利率，从不当得利返还义务成立之时或受益人知晓其受益无合法依据之时计算至实际返还之日。

【相关法条】

《中华人民共和国民法通则》第九十二条　没有合法根据，取得不当利益，造成他人损失的，应当将取得的不当利益返还受损失的人。

《最高人民法院关于贯彻执行〈中华人民共和国民法通则〉若干问题的意见（试行）》第131条　返还的不当利益，应当包括原物和原物所生的孳息。利用不当得利所取得的其他利益，扣除劳务管理费用后，应当予以收缴。

【案件索引】

一审：北京市海淀区人民法院（2016）京0108民初20662号（2016年9月12日）

二审：北京市第一中级人民法院（2017）京01民终669号（2017年3月24日）

【基本案情】

原告（上诉人）刘某某诉称：2009 年我购买位于宣武区菜市口东南角大吉危改小区 1 号地 1－3#楼×层×单元×××房屋一套。2009 年 3 月 6 日，我与刘某领取结婚证。2010 年 1 月 26 日，双方协议离婚。离婚时，上述房屋尚有购房尾款 532470 元，税费 22127.17 元未付。离婚后，我于 2010 年 4 月 19 日一次性还清上述购房款尾款及税费。依据双方签署的离婚协议，上述房产所欠贷款应由刘某偿还。由于刘某至今未归还我上述费用，给我带来严重的经济损失，请求法院：（1）依法判令刘某返还我垫付的购房款及税费共计 554597.17 元，并支付银行同期贷款四倍利息（暂计至起诉之日，应计算至实际执行之日）。（2）本案诉讼费由刘某承担。

被告（被上诉人）刘某辩称：我不同意刘某某的诉讼请求。刘某某起诉请求与事实不符，离婚协议上有约定，剩余银行贷款由我负责偿还。2010 年 4 月 19 日，刘某某主动替我偿还了银行剩余贷款，我有生效判决证明刘某某当时不接受我还款的意愿，故刘某某的行为应属于赠与行为，其主张利息也无从谈起。此外，我已于 2009 年 12 月 27 日刷卡一次性支付相关房屋税费 22127.17 元，不存在欠付税款的事实。

法院经审理查明：刘某与刘某某原系夫妻。2010 年 1 月 26 日，刘某与刘某某在民政部门登记离婚并签署《离婚协议书》。在《离婚协议书》中，双方明确约定，在刘某某名下北京市宣武区菜市口大街中信城 3 号楼×单元×××号房屋一套（现变更为北京市西城区菜市口中信锦园 3 号楼×单元×××号房屋）离婚后归刘某所有，刘某某协助刘某办理过户，上述房产所欠贷款由刘某偿还。

2010 年 4 月 1 日，范旭东与刘某某因借贷纠纷在法院达成协议，协议约定：（1）刘某某于 2010 年 4 月 6 日前偿还范旭东借款人民币 85 万元；（2）范旭东免除刘某某的全部利息；（3）如刘某某未按期还款，刘某某将位于北京市宣武区菜市口东南角大吉危改小区 1－3 号楼×层×单元×××号房屋过户给范旭东或由范旭东指定的第三人；（4）位于北京市宣武区菜市口东南角大吉危改小区 1－3 号楼×层×单元×××号房屋未尽事宜，由实际受让人负责处理。当日，法院制作（2010）海民初字第 9925 号民事调解书予以确认。之后，刘某某未按调解书履行协议，范旭东申请要求刘某某按调解书内容履行办理房屋过户手续，法院作出强制执行裁定书，裁定依法将位于北京市宣武区菜市口东南角大吉危改小区1-3号楼×层×单元×××号房屋过户给范旭东指定的第三人沈恒。在办理房屋过户期间，刘某某通过其名下银行账户偿还中信银行剩余购房贷款532470.94元。

此后，刘某对法院（2010）海民初字第9925号民事调解书提出异议，2011年9月26日，刘某向北京市第一中级人民法院申请再审。2011年11月4日，北京市第一中级人民法院指令海淀区人民法院对上述案件自行审查处理。经海淀区人民法院审判委员会讨论决定，于2012年2月23日作出（2012）海民监字第8号民事裁定，决定再审。2012年4月20日，海淀区人民法院作出（2012）海民再初字第00037号民事判决书，判决：一、撤销北京市海淀区人民法院（2010）海民初字第9925号民事调解书。二、判决生效后30日内，刘某某偿还范旭东人民币85万元。判决后，范旭东不服，提出上诉。2012年9月18日，北京市第一中级人民法院作出（2012）一中民再终字第07154号民事判决书，判决：驳回上诉，维持原判。

另查，2010年4月，刘某以刘某某在离婚后于2010年3月擅自注销还款账号，导致其无法继续偿还银行贷款（约53万元）为由，来院起诉要求判令刘某某协助其偿还房屋按揭贷款53万元。2010年7月14日，海淀区人民法院作出（2010）海民初字第12718号民事判决书，判决：刘某某于判决生效后7日内协助刘某偿还位于宣武区菜市口东南角大吉危改小区一号地（中信锦园）1-3号楼×层×单元×××号房屋的剩余按揭贷款。

2011年6月，刘某以刘某某未按照离婚协议约定履行义务为由，来院起诉要求判令北京市宣武区菜市口大街中信城3号楼×单元×××号房屋归其所有。在该案审理中，刘某某向法院提交对账单和私人贷款结清通知书，证明其在2009年2月28日交了5万元定金、2009年3月8日交纳了206000元的首付款、2009年12月27日还了4200元、2009年12月29日还了2000元、2010年1月20日还了3000元和1400元、并于2010年4月19日把尾款都结清了，一次性支付银行532470.94元。由于争议房屋在该案审理中尚未办理房屋产权证书，无法确认该房屋的产权人，离婚协议书中约定的条件尚未成立，法院于2011年8月29日作出（2011）海民初字第17526号民事判决书，判决：驳回刘某的全部诉讼请求。判决后，刘某不服，提出上诉。2011年10月31日，北京市第一中级人民法院作出（2011）一中民终字第15498号民事判决书，判决：驳回上诉，维持原判。

2012年，刘某向北京市西城区人民法院起诉刘某某协助其办理北京市宣武区菜市口大街中信城3号楼×单元×××号房屋产权证，该院作出（2012）

西民初字第4807号民事判决书，判决：刘某某协助刘某办理北京市西城区菜市口大街中信城3号楼×单元×××号房屋产权证登记于刘某名下的手续。刘某某不服该判决提出上诉，北京市第一中级人民法院作出（2012）一中民终字第6209号民事判决书，判决：驳回上诉，维持原判。

本案庭审中，刘某提交中信城（中信锦园）收款明细单、2009年12月27日中信城1号地块3号楼×单元×××契税收据、中信银行消费单据等材料证明购房时已支付税款，刘某某对此予以认可。经询问，刘某某表示不再主张刘某返还税款22127.17元之请求。刘某某提交刘某于2011年3月21日向其出具的《告知函》证明刘某曾同意偿还购买房屋剩余贷款，并据此主张刘某支付银行同期贷款四倍利息，刘某对《告知函》的真实性没有异议，但对刘某某所要证明的内容不予认可，刘某某未提供其他相关证据。

【裁判结果】

北京市海淀区人民法院于2016年9月12日作出（2016）京0108民初20662号民事判决：一、刘某于本判决生效后10日内返还刘某某532470元。二、驳回刘某某其他诉讼请求。判决后，刘某某、刘某均不服，向北京市第一中级人民法院提起上诉，北京市第一中级人民法院于2017年3月24日作出（2017）京01民终669号民事判决：一、撤销北京市海淀区人民法院（2016）京0108民初20662号民事判决；二、刘某于本判决生效后10日内返还刘某某532470元，并按中国人民银行公布的同期贷款利率给付2013年3月7日至实际返还之日止的利息；三、驳回刘某某的其他诉讼请求；四、驳回刘某的上诉请求。

【裁判理由】

法院生效裁判认为：刘某已取得案涉房屋所有权，依据双方签订的《离婚协议书》，房屋贷款应由刘某偿还，刘某受益该笔款项且无法律上之原因，故应当偿还。刘某某偿还银行贷款系履行其与范旭东所签调解协议，为范旭东取得涉案房屋所有权而为之，不具有向刘某赠与的意思，刘某对此也是清楚的，因双方之间不存在赠与的合意，刘某主张刘某某偿还银行贷款系对其进行赠与的上诉理由不能成立，本院不予支持。一审法院判决刘某返还刘某某532470元正确，本院予以维持。

关于刘某某上诉主张的利息问题，本院认为，虽然刘某于2011年3月21日出具的《告知函》表明其知道刘某某已清偿贷款，但因刘某某偿还贷款并非是为《离婚协议书》约定内容的实现而清偿债务，且此后刘某某怠于履行义务，致使刘某通过多次诉讼以法院强制执行的方式方才取得房屋所有权，故在此之前，刘某不负返还利息的责任。刘某于2013年3月7日取得涉案房屋的所有权时，其因房屋贷款已由刘某某偿还而受有利益即已明确，刘某也应当知道其保有所受利益缺乏正当依据，至本案诉讼，刘某仍不同意返还，故在返还刘某某532470元外还应支付自2013年3月7日起至实际返还之日的利息。利息标准应按中国人民银行公布的同期贷款利率执行。刘某某要求支付四倍利息没有法律依据。

【案例注解】

不当得利制度的基本机能在于矫正欠缺法律关系的财货转移和保护财货的归属，归根结底需解决的是不当得利的返还问题。由于不当得利取得之时与不当得利返还之时往往存在时间间隔，所涉利益可能发生形态上的变化，故而不当得利的返还问题存在研讨的空间。《最高人民法院关于贯彻执行〈中华人民共和国民法通则〉若干问题的意见（试行）》第131条就此作出了粗略的规定："返还的不当利益，应当包括原物和原物所生的孳息。利用不当得利所取得的其他利益，扣除劳务管理费用后，应当予以收缴。"然而，该项规定未对不同情形加以区分，"收缴"二字更是带有公权力色彩，因此，具体如何适用值得研究。下述结合本案，就不当得利的返还进行探讨。

一、受益人主观状态差异对返还范围的影响

不当得利返还的范围应根据受益人的主观状态为善意抑或恶意而有所差异。

（一）受益人的主观状态

不知其受益无合法依据的为善意受益人，明知其受益无合法依据的为恶意受益人。恶意受益人存在自始恶意和嗣后恶意的区分，如果受益人在不当得利成立时并不知晓无合法依据，而后转化为知晓的主观状态，即为嗣后恶意。对返还范围按照受益人主观状态进行区分的原因在于，如果受益人主观上是善意状态，法律苛求其负担的返还义务与恶意受益人一致，便会造成善意受益人遭受不利益，也不符合法律鼓励良善的基本价值取向。

（二）善意受益人与恶意受益人返还范围比较

无论受益人主观状态如何，其应返还的客体均包括所受利益本身，针对受益取得物而支出的必要费用及有益费用，均可进行扣除或赔偿。但二者返还范围存在如下差异：

1. 所受利益。善意受益人以现存的利益为限负担返还义务，受益人所受的一切利益与不利益结算的积极差额，就是善意受益人应返还的利益。[①] 善意受益人可在两种情形下免负返还责任：一是所受利益因其性质或毁损、灭失等其他情形不存在；二是其收益减去其损失后不存在积极差额，损失包括因取得该利益支出的费用（如运费）及为受领物支出的必要或有益费用等。除上述情形外，善意受益人仍负返还义务，但以结算的积极差额为限。此处应注意的是，如果存在受领物灭失后的赔偿或出售受领物获得的对价，便不属于上述利益不存在的情形，善意受益人仍应进行返还。

恶意受益人返还的所受利益不以现存利益为限，即便利益已不存在，其亦应予以返还。因其主观状态为恶意，其因取得该利益而支出的费用也不应予以扣除。

2. 利息。除返还所受利益本身外，恶意受益人还应返还相应的占用该笔利益产生的利息损失。而善意受益人则无此义务。

3. 赔偿损失。如果恶意受益人进行相应返还后，仍不能弥补受损人的损失，受损人还可以要求恶意受益人进行赔偿。善意受益人并无此项义务。

本案中，在 2013 年 3 月 7 日之前，虽然刘某知道刘某某已清偿贷款，但因刘某某偿还贷款并非是为《离婚协议书》约定内容的实现而清偿债务，且此后刘某某怠于履行义务，致使刘某通过多次诉讼以法院强制执行的方式方才取得房屋所有权，故刘某不负返还利息的责任；而在刘某于 2013 年 3 月 7 日取得涉案房屋所有权之后，其应当知道自身保有所受利益缺乏正当依据，但其不同意返还上述利益，此时其主观状态应属恶意，故其应全额返还所受利益，并返还自 2013 年 3 月 7 日起算的利息。

二、返还利息的具体计算

司法实践中，恶意受益人返还利息的具体计算存在不一致的情况。要确定返还的具体金额，涉及利率标准和利息期限问题。关于利率标准，实践中存在

---

① 马金海：《不当得利的成因及返还利益范围分析》，中国政法大学硕士学位论文（2006 年 3 月），第 37 页。

中国人民银行同期贷款利率及同期活期存款利率两种不同的标准。考虑到贷款利率高于存款利率，从保护受损人利益和惩戒恶意受益人的角度出发，应按照中国人民银行同期贷款利率计算。当事人主张的利息高于该标准的，缺乏相应的依据，而且在利息不足以弥补受损人损失的情况下，受损人还可通过赔偿损失的方式填补其损失，故不应支持。本案即是按中国人民银行公布的同期贷款利率进行认定，对刘某某要求支付四倍利息的主张未予采纳。

关于利息期限，实践中也存在多种标准。利息起算日存在第一次开庭之日、给付之日（获利之日）、知道或应当知道利益受损之日、起诉之日、汇款次日等多种标准；利息计算终止日也存在判决生效之日、判决给付之日、实际返还之日等不同的认定方式。由于利息的给付与收益人的主观状态密切相关，因此，较为妥当的做法是从受益人知晓其受益无合法依据，即具有恶意状态之时起算，至迟应为其知晓且受损人进行催告之时。利息计算的终点应为实际返还之日，这不仅符合受益人占用相关利益的实际期限，而且有利于督促受益人尽快返还不当得利。故本案利息应自刘某于2013年3月7日取得涉案房屋所有权但不同意返还所受利益时起算，计算至实际返还之日止。

（**一审法院独任审判员** 林宇军
二审法院合议庭成员 李晓龙 汤 平 赵小军
编写人 北京市第一中级人民法院 黄慧婧
责任编辑 杨 奕
审稿人 蒋惠岭）

成都鼎力家政服务有限公司诉何静名誉权纠纷案

——消费者“恶意差评”构成侵犯名誉权的认定

关键词：民事 网络言论 恶意差评 借机诽谤 名誉权

【裁判要旨】

在网络评价平台上，评价者（包括消费者和非消费者）多次发表涉及经营主体核心商誉的、主要内容失实严重偏离“客观事实”的“事实陈述”，与“客观事实”的差异部分足以促使访问者显著加重对经营主体核心商誉的负面评价情况下，属于借机诽谤，构成侵犯经营主体名誉权。

【相关法条】

《最高人民法院关于审理名誉权案件若干问题的解释》九、问：对产品质量、服务质量进行批评、评论引起的名誉权纠纷，如何认定是否构成侵权？

答：消费者对生产者、经营者、销售者的产品质量或者服务质量进行批评、评论，不应当认定为侵害他人名誉权。但借机诽谤、诋毁，损害其名誉的，应当认定为侵害名誉权。

新闻单位对生产者、经营者、销售者的产品质量或者服务质量进行批评、评论，内容基本属实，没有侮辱内容的，不应当认定为侵害其名誉权；主要内容失实，损害其名誉的，应当认定为侵害名誉权。

《最高人民法院关于审理利用信息网络侵害人身权益民事纠纷案件适用法律若干问题的规定》第十八条 被侵权人为制止侵权行为所支付的合理开支，可以认定为侵权责任法第二十条规定的财产损失。合理开支包括被侵权人或者委托代理人对侵权行为进行调查、取证的合理费用。人民法院根据当事人的请求和具体案情，可以将符合国家有关部门规定的律师费用计算在赔偿范围内。

被侵权人因人身权益受侵害造成的财产损失或者侵权人因此获得的利益无法确定的，人民法院可以根据具体案情在50万元以下的范围内确定赔偿数额。

精神损害的赔偿数额，依据《最高人民法院关于确定民事侵权精神损害赔偿责任若干问题的解释》第十条的规定予以确定。

【案件索引】

一审：四川省成都市高新技术产业开发区人民法院（2016）川0191民初4662号（2016年11月9日）

二审：四川省成都市中级人民法院（2017）川01民终9779号（2017年8月2日）

【基本案情】

原告成都鼎力家政服务有限公司诉称：2015年12月13日，下属的华阳分店与被告何静签署《家庭保洁协议》，在提供服务过程中，被告何静家中浴室玻璃门意外损坏，无法确认是否系现场员工过错所致，但为不影响双方友好合作，仍积极按照被告的要求进行全部维修，后由于被告强烈要求玻璃门必须使用原厂产品，无法继续开展维修。经过原、被告协商，一次性赔偿1300元，被告现已收下该笔赔偿款。后原、被告协商同意解除《家庭保洁协议》。但是，被告却在大众点评网、百度等网站，连续、多点、长时间地进行恶意评论，诋毁原告服务品质及企业名誉，给原告造成了十分恶劣的社会影响。为维护自身合法权益，特提起诉讼：（1）请求判令被告何静立即停止侵权行为；（2）请求判令被告立即删除在大众点评网等网站及平台上的恶意评论；（3）请求判令被告何静公开赔礼道歉，消除不良影响；（4）被告何静赔偿损失5万元。

被告何静辩称：原告服务过程中损坏被告玻璃门，后经双方协商，同意让被告联系九牧专卖店进行匹配还原，原告并承诺对此产生的所有费用进行赔偿。被告询价还原匹配的费用合计1700元。但告知在九牧牌洁具专卖店定做同款同型号的玻璃门只需要1000元左右，被告同意进行洽谈。后被告得知定做价格并无优惠，便告知不接受非原装产品。原告勉强同意进行赔偿，但态度强硬只同意赔偿1300元，被告迫于无奈，才接受1300元的赔偿款。被告为维护广大消费者的利益，防止类似事情在其他消费者身上再次发生，将此事在大众点评网上进行如实评价，但是评价一再被删除。为防止更多人上当受骗，被告在大众点评网的各分店进行了如实评价，直到大众点评网站不再删除评价为止。综上，被告在大众点评网站进行评价完全基于事实，并没有对原告进行侮辱、诽谤，没有侵犯其名誉权，请求驳回原告的诉讼请求。

法院经审理查明：何静通过百度糯米网团购了鼎力家政公司的保洁服务。2015 年 12 月 13 日，何静作为甲方与鼎力家政公司作为乙方签订《家庭保洁协议》，约定乙方向甲方提供家庭保洁服务，服务共计 12 次，期限从 2015 年 12 月 27 日至 2016 年 6 月 27 日，甲方一次性支付乙方服务费 1080 元；每次服务前甲方需自行将贵重物品、金银珠宝、现金、有价证券等妥善保管，乙方员工每次服务后，甲方应认真清点财物无误后在服务执行单上签字，甲方签字确认后发生的物品丢失或者损坏，乙方不承担责任，但在乙方服务人员工作期间，由于工作失误导致甲方财物丢失的，乙方应照价作出赔偿。

鼎力家政公司的员工在为何静位于英郡三期×栋××××号房屋提供保洁服务过程中，该房屋浴室玻璃推拉门发生损坏。就该房屋浴室玻璃推拉门的维修更换问题，原、被告发生了争议，何静向九牧牌洁具专卖店询价更换需要费用 1700 元，鼎力家政公司员工询价更换只需要费用 1300 元。后经过原、被告的协商，双方于 2016 年 3 月 27 日达成协议：鼎力家政公司一次性赔偿何静 1300 元，不再承担任何责任；双方协商解除《家庭保洁协议》，鼎力家政公司退还何静服务费 810 元。何静实际更换损坏的浴室玻璃推拉门支出费用 1700 元。

2016 年 3 月 27 日，何静以注册网名“逗逗静静”在鼎力家政公司在大众点评网华阳店和高新区店作了评论：“超级无赖，不诚信的破公司。大家千万不要上当和这家签约。员工态度恶劣，损坏物品不照价赔偿；不按合同约定执行，一副反正签约后钱收了，你能咋地无赖丑恶嘴脸。”2016 年 3 月 28 日，何静又以注册网名“逗逗静静”在鼎力家政公司在大众点评网华阳店和南门店作了评论：“超级无耻不诚信的公司，千万不要和他们签约。他们员工损坏了东西是不会按合同约定赔偿的，客户的财物得不到有效保障。损坏我 1700 的物品，只赔 1300 元，如果不同意只赔 1300 元，就不赔了，有这么无耻的商家真是奇葩啊！”2016 年 3 月 29 日，何静以注册网名“逗逗静静”在鼎力家政公司在大众点评网金牛区店作了评论：“超级无耻的商家，不停地删我评价。既然做了不诚信的事，还不允许照实情说出来，真无耻啊。大家千万不要和他们签约，因为他们损坏了物品是不会照价赔偿的。”同日，何静在大众点评网鼎力家政公司高新区店作了评论：“无耻的公司，为什么把我的评价删了，我说的完全是事实。损坏了我1700元的物品，只赔了1300元，不同意就不赔，这就是所谓的协商一致？关键是还删我评价，所有给你家的好评水分太多，因为差评全被删了。难道真实的评价后你们不诚信的事就没有了吗，不要自欺欺人了。”同日，何静还在大众点评网鼎力家政公司西门店作了评论：“合同上约定损坏东西照价赔偿，不是说弄个假的东西赔偿吧。损坏我浴室玻璃推拉门一扇，原装1700元，你说在外面找朋友做一扇玻璃，反正也看不出来不是原装的。我不同意。结果你就直接说你们最多赔1300元，要不然就不赔，让我自己看着办，请问这是协商一致吗?”

何静另在百度糯米网上发表了上述相同的评论。鼎力家政公司于2016年3月29日对何静的上述评论进行回复，告知对该恶意评价将保留追究责任的权利。现何静在大众点评网上的评论已经删除。

另查明，鼎力家政公司为保全证据支出公证费2000元。鼎力家政公司委托四川天润华邦律师事务所代理诉讼，支出律师费5000元。

【裁判结果】

四川省成都市高新技术产业开发区人民法院于2016年11月9日作出（2016）川0191民初4662号民事判决：一、何静停止对成都鼎力家政服务有限公司的侵权，于判决生效后10日内将其在百度糯米网上对成都鼎力家政服务有限公司的评论删除；二、何静于判决生效后10日内向成都鼎力家政服务有限公司公开赔礼道歉；三、何静于判决生效后10日内赔偿成都鼎力家政服务有限公司损失7000元；四、驳回成都鼎力家政服务有限公司的其他诉讼请求。

宣判后，被告提出上诉，四川省成都市中级人民法院于2017年8月2日作出（2017）川01民终9779号民事裁定：准许上诉人何静撤回上诉。

【裁判理由】

法院生效判决认为：消费者的批评、评论，所依据的事实须是真实存在的，同时出于善意，即不构成侵权。但出于人身攻击、个人偏见的恶意评论，就不属于公正评论，损害他人名誉的，应当承担侵权责任。故何静的评价是否客观、主观上是否具有恶意为本案争议焦点。

首先，关于受胁迫就浴室推拉门赔偿达成一致意见并在退赔清单上签名确认主张。何静认为，鼎力家政公司利用了其优势地位，导致其受胁迫才接受。

一审法院认为，何静在双方协商过程中并未丧失自由选择权，接受赔偿款是其自愿处分实体权利的行为，不应认定为受到胁迫。

其次，何静实际支出的更换费用为1700元，鼎力家政公司赔偿1300元，何静据此认为鼎力家政公司不照价赔偿。一审法院认为，照价赔偿的“照价”是按照购买价还是维修更换价存在歧义，何静与鼎力家政公司协商作价，金额合理，应视为照价赔偿。何静以协商价与实际更换价有差距，据此认为不是照价赔偿，有违通常人之理解。

最后，何静在发表评论时扩大范围，在大众点评网上对鼎力家政公司六家分店及百度糯米网均进行差评；评论大量采用的“骗子公司”“超级无耻”“奇葩”等谩骂性语言；披露的事实只陈述“原价1700元，只赔1300元”或“不照价赔偿”，与双方协商确定1300元的事实不一致。

综上，法院综合认定何静这种超范围、反复多次、脱离客观事实的评论，已经超出顾客对商家进行有效监督的范围，不属于公正评论，属于恶意差评，已经对鼎力家政公司的名誉造成损害，构成名誉侵权。

【案例注解】

本案争议焦点是评论者（消费者）的网络评价行为对经营主体名誉权的侵权责任界限确定。

一、网络评价行为的定义

网络评价行为是指用户在具备评价功能的网络平台对指定经营主体发表评价的行为。其中评价者包括自身亲历服务的消费者（典型如淘宝仅买家可评价）或获得传闻信息的第三者（典型如大众点评的任意用户均可评价）；评价者明知自己的评价会影响不特定潜在消费者的消费决策；网络平台应具备收集用户评价后，按指定经营主体汇总后向访问者集中展示的功能；访问者应具备查看指定经营主体的评价信息进行消费决策的主观目的。本案中的评价行为或淘宝的买家好评，就是典型的网络信息评价行为。这种行为将在对应网络平台的覆盖范围内直接影响到该经营主体潜在客户的消费决策。

二、保护网络评价平台中经营主体网络核心商誉的必要性

早在1620年，英国法院就已经在法院的判例中，把经营者的良好商誉定

义为“顾客的友善看法和惠顾”。[①] 有观点认为，法人的名誉是对法人全部活动的社会评价，而法人商誉是经济意义上的概念。[②]《反不正当竞争法》第十一条规定：“经营者不得编造、传播虚假信息或误导性信息，损害竞争对手的商业信誉、商品声誉。”《最高人民法院关于审理利用信息网络侵害人身权益民事纠纷案件适用法律若干问题的规定》第十一条规定：“网络用户或者网络服务提供者采取诽谤、诋毁等手段，损害公众对经营主体的信赖，降低其产品或者服务的社会评价，经营主体请求网络用户或者网络服务提供者承担侵权责任的，人民法院应依法予以支持。”因此，可以总结出与商誉类似的概念，即“公众对经营主体的信赖以及经营主体产品或者服务的社会评价”。下文中的“商誉”特指经营主体名誉权中的特定部分，即公众对经营主体的信赖程度以及经营主体产品或者服务的社会评价。

信息渠道或活动区域的不尽相同使得商誉在不同类型的公众中呈现出差异。一旦公众对某个陌生领域的产品或服务产生消费需求，往往会通过自己熟悉的渠道了解该领域经营主体的商誉。在网络时代，公众往往倾向于通过具备评价功能的网络平台了解该经营主体在网络顾客中的信赖以及网络顾客对其商品或服务的社会评价，即网络评价平台中经营主体的网络商誉。网络购物的快速发展产生了相当数量的完全依靠网络商誉经营的小型经营主体。具备评价功能的网络平台是这些小型经营主体网络商誉的形成与展示的重要渠道甚至是唯一的渠道，直接决定其未来某一时间段内的经营状况，即对经营主体网络商誉的侵害，直接导致经济损失，而非精神损害。

在保护消费者权益的视阈下，对于经营主体网络商誉的保护，应当根据经营主体性质的不同，确定其商誉的核心部分与非核心部分，并分别构建不同的裁判规则。本案中，作为家政服务从业者，除服务质量以外，消费者对其在服务过程中损坏消费者财物是否赔偿极为关注，一旦发生该类负面评论将直接导致潜在消费者调整其消费决策，故是否照价赔偿是其核心商誉之一。但对于餐饮行业、服装销售行业，案涉评论是否构成对其核心商誉的侵害，应当结合更多的案情进行判断，而不是直接认定侵害其核心商誉。

三、网络时代背景下消费者评论自由与经营者商誉之间的权利失衡

有观点认为，对消费者来说，只要不是出于故意，就不应承担侵权责任。

---

① 种明钊主编：《竞争法》，法律出版社2008年版，第197页。

② 沈德咏主编：《〈中华人民共和国民法总则〉条文理解与适用》（下），人民法院出版社2017年版，第757页。

换句话说，只要不是借机诽谤、诋毁，即使情绪激动，言辞偏激，说了一些过头话，或者批评、评论依据的事实不够真实，也不应认定为侵权。[①] 这种观点是基于以下考虑：首先，消费者一般不是专门从事舆论监督工作的，因此，不能苛求他们全面了解情况，核对事实，不发生差错。其次，消费者的批评、评论，一般是对个人所购买的特定商品质量或者服务态度进行的，是单个的、个别的行为，且口头形式居多，社会影响较小，即使发生差错，后果也较轻。[②]

但如前文所述，随着互联网科技的快速发展，之前构建倾向保护消费者评论权、监督权所依据的社会基础已经发生变化。在网络评价平台上，消费者或评论者的批评、评论成为一种公开的，以书面图片形式为主的，影响力较大的，发生差错时对经营主体负面影响极为严重的行为，因此，针对评论者（消费者）在不同性质的网络平台进行的言论作出不同的规定是合理的。

四、对网络评价侵权行为的认定以及损害事实的界定标准

如何认定法人名誉权损害是司法实践中的难题。法人名誉权作为法人人格权，其损害既包括信用利益的损失，也包括权利主体财产性利益的损失。对于前者，应以行为是否为不特定第三人所知悉作为认定损害事实的标准；对于财产性利益的损失，则应从严掌握。[③] 在界定侵犯名誉权行为的样态中，应当着眼于名誉权与言论自由的调和，并将其作为利益衡量的因素。因此，在法人名誉权侵权行为的界定中，应当区分“事实陈述”与“意见表述”作为判断是否侵权的主要因素。[④]

“意见表述”，即评价内容中的主观部分，是评论者表述自身感受的行为。从类似案件中可以看到，少部分消费者会因消费过程中的不愉快经历，在评论中采用辱骂性、带人身攻击性质的词语来描述自身感受。在无明显的侮辱、诽谤内容的情况下，属于情绪宣泄，并非恶意攻击。经营主体应当对针对其服务、商品受到的评价予以必要的容忍；网络评价平台管理者，应当采用技术手段对评论中使用的不符合网络道德规范的不文明用语进行处理。

“事实陈述”，即评价内容中的客观部分，是评论者描述商品、服务或纠纷

---

① 沈德咏主编：《民事司法解释理解与适用》，法律出版社 2009 年版，第 116 页。

② 沈德咏主编：《民事司法解释理解与适用》，法律出版社 2009 年版，第 117 页。

③ 《最高人民法院利用网络侵害人身权益司法解释理解与适用》，人民法院出版社 2014 年版，第 162 页。

④ 沈德咏主编：《〈中华人民共和国民法总则〉条文理解与适用》（下），人民法院出版社 2017 年版，第 757 页。

等方面实际发生情况的行为。不可否认，鉴于评论者的表达能力与专业知识参差不齐，其进行评论时往往具有一定的随意性，导致其所描述的情况与实际发生的情况之间存在一定的差异，但评论者应当清楚其评价内容的真实程度以及可能造成的后果，并应当将差异程度控制在合理范围内，在对经营主体网络核心商誉涉及的事实陈述出现主要内容失实的情况下，应当认定存在损害事实。

五、对于评论者（消费者）主观故意的认定标准

对于消费群体的差评行为，不应随意划分为恶意差评，恶意差评的认定必须具有不法或非法意图。[①] 但在司法实践中，除评论者（消费者）明确提出换取不平等交易条件或满足不合理要求外，极难证明其主观上存在非法意图。

如果网络用户或者直接向网络用户提供内容或者产品服务的网络服务提供者，采取诽谤、诋毁等手段，故意追求并实施损害经营主体商业信誉和商品声誉的行为，应视为主观上具有侵权故意。[②] 即认定主观故意的核心在于是否构成诽谤。

构成诽谤一般包括：行为人实施了传播损害他人名誉的内容的行为；所散布的内容有特定的指向；所散布的内容具有违法性。[③] 有观点认为，所谓诽谤，是指捏造、散布虚假的事实，使得社会公众对被侵权人（经营主体）的社会评价降低。诋毁，是指故意使用贬低他人人格的词语或动作进行侵犯。[④] 即构成诽谤时，捏造虚假事实的行为与散布虚假事实的行为需同时具备。

就审判实践而言，认定是否构成诽谤应当考虑以下因素：社会公众共同认可的价值观，公众的感受。[⑤] 由于社会诚信体系尚不完善，商家欺诈消费者事例时有发生，公众反应强烈，就公众心态而言，行为人实施此种行为并不像侮辱、诽谤自然人那样必然引起公愤，相反，公众多持宽容、理解态度，这也是保护企业法人等经营主体名誉权与自然人名誉权在公众情感上存在的巨大差异，人民法院审理此类案件，应当考虑公众心态，在评判行为人实施的行为是否降低了法人的社会评价时，应当考量公众的价值取向。[⑥] 即认定诽谤经营主

---

① 岑华春、刘婷：《淘宝差评的网络名誉权侵权责任界定》，载《人民司法·案例》2016 年第 11 期。

② 《最高人民法院利用网络侵害人身权益司法解释理解与适用》，人民法院出版社 2014 年版，第 163 页。

③ 王利明、杨立新主编：《人格权与新闻侵权》，中国方正出版社 1995 年版，第 560 页。

④ 《最高人民法院利用网络侵害人身权益司法解释理解与适用》，人民法院出版社 2014 年版，第 161 页。

⑤ 冯小光：《侵犯法人名誉权的司法认定》，载《人民司法·案例》2009 年第 6 期。

⑥ 《最高人民法院利用网络侵害人身权益司法解释理解与适用》，人民法院出版社 2014 年版，第 165 页。

体的核心在于是否存在符合公众价值取向的捏造且散布虚假事实的行为。

本案中，在网络评价平台上大量发表带有情绪宣泄的负面词汇，同时宣传损坏物品不照价赔偿的言论中存在明显歧义，即已履行赔偿义务但赔偿金额不符合照价赔偿，或要求按照赔偿金额不符合照价赔偿原则的标准履行赔偿义务（尚未赔偿）。此处的歧义可能是因情绪激动或者表达能力的原因造成，不宜要求其承担责任。但对于是否照价赔偿，根据《侵权责任法》第十五条规定，承担侵权责任的方式主要有：（1）停止侵害；（2）排除妨碍；（3）消除危险；（4）返还财产；（5）恢复原状；（6）赔偿损失；（7）赔礼道歉；（8）消除影响、恢复名誉。因此，按照公众价值取向解释照价赔偿，应当将照价定义为按照损失的金额。

本案中损害发生后家政公司在合理期限内确认损失金额，并不存在拖延；家政公司确认金额与消费者确认金额之间的差距在合理范围之内；考虑到物品的折旧，家政公司确认的金额与消费者直接损失金额之间并不存在明显差距；消费者最终同意家政公司确认的赔偿金额。因此，认定家政公司在损害发生后进行了照价赔偿，符合公众价值取向。

从生活常理看，损失一块旧玻璃门后要求置换成新玻璃门，价值之间存在差距，在其要求更换成指定品牌玻璃门时，应当自己承担差价。宣称不照价赔偿，构成捏造虚假事实；在网络评价平台多次超范围发表同一性质言论，构成散布虚假事实，同时在主观上明知自己的行为会导致经营主体社会评价较“客观事实”显著降低仍然追求这种结果的发生，结合散布虚假事实的行为，应推定其主观上存在故意，其行为构成借机诽谤。根据《最高人民法院关于审理名誉权案件若干问题的解释》第九条规定：“消费者对生产者、经营者、销售者的产品质量或者服务质量进行批评、评价，不应当认定为侵害他人名誉权。但借机诽谤、诋毁，损害其名誉的，应当认定为侵害名誉权。”因评论者行为导致企业核心商誉受损，应认定其构成侵犯名誉权，其应当承担侵权责任。

（**一审法院独任审判员** 梁林军

二审法院合议庭成员 邱　寒　苟　峰　付冬琦

编写人 四川省成都市高新技术产业开发区人民法院　梁林军　熊　心

责任编辑 杨　奕

审稿人 蒋惠岭）

蔡辉诉上海携程商务有限公司服务合同纠纷案

——网络服务合同纠纷管辖法院的确定

关键词：民事　网络服务合同　地域管辖　格式条款　接受货币一方所在地

【裁判要旨】

网络服务合同中，经营者使用格式条款与消费者订立管辖协议，未采取合理方式提请消费者注意的，该协议管辖条款对消费者不产生约束效力。格式管辖条款无效后，应根据《最高人民法院关于适用〈中华人民共和国民事诉讼法〉的解释》第十八条规定的一般规则由履行义务一方所在地作为合同履行地，即由网络服务经营者提供服务所在地作为合同履行地。

【相关法条】

《中华人民共和国民事诉讼法》第二十三条　因合同纠纷提起的诉讼，由被告住所地或者合同履行地人民法院管辖。

《最高人民法院关于适用〈中华人民共和国民事诉讼法〉的解释》第十八条　合同约定履行地点的，以约定的履行地点为合同履行地。

合同对履行地点没有约定或者约定不明确，争议标的为给付货币的，接收货币一方所在地为合同履行地；交付不动产的，不动产所在地为合同履行地；其他标的，履行义务一方所在地为合同履行地。即时结清的合同，交易行为地为合同履行地。

合同没有实际履行，当事人双方住所地都不在合同约定的履行地的，由被告住所地人民法院管辖。

第三十一条　经营者使用格式条款与消费者订立管辖协议，未采取合理方式提请消费者注意，消费者主张管辖协议无效的，人民法院应予支持。

【案件索引】

一审：天津市和平区人民法院（2017）津0101民初1069号（2017年4月11日）

二审：天津市第一中级人民法院（2017）津01民辖终539号（2017年7月13日）

【基本案情】

原告蔡辉诉称：原告于2016年1月15日在被告上海携程商务有限公司经营的携程旅行网上预订了2016年2月2日至2月6日共4日的泰国普吉岛巴东海滩中央智选假日酒店，订单金额为人民币4343元。因当时未收到确认短信和邮件，原告当日打电话要求取消该订单，但被告以该订单不可取消和修改为由拒绝。经过与被告的多次交涉，被告告知原告酒店的订单可以取消，但需收取全额房款作为罚金。后原告与酒店直接联系，酒店告知预定是否可以取消和退款均取决于携程。1月27日，原告再次要求被告协助取消酒店预定订单，并返还酒店预订款4343元。1月27日，被告回复原告称酒店的入住信息已取消，但不能返还原告的酒店预订款4343元。1月28日，被告用电子邮件回复原告“现供应商回复：非不可控原因无法申请免费取消”。现原告在携程订单信息中查询，该订单一直存在。(1)“订单不可取消和修改”的格式条款规定内容于法无据、于理不通。根据《合同法》第四十条的规定，格式条款具有本法第五十二条和第五十三条规定情形的，或者提供格式条款一方免除其责任、加重对方责任、排除对方主要权利的，该条款无效。(2)被告在酒店已经取消入住信息、原告未实际入住酒店的情况下拒不返还原告酒店预订款的做法于法无据。根据《合同法》第四百二十七条的规定，居间人未促成合同成立的，不得要求支付报酬。2015年2月2日，原告方未实际入住酒店，并事先已经告知被告不会入住。同时被告称酒店已经取消入住信息，原告与第三方酒店之间未达成酒店入住合同。被告未促成合同订立，因此，不得要求支付报酬。被告方无权在合同未成立的情况下要求原告预付酒店房费，更无权将原告的酒店预订款据为己有。综上，被告拒不返还原告房款的行为违反了《合同法》的规定，请法院判决被告返还单号为××××××××××的订单下原告预付的酒店房间费用人民币 4343 元；被告承担本案诉讼费用。

被告上海携程商务有限公司在提交答辩状期间，对管辖权提出异议，认为其系携程旅行网平台的经营者，住所地为上海市长宁区福泉路 99 号。携程旅行网的办公场所、经营地址亦分别位于上海市长宁区福泉路 99 号和上海市长宁区金钟路 968 号凌空 SOHO。且上海携程商务有限公司通过网络方式提供预订服务，其提供的网络服务器送货地址、安装单等证据均证明合同履行地为上海市长宁区。此外，携程旅行网用户注册时需要勾选确认《携程旅行网服务协议》，该协议第 18 条加粗显示："因用户通过携程旅行网预订任何产品而导致的争议，将同意接受上海市长宁区人民法院的管辖。"携程旅行网首页的服务说明中也对管辖有突出显示，服务说明第 16 条规定，因用户通过携程旅行网预订任何产品而导致的争议，将同意接受上海市长宁区人民法院的管辖。根据《民事诉讼法》规定：因合同纠纷提起的诉讼，由被告住所地或者合同履行地人民法院管辖。《最高人民法院关于适用〈中华人民共和国民事诉讼法〉的解释》第十八条规定，合同约定履行地点的，以约定的履行地点为合同履行地，故可以确认本案合同履行地在上海市长宁区，上海市长宁区人民法院对本案具有管辖权。

【裁判结果】

天津市和平区人民法院于 2017 年 4 月 11 日作出（2017）津 0101 民初 1069 号民事裁定：被告上海携程商务有限公司对管辖权提出的异议成立，本案移送上海市长宁区人民法院处理。

宣判后，蔡辉提出上诉。天津市第一中级人民法院于 2017 年 7 月 13 日作出（2017）津 01 民辖终 539 号民事裁定：驳回上诉，维持原裁定。

【裁判理由】

法院生效裁判认为：《最高人民法院关于适用〈中华人民共和国民事诉讼法〉的解释》第三十一条规定，经营者使用格式条款与消费者订立管辖协议，未采取合理方式提请消费者注意，消费者主张管辖协议无效的，人民法院应予支持。被上诉人上海携程商务有限公司负责管理运营携程旅行网，并提供《携程旅行网服务协议》格式合同。虽然该合同存在管辖条款，该条款亦予以加粗处理，但该条款属于格式条款，携程旅行网需要采取合理方式提请消费者注意。但是被上诉人提供的证据不足以证明其已向上诉人履行了提示注意义务，因此，该协议管辖条款对本案消费者不产生管辖约束效力。

本案系合同纠纷，格式管辖条款无效，应按照被告住所地或合同履行地确定管辖法院。《最高人民法院关于适用〈中华人民共和国民事诉讼法〉的解释》（以下简称《民诉法解释》）第十八条规定：合同约定履行地点的，以约定的履行地点为合同履行地。合同对履行地点没有约定或者约定不明确，争议标的为给付货币的，接收货币一方所在地为合同履行地；交付不动产的，不动产所在地为合同履行地；其他标的，履行义务一方所在地为合同履行地。本案系服务合同纠纷，双方当事人并未约定合同履行地点。上诉人主张其请求被上诉人返还已经支付的酒店预订款4343元，争议标的为给付货币，上诉人为接受货币一方，因此，应由上诉人住所地人民法院即天津市和平区人民法院管辖。但是，上诉人诉请系返还酒店预订款，并非请求履行合同约定的义务。故本案争议标的不属于给付货币，应为其他标的，履行义务一方所在地为合同履行地。上诉人请求被上诉人返还酒店预订款，履行义务方为被上诉人，故被上诉人所在地为合同履行地，本案被上诉人住所地位于上海市长宁区，上海市长宁区人民法院对本案具有管辖权。

综上，被上诉人的住所地以及合同履行地均位于上海市长宁区，上海市长宁区人民法院对本案具有管辖权。上诉人的上诉请求，理由不足，本院不予支持。一审裁定结果并无不妥，应予以维持。

【案例注解】

一、网络服务合同中格式管辖条款的效力

随着我国互联网产业的高速发展，互联网经营模式日趋丰富多样，不断地改变着传统的人际交往模式、交易模式以及财产样态。首先，传统的交易模式是面对面协商交易，合同多以纸质形式体现；而在互联网环境下，磋商行为都是数据化的，合同多表现为格式的电子合同，诸如本案涉及的网络服务合同。以往合同行为也更多地限定在一定地域范围内，而今足不出户可以享受世界各地优质的产品供给。虽然法律关系本质并未发生改变，但是交易模式却花样翻新，网上交易的双方更多的系基于交易平台对经营者的“信用评级”进行交易。其次，互联网深刻地改变了人们的交往模式。30年前，身处两地的人们更多地通过信件进行交流；20年前，人们可以通过电报或者电话进行交流；

10年前，手机进入千家万户；而今，人们更多地是通过微信等网络平台进行文字、语音和视频交流。互联网在带来巨大便利和人际黏合的同时，带来的还有交往风险的更不可控。以往的侵权行为可能仅在一时一地发生，而今网络侵权行为却可能持续在世界各地传播。人们的交往模式被互联网深刻地改变，法律关系和法律风险也在互联网状态下日趋多样。再次，互联网深刻改变了传统的财产形态。传统的财产形态可以表现为物权、知识产权和债权，但是在互联网状态下，大量的财产却是以虚拟财产的形态表现的，诸如各种网店积分、游戏装备、社交号码、网络邮箱甚至游戏画面和网店本身都成为财产的表现形式。司法实践中，离婚纠纷中争夺游戏装备、继承纠纷中QQ账号及密码的权属都已经发生，成为理论及实践中的难题。

互联网环境下的交易模式多样化、法律关系叠加化，给司法工作带来的直接影响是法律关系复杂化、诉讼标的碎片化。互联网给消费者带来了较大的便利，导致现在网上交易逐渐成为交易的常态，海量的交易也带来了大量的纠纷，网络服务纠纷就是其中典型的纠纷样态。网络服务合同是指网络服务商给消费者提供通路以使消费者与因特网连线的中介服务或者提供内容服务的合同。网络服务法律关系，一般是随着用户注册而建立起来的。网络服务合同一般都是由网络服务商事先拟定好格式合同，当用户注册时，只要按照服务商确定的程序，浏览各项条款后，点击确认即可完成服务合同的缔结。本案原告在携程旅行网上预定去泰国旅游的酒店，并将相应款项汇至携程旅行网指定账户，携程网负责泰国酒店的预定，然后将酒店订单情况反馈给消费者。在这种交易模式下，携程旅行网承担的系居间服务功能，在泰国酒店和消费者之间履行居间职能。而消费者和携程旅行网建立的是一种无偿居间服务合同。该合同交易模式下，携程旅行网在其网站服务页面发布酒店情况的要约邀请，消费者浏览网站页面、浏览并同意《携程旅行网服务协议》后选定酒店，向携程旅行网发出签订服务合同要约，携程旅行网承诺服务后该无偿服务合同便告缔结完成。

对于网络环境下的买卖合同和侵权行为的地域管辖问题，《民诉法解释》分别在其第二十条和第二十五条作出规定，尤其是关于买卖合同，《民诉法解释》确立了买受人住所地或者收货地为合同履行地的规则，有效地维护了消费者权益，促进了消费者维权积极性。但是对于网络服务合同纠纷，法律却并未明确特殊的管辖原则，仍然要依据合同履行地或者被告住所地这两个连接点确定管辖。网络服务合同具有法律关系简单、标的额小、消费者分散、服务提供者比较集中的特点，对于该类纠纷，消费者往往基于维权成本过高而放弃维权，在海量的纠纷面前，服务提供者据此获得了大量不当收益。尤其是如果严格按照合同约定管辖条款或者原告就被告的一般管辖原则，消费者需要付出较大的住宿、差旅、饮食等费用，考虑到维权成本大于收益的现实，维权积极性更是不高。

基于降低成本、效率优先的考虑，许多大公司、大机构纷纷采用格式合同，作为公司对外从事多次性、重复性交易的固定条件。格式合同的弊端在于，提供商品或服务的一方在拟定格式条款时，经常利用其优越的经济地位，指定有利于己而不利于消费者的条款。[①] 而服务合同一般都对管辖法院进行约定，如淘宝网约定的管辖法院为“被告所在地有管辖权的法院”、京东商城为“有管辖权的法院”、途牛旅行网为“本网站所在地人民法院”等。其中京东商城约定管辖法院条款对消费者较为有利，未直接规定连接点。而淘宝网约定的管辖法院本质为淘宝网所在地方法院，同携程旅游网以及途牛旅游网条款实质相同。对于该类管辖条款的效力，《民诉法解释》第三十一条规定，经营者使用格式条款与消费者订立管辖协议，未采取合理方式提请消费者注意，消费者主张管辖协议无效的，人民法院应予支持。本案《携程旅行网服务协议》对管辖条款进行了加黑处理，是否可以被认定为“采取合理方式提请消费者注意”？协议管辖是依当事人的意思自治而对地域管辖进行改变或者扩张。[②] 根据日常的经验判断，消费者在登录网站并注册过程中，如果无特别的消息提醒，当事人不会阅读服务协议具体条款。尤其是对其中的法律条款，其系服务协议的最后约定条款，消费者往往不会注意如此专业的条款，即便其加黑提示。《最高人民法院关于适用〈中华人民共和国合同法〉若干问题的解释(二)》第六条规定，提供格式条款的一方对格式条款中免除或者限制其责任的内容，在合同订立时采用足以引起对方注意的文字、符号、字体等特别标识，并按照对方的要求对该格式条款予以说明的，人民法院应当认定符合《合同法》第三十九条所称“采取合理的方式”。实践中，消费者往往关注实体方面的条文多一些，容易忽视争议解决条款，也不太理解争议解决条款给自己将来可能带来的影响。[③] 在无其他证据佐证的情形下，基于消费者维权的便利性及维权现状，应当认定本案中网络服务提供者未采取合理方式提请消费者

---

① 崔建远：《合同法》，法律出版社2010年版，第63页。

② 王福华、张士利：《民事诉讼管辖基本问题研究》，载《上海交通大学学报》2005年第5期。

③ 沈德咏主编：《最高人民法院民事诉讼法司法解释理解与适用》，人民法院出版社2015年版，第187页。

注意，该管辖条款不生效。

二、不能将接受服务一方所在地确认为合同履行地

格式管辖条款无效后，是否可以准用《民诉法解释》第二十条确定网络买卖合同的履行地，是否可以类推适用网络买卖合同案例确定管辖法院？有意见认为，《民诉法解释》规定，以信息网络方式订立的买卖合同，通过信息网络交付标的的，以买受人住所地为合同履行地；通过其他方式交付标的的，收货地为合同履行地。合同对履行地有约定的，从其约定。网络服务合同纠纷应当准用该条规定，以接受服务一方住所地为合同履行地，接受服务一方住所地的法院对案件有管辖权。而另外一种意见认为，在法律没有明确的规定下，不应当准用《民诉法解释》的规定，因为诉讼法属于强制法，不同于典型任意法的合同法，不能以《合同法》规定的"其他合同没有规定的参照买卖合同"的原则类推适用，应当严格依照原告就被告的原则确定管辖。本文认为，在法律尚无规定的情形下，不宜直接将网络买卖合同的履行地确定规则适用于网络服务合同，将接受网络服务一方所在地视为合同履行地。这会增加消费者的诉讼成本，而且程序法系强制法，在法无明文规定的情形下，不能准用，更不能适用普通法系的类推适用。《民事诉讼法》未规定网络服务合同准用网络买卖合同的管辖确定规则，故不宜将接受服务一方所在地视为管辖连接点，并进而确定管辖法院。

本案是否可以类推适用《民诉法解释》第二十条，将接受服务一方所在地视为合同履行地？类比推理是普通法系司法裁判过程中常用的法律方法，其系法官从多个可能的判例中选择出某一个判例作为类比推理的起点，其实质在于两个案例在法律事实、法律关系及责任承担等方面的实质相似性。类比推理是普通法系的典型做法，法官在法律没有规定的案件中行使自由裁量权创造规则时，为了证明自己的判决时所能作出的最好决定而经常采取的推理方法。[①]但是我国并非普通法国家，而是严格的制定法国家，在现行立法体制下，类推适用是不得在司法实践中运用的。在法律无授权性规则的前提下，法官不得援引以往典型案例作为裁判正当性生成的基础，只能援引制定法。法官有权决定法院受理并正要解决的案件，并且法官也只能决定他正在受理的案件，而无权

① 李桂林：《论普通法的类比推理》，载陈金钊、谢晖主编：《法律方法（第八卷）》，山东人民出版社2009年版，第48页。

以发展权威性一般规则或原则以约束后继案件法官的审判活动。[①] 因而，在法律无明文规定的情况下，本案只能按照《民事诉讼法》的一般原则确定合同履行地。即便以往网络买卖合同案例依据《民诉法解释》第二十条的规定，确定接收货物一方所在地为合同履行地，本案也不能将接受服务一方所在地也即原告所在地确认为合同履行地。

本案是否可以准用《民诉法解释》第二十条？准用是指法律对该问题没有具体规定，但其他规范性文件对此作出类似规定，可以适用该规范性文件的具体规定。就援用同类性质法条之待规范系争类型而言，准用、拟制与类推适用具有相同本质。[②] 准用的典型立法是《合同法》第一百七十四条[③]以及《最高人民法院关于执行〈中华人民共和国行政诉讼法〉若干问题的解释》第九十七条，[④] 准用规则一般在条款中明确在何种情形下可以准用何种条款，属于法律明确赋权的情形。在立法未明确可以准用的情形下，不得作出参照适用的裁判。本案中，《民诉法解释》并未明确其他互联网环境下的合同纠纷参照解释第二十条确定合同履行地，本案不存在网络服务合同纠纷准用网络买卖合同相关规则确定合同履行地的空间，因而不能将接受网络服务一方所在地确定为连接点。

综上，本案既不能类推适用网络买卖合同典型案例确定合同履行地，也不能准用《民诉法解释》第二十条的规定确定合同履行地，因而只能《民诉法解释》第十八条确定的一般规则确定合同履行地，故本案接受服务一方也即原告所在地不能视为合同履行地。

三、对“接受货币一方所在地”的理解与适用

本案上诉人主张双方未在合同中约定合同履行地，故合同履行地应按照《民诉法解释》第十八条规定确定。上诉人请求被上诉人返还酒店预付款，其应为接受货币一方，故上诉人住所地为合同履行地，其住所地人民法院对本案具有管辖权。其主张是否成立？

---

① ［美］史蒂文・伯顿：《法律和法律推理导论》，张志铭等译，中国政法大学出版社 1999 年版，第 44 页。

② 黄茂荣：《法学方法与现代民法》（第五版），法律出版社 2007 年版，第 388 页。

③ 《合同法》第一百七十四条规定：法律对其他有偿合同有规定的，依照其规定；没有规定的，参照买卖合同的有关规定。

④ 《最高人民法院关于执行〈中华人民共和国行政诉讼法〉若干问题的解释》第九十七条规定：人民法院审理行政案件，除依照行政诉讼法和本解释外，可以参照民事诉讼的有关规定。

《民诉法解释》第十八条规定，合同约定履行地点的，以约定的履行地点为合同履行地。合同对履行地点没有约定或者约定不明确，争议标的为给付货币的，接收货币一方所在地为合同履行地；交付不动产的，不动产所在地为合同履行地；其他标的，履行义务一方所在地为合同履行地。即时结清的合同，交易行为地为合同履行地。由于法律规定的原则性，实践中关于接受货币一方所在地的理解并不统一，引发了适用上的混乱。2015 年 12 月 24 日，最高人民法院程新文庭长在《关于当前民事审判工作中的若干具体问题》中明确指出:《最高人民法院关于审理民间借贷案件适用法律若干问题的规定》第三条规定，合同履行地约定不明无法确定的，以“接受货币一方所在地”作为合同履行地。这里的接受货币一方有两个含义：一是只能是双方当事人中的一方，不包括当事人之外的第三人；二是起诉要求对方向自己给付货币，一般来讲，原告方是接受货币的一方，而不是实践中已经接受支付的一方。最高人民法院的意见统一了哪一方是接受货币一方所在地，但是对于该规则适用的范围实践中仍然有不同的认识。

首先，可以按照“接受货币一方所在地”规则确定合同履行地的案由有哪些。有意见认为，该规则只适用于买卖合同纠纷和民间借贷纠纷；有意见认为，无论是单务合同还是双务合同，只要合同的特征履行是货币给付，在合同未约定合同履行地的情况下，就可以按照“接受货币一方所在地”确定合同履行地。法律的明确规定应严格遵照执行，在法律没有明确规定的情况下，不能作限缩性解释，故只要合同特征履行是给付货币的，也即合同约定的主要义务是给付货币，就可以适用“接受货币一方所在地”确定管辖，不能限定适用某种或某类合同。

其次，关于“接受货币”的行为，是仅限于合同的特征履行，还是包括任何货币给付行为，如返还货款、请求支付逾期付款违约金、返还定金等？针对该问题，亦有两种意见。一种意见认为只有合同特征履行是给付货币的，才可以适用“接受货币一方所在地”确定管辖，另外一种意见认为只要诉讼请求为请求给付货币，就可以适用“接受货币一方所在地”确定管辖。给付货币的义务是指实体内容的合同义务，而非诉讼请求中简单的给付金钱请求。当事人在合同履行中要求对方支付金钱，包括根据合同义务支付价款，也包括履行合同产生的违约责任，用金钱的形式来承担。不能以给付金钱这种责任承担的形式来确定合同履行地，应当根据当事人起诉的请求结合合同履行义务的内容，确定合同履行地。[①] 因而，应当结合合同履行义务的内容以及当事人的诉讼请求确定合同履行地，给付货币必须是合同约定义务，也即特征履行，而不包括返还定金、购房款、赔偿违约金、利息等，故“接受货币”必须为合同的主要权利，也即对方的主要义务，不能将之扩大适用到任何货币给付的情形。

本案上诉人主张其请求返还酒店房间费用，系接受货币一方，故依据《民诉法解释》第十八条的规定，上诉人住所地为合同履行地，可以由上诉人住所地法院管辖该案。但是根据上述分析，请求返还预付款并非合同约定的权利义务，不能将上诉人住所地视为合同履行地，因而，本案依法应当由被上诉人住所地人民法院管辖。

（**一审法院独任审判员** 白月明
二审法院合议庭成员 殷 焱 姜纪超 康 艳
编写人 天津市第一中级人民法院 白俊勇
责任编辑 杨 奕
审稿人 蒋惠岭）

① 黄茂荣：《法学方法与现代民法》（第五版），法律出版社2007年版，第154页。

商　事

章敏诉张春海股东损害公司债权人利益责任纠纷案

——一人有限责任公司名义股东对公司债务承担连带责任的认定

关键词：一人有限责任公司　名义股东　公司人格否认　举证责任　连带责任

【裁判要旨】

一人有限责任公司不论是名义股东还是实际股东，其在不能举证证明公司财产独立于其个人财产时，应当对公司债权人承担连带责任。

【相关法条】

《中华人民共和国公司法》第二十条　公司股东应当遵守法律、行政法规和公司章程，依法行使股东权利，不得滥用股东权利损害公司或者其他股东的利益；不得滥用公司法人独立地位和股东有限责任损害公司债权人的利益。

公司股东滥用股东权利给公司或者其他股东造成损失的，应当依法承担赔偿责任。

公司股东滥用公司法人独立地位和股东有限责任，逃避债务，严重损害公司债权人利益的，应当对公司债务承担连带责任。

第六十三条　一人有限责任公司的股东不能证明公司财产独立于股东自己的财产的，应当对公司债务承担连带责任。

【案件索引】

一审：北京市怀柔区人民法院（2016）京0116民初1533号（2016年5月26日）

【基本案情】

原告章敏诉称：被告是一人公司唯一股东，不仅将公司财产混同于其个人财产，还滥用公司法人独立地位和股东有限责任逃避债务，严重损害原告作为债权人的权利，请求（1）判令被告给付原告对北京汇丰绿谷农业科技有限公司（以下简称汇丰绿谷公司）享有的12万元债权及迟延履行期间的债务利息（以12万为基数，按中国人民银行同期贷款利率的双倍计算，从2013年1月16日起计算至2014年7月31日；以12万为基数，按日万分之1.75计算，从2014年8月1至实际清偿之日）；（2）判令被告从2013年1月16日起按日支付原告90元，至上述12万元付清为止。

被告张春海辩称：张春海与原告章敏不认识，与汇丰绿谷公司无任何关系，其仅在公司营业执照变更时到工商局签过字，不应承担责任。

法院经审理查明：2010年12月25日，原告章敏与汇丰绿谷公司签订《土地承包合同》，约定汇丰绿谷公司将该公司农业科技种植园内A－202号地块使用权及地上物使用权转让给章敏，章敏给付对价25万元。合同约定价款支付方式为分期付款，章敏于签署合同当日支付汇丰绿谷公司20万元，于2011年4月1日前支付5万元；同时约定汇丰绿谷公司在2011年4月1日前向章敏交付土地及地上物。合同签订后，章敏依约支付20万元，汇丰绿谷公司一直未交付土地及地上物。2012年2月18日，汇丰绿谷公司出具书面退款书，承诺于2012年3月31日之前退还20万元。后汇丰绿谷公司退还9万元，尚欠11万元。章敏于2012年9月20日诉至法院，要求汇丰绿谷公司退还剩余合同价款11万元，违约金22246元，合计132246元。该案审理过程中，双方达成调解，该公司于2013年1月15日之前给付章敏12万元，如逾期履行，则公司按日另给付章敏90元，双方无其他纠纷。调解书生效后，汇丰绿谷公司未自动履行义务，章敏于2013年1月31日向法院申请强制执行。在执行过程中，因汇丰绿谷公司现住所地不详，未发现可供执行财产，裁定终结本次执行程序。2016年3月2日章敏以股东损害公司债权人利益责任纠纷为由起诉汇丰绿谷唯一股东张春海，请求依法判令一人有限责任公司股东张春海对公司的债务承担连带清偿责任。

另查明，原告章敏向法庭提交了汇丰绿谷公司的工商查询档案，其上显示2012年7月11日汇丰绿谷公司的原一人股东兼法定代表人史国顺将200万元股权转让给张春海，张春海接受并担任该公司的执行董事、经理。同日，张春海作为公司法定代表人在新章程上签字。针对该项证据，被告张春海抗辩转股协议和章程上的签字不是其亲笔书写，经法庭释明是否申请鉴定时，其明确表示不申请。同时，张春海陈述，2012年5~6月份，孙吉术找到张春海，请张春海当一个月的法定代表人，张春海表示同意。但1个月期满后，孙吉术并未变更公司法定代表人。张春海表示其仅在工商局变更营业执照时见过史国顺，并不知情史国顺将200万元股权转让给自己的事实，同时自己也没有向史国顺支付股权转让对价。经法庭询问其是否有证据证明个人财产独立于公司财产时，被告张春海仅表示他的财产与公司无关，但无证据。

再查明，2012年3月20日，史国顺与孙吉术签订《公司转让合同》，约定孙吉术自愿收购汇丰绿谷公司，转让价款为575000元。同时约定，在本合同双方签字生效当日，孙吉术以现金的方式一次性向史国顺支付完毕。

【裁判结果】

北京市怀柔区人民法院于2016年5月26日作出（2016）京0116民初1533号民事判决：一、被告张春海对（2012）怀民初字第04882号民事调解书确定的北京汇丰绿谷农业科技有限公司对原告章敏所负担的12万元债务及逾期付款违约金（每日90元，从2013年1月16日起至12万元付清之日止）承担连带清偿责任；二、被告张春海对因北京汇丰绿谷农业科技有限公司迟延履行（2012）怀民初字第04882号民事调解书确定的金钱给付义务而负担的迟延履行利息（以12万元为基数，按中国人民银行同期贷款利率的双倍计算，自2013年1月16日起计算至2014年7月31日；以12万元为基数，按日万分之1.75，从2014年8月1日起计算至实际清偿之日）承担连带清偿责任。一审宣判后，各方当事人均未上诉，判决已发生法律效力。

【裁判理由】

法院生效裁判认为：2012年3月20日，史国顺与孙吉术签订合同，约定孙吉术自愿收购汇丰绿谷公司，转让价款为575000元。孙吉术在原调解案件中作为委托代理人参与该案诉讼。同时结合庭审中张春海的陈述意见，张春海为汇丰绿谷公司的名义股东具有一定可能性。如果张春海是汇丰绿谷公司的实际股东，则在其不能提供有效证据证明其个人财产与公司财产相独立时，对公司债务承担连带责任自不待言。另依据商事外观主义，公司登记信息具有公示公信力，一人股东以其为名义股东进行的抗辩不能对抗第三人。从维护商事交易安全角度考虑，本院充分肯定公司登记信息的形式推定力，不论被告张春海是名义股东还是实际股东，其在不能举证证明一人有限责任公司财产独立于其个人财产时，仍应当对公司债权人承担连带责任。

【案例注解】

本案中如果张春海是实际股东，则在其不能提供有效证据证明其个人财产与公司财产相独立时，应当对公司债务承担连带责任。如果张春海为名义股东，其能否免除公司财产独立于自己财产的证明责任，即当其不能举证证明时应否对公司债务承担连带责任。

针对本案的处理意见有以下两种观点：

第一种意见认为，按照原告提交的公司登记证据，张春海受让了公司股权，并在公司章程上签字，在无相反证据的情况下，推定张春海为该公司股东。如其不提供证据证明公司财产独立于其自己的财产，应当对公司债务承担连带责任。因此对原告诉讼请求予以支持。

第二种意见认为，通过《公司转让合同》及张春海当庭陈述意见，张春海仅是该公司的名义股东，其并未以自身财产投资入股公司，无财产混同的可能，更无法导致公司人格与其个人人格混同，因此，张春海无需承担举证责任，应当驳回原告诉讼请求。

本案最终采取了第一种意见，无论被告张春海是否为实际股东，作为一人有限责任公司股东都应当对公司债务承担连带责任。

（一）从维护交易安全原则出发，严格遵循商事外观主义

商事交易重在简便，贵在迅捷。商事交易的安全是维护交易便捷迅速地前提。商事外观主义旨在保护商事交易安全，具体是指商主体的行为意思应当以商行为外观公示为准，并具有法律推定力；当商行为公示的事项与事实不符时，交易相对人可以依据公示事项主张权利。只要商主体履行了应尽的注意义务，比如查询公司登记等公示信息，其基于对该信息的信赖而进行的交易行为

就应当产生可预见的法律效果。现代商法都采用了外观主义保障交易安全。我国公司法要求公司应当将股东的姓名或者名称向公司登记机关登记；登记事项发生变更的，应当办理变更登记。在工商机关备案的公司股东信息，具有公示公信力，非经登记不得对抗第三人，第三人依据公司登记信息外观就可以推定公司的股东情况，进而选择交易抑或不交易。

当然公司登记的信息不一定是真实的，但法律通过赋予公司登记信息公示公信力，使得登记内容具有了法律上的形式推定力。否则第三人在商事交易中就会不知所措，当其花费大量时间成本进行实质核实时，本身的交易机会也可能会丧失，整个市场的交易秩序也会受到影响，从根本上也与商法简便迅捷的价值相抵触。严格遵循外观主义，赋予公司登记信息公示公信力，既是对商主体的保护，更是对商事交易安全的保护。

本案中，张春海作为理性人在公司工商变更材料中签署自己名字，第三人章敏仅能依据公司外观公示信息了解该公司，其无能力更无义务进一步核实该登记股东是否为实际股东。即使张春海为名义股东，其并未利用公司人格损害公司债权人利益，其也不能以此对抗交易相对人。因为交易相对人因信赖公司登记信息而进行的交易行为更应当受到法律保护。更何况名义股东基于公司人格否认对公司债权人承担了连带责任后，其尚可以向实际股东追偿，并不妨碍对实质公平的追求。

（二）从法律解释技术角度分析，名义股东也不能免除连带责任

1.《最高人民法院关于适用〈中华人民共和国公司法〉若干问题的规定（三）》〔以下简称《公司法司法解释（三）》〕第二十六条在立法目的上与《公司法》第六十三条具有一致性。

针对公司股东不履行、不及时充分履行缴纳出资义务，基于维护公司资本的确定、充分考虑，《公司法司法解释（三）》第二十六条规定，在公司股东未完全出资场合，公司债权人以登记于公司登记机关的股东未履行出资义务为由，请求该股东对公司债务不能清偿的部分在未出资本息范围内承担补充赔偿责任，股东以其仅为名义股东而非实际出资人为由进行抗辩的，人民法院不予支持。这里的“未履行出资义务”应当作广义的理解，既包括完全不履行、未完全履行，也包括了虚假出资、抽逃出资等情形。公司财产与股东财产混同，是一种虚假出资形式，其直接导致了公司没有独立财产，公司资本受影响。当公司没有独立财产时，即无责任能力，更无法谈及独立人格。也就是说当公司股东个人财产与公司财产混同时，最直接的后果就是公司没有独立财产，同样会伤及公司资本的确定、充分，该种情形在本质上与股东“未履行

出资义务”有一致的有害性。因此，基于法律规制目标的同一性，《公司法司法解释（三）》第二十六条同样适用于因财产混同所造成的公司资本不足问题，即一人有限责任公司中，公司债权人以登记于公司登记机关的股东将公司财产混同于个人财产为由，要求股东对公司债务不能清偿的部分在未出资本息范围内承担补充赔偿责任，股东以其仅为名义股东而非实际出资人为由进行抗辩的，人民法院不予支持。

2.《公司法》第六十三条为第二十条的特别法

《公司法》六十三条在体系上属于《公司法》第二章第三节，其属于第一章总则第二十条关于公司法人人格否认制度在一人有限责任公司中的特别规定。由于一人有限责任公司容易发生股东与公司财产混同的情形，因此，我国《公司法》第六十三条从举证责任倒置角度出发来敦促一人公司的股东遵守公司法相关规定，从法律技术的角度对一人公司股东苛以更为严格的举证责任，其实质是当一人股东不能证明个人财产与公司财产相独立时，法律推定该一人股东个人财产与公司财产混同，后果就是一人公司人格被否认，一人股东对该公司债务承担连带责任。

通过对法条的目的解释和体系解释分析可以得出，一人股东在不能证明公司财产独立于自己财产，却以其仅为名义股东而非实际出资人为由进行抗辩的，一人有限责任公司的股东不能免除其在未出资本息范围内对公司债务人承担赔偿责任。至于该赔偿责任为连带性的，还是补充性的问题，本文认为只要在股东出资限额内，二者无需进行实质区分；对于股东出资范围外的债务，股东应当以自身个人财产对公司债务承担连带责任。归结到本案中，公司登记材料中显示张春海对该一人公司出资 200 万元，债权人章敏未获清偿债权 10 多万元，被告张春海应当以自身财产对原告章敏承担连带清偿责任。此外，从债权相对性原则出发，名义股东和实际股东之间关于股权代持的约定本身属于双方之间的内部合意，无法对抗公司外部的第三人。

【编后补评】

《公司法》在 2005 年 10 月 27 日修订时，增设了一人有限责任公司的法律制度，并专节作出了特别规定。故在近年的公司类纠纷案件中，一人有限公司的债权人起诉公司唯一股东要求其就公司债务承担连带责任的案件不为少数。我国《公司法》第六十三条从举证责任倒置角度对一人公司股东苛以更为严格的举证责任，其实质是当一人股东不能证明个人财产与公司财产相独立时，法律推定该一人股东个人财产与公司财产混同，一人股东对该公司债务承担连带责任。但是如果该一人股东仅为名义股东，其是否仍应当承担财产是否混同的举证责任，这在《公司法》及其司法解释中并没有具体明确的规定。本案例从维护商事交易安全角度出发，严格遵循公司登记公示公信力的外观主义原则，对一人有限公司的股东不论是名义股东还是实际股东，其在不能举证证明一人有限责任公司财产独立于其个人财产时，仍应当对公司债权人承担连带责任。

（**一审法院独任审判员** 张泽华
编写人 北京市怀柔区人民法院 张泽华
责任编辑 韩建英
审稿人 曹守晔）

郭红梅诉富居网络科技（上海）有限公司股东知情权纠纷案

——股东可以委托专业会计师事务所代为行使查阅权

关键词：公司法　股东知情权　股东查阅权　会计师事务所

【裁判要旨】

股东行使公司知情权时，可以委托专业会计师事务所代为行使查阅公司相关决议和财务资料的权利。

【相关法条】

《中华人民共和国公司法》第三十三条　股东有权查阅、复制公司章程、股东会会议记录、董事会会议决议、监事会会议决议和财务会计报告。

股东可以要求查阅公司会计账簿。股东要求查阅公司会计账簿的，应当向公司提出书面请求，说明目的。公司有合理根据认为股东查阅会计账簿有不正当目的，可能损害公司合法利益的，可以拒绝提供查阅，并应当自股东提出书面请求之日起十五日内书面答复股东并说明理由。公司拒绝提供查阅的，股东可以请求人民法院要求公司提供查阅。

【案件索引】

一审：上海市闸北区人民法院（2015）闸民二（商）初字第 1021 号（2016 年 3 月 23 日）

二审：上海市第二中级人民法院（2016）沪 02 民终 3392 号（2016 年 6

月1日）

【基本案情】

原告郭红梅诉称：郭红梅持有富居网络科技（上海）有限公司（以下简称富居公司）55%的股权，但一直未参与公司管理，公司由另一股东郑佳全面管理。2016年初，郑佳告知郭红梅称，公司有1300多万元的利润，后称只有900多万元，近期又称亏损了。郭红梅有理由认为富居公司在郑佳的控制下转移资产、逃避债务，侵害了郭红梅的合法权益。为此，郭红梅多次要求富居公司提供财务报表、财务账册及会计凭证，但都被拒绝。根据《公司法》第三十三条之规定，股东依法享有对公司的知情权。郭红梅系富居公司持有55%股份的控股股东，与公司利益相关，不可能为损害公司利益而要求查阅公司账目。根据《富居公司章程》第二十八条规定，公司应于每个会计年度结束后委托国家承认的会计师事务所对公司进行审计并出具审计报告，但富居公司2014、2015年均未进行审计，亦未向郭红梅提供审计报告，公司应当根据章程的约定履行自己的义务。郭红梅要求行使股东知情权的目的是为了解公司经营、财产状况，需查阅的材料涉及财务账册、会计凭证等，如股东不具有一定的专业知识，不可能作出相应的判断，只有允许股东聘用专业机构行使知情权，从专业的角度对公司账务进行专业规范地判断，才能真正落实公司法的规定，维护股东的合法权益。

被告富居公司辩称：（1）《公司法》第三十三条仅规定股东有查阅会计账簿的权利，并未规定股东可以委托第三人查阅，郭红梅要求委托会计师事务所查阅上述材料没有法律依据。（2）目前，公司法及其司法解释仅规定股东可以查阅会计账簿，并不包括原始凭证，郭红梅要求查阅富居公司原始会计凭证没有法律依据。（3）富居公司认为郭红梅要求查阅公司的会计账簿存在不正当目的。郭红梅的查阅目的是为协助绿地公司在1426号案件中提供财产保全线索及获得与诉讼有关的证据，从而让富居公司在该诉讼中处于不利地位，这可能将损害公司的合法利益。富居公司同意郭红梅自己查阅会计账簿，但不同意委托会计师事务所查阅。富居公司请求驳回上诉，维持原判。

法院经审理查明：富居网络科技（上海）有限公司（以下简称富居公司）于2014年1月16日成立，当时法定代表人为郑佳，股东为郑佳、庄文栋。

2014年4月至8月间，经富居公司股东会同意，郑佳、庄文栋、郭红梅之间各自完成相应的股权转让、受让。8月22日，富居公司修正章程，约定：

(1)公司注册资本500万元，郭红梅认缴出资额275万元，郑佳认缴出资额225万元，两名股东的出资时间均为2016年10月31日前；(2)公司应当依照法律、行政法规和国务院财政主管部门的规定建立本公司的财务、会计制度，并应在每个会计年度终了时制作财务会计报告，委托国家承认的会计师事务所审计并出具书面报告；(3)公司利润分配按照《公司法》及有关法律、法规，国务院财政主管部门的规定执行，股东按照实缴出资比例分取红利等。同日，富居公司达成股东会决议，载明成立新一届股东会，成员为郭红梅和郑佳，监事由任懿担任。富居公司就变更事项向工商闸北分局申请变更登记，工商闸北分局于2014年9月5日准予变更登记。

2015年4月29日，郭红梅向富居公司和郑佳发送函件，以股东的身份要求富居公司同意其委托会计师事务所查阅并复制富居公司的财务账本、报表及相关凭证，并要求富居公司自收到申请之日起15日内予以书面答复，否则视为拒绝。富居公司于5月16日向郭红梅发送回函，要求郭红梅说明查阅目的。郭红梅于5月18日回函，说明其查阅目的是查证公司营业额、利润额、对上下游企业的欠款额及公司的财产是否被侵占、挪用。5月28日，富居公司再次向郭红梅回函，称财务账簿作为公司的核心资料，股东可以要求查阅，但不能复制，更不能由会计师事务所复制，且郭红梅提出的查阅目的，公司的官方财务会计报告可以明确给予答复，故公司认为郭红梅的查阅目的不充分且不正当。据此，公司同意提供财务会计报告供郭红梅查阅、复制，不同意郭红梅委托会计师事务所查阅、复制会计账簿，同意在郭红梅提供更加充分正当的理由和目的的情况下，其个人可以前往公司查阅公司会计账簿。

【裁判结果】

上海市闸北区人民法院于2016年3月23日作出(2015)闸民二(商)初字第1021号民事判决：一、被告富居网络科技(上海)有限公司于本判决生效之日起10日内提供2014年5月起至判决生效之日止的财务会计报告、会计账簿及原始凭证供原告郭红梅查阅；二、驳回原告郭红梅的其他诉讼请求。宣判后郭红梅提出上诉。上海市第二中级人民法院于2016年6月1日作出(2016)沪02民终3392号民事判决：一、撤销上海市闸北区人民法院(2015)闸民二(商)初字第1021号民事判决；二、被上诉人富居网络科技(上海)有限公司于判决生效之日起10日内提供2014年5月起至本判决生效之日止的财务会计报告、会计账簿及原始凭证供郭红梅委托的会计师事务所查阅；三、驳回上诉人郭红梅的其他诉讼请求。

【裁判理由】

法院生效裁判认为：首先，知情权是公司法赋予股东基于其股东身份而享有的专属性权利，该权利只能由股东享有，股东不得在股权转让前将该项权利单独让与非股东。股东作为知情权的享有主体，可以委托代理人代为行使该权利。原审法院对此认定有误，本院予以更正。富居公司认为郭红梅行使知情权的目的不正当，但并未充分举证证明，对此原审法院已有详述，本院不再赘述。至于郭红梅的查阅范围能否包括原始凭证，根据《会计法》第九条、第十四条、第十五条的规定，会计账簿包括总账、明细账、日记账和其他辅助性账簿。会计账簿登记，必须以经过审核的会计凭证为依据，并符合有关法律、行政法规和国家统一的会计制度的规定，会计凭证包括原始凭证和记账凭证。可见，会计凭证是会计账簿的原始依据，是一个公司经营情况的最真实反映，公司的具体经营过程只有通过查阅原始凭证才能知晓，如果股东查阅权的范围仅限于会计账簿，作为不参与公司日常管理的股东，将难以真实了解公司的经营情况，亦无法保障股东作为投资者享有收益权和管理权之来源的知情权。尽管《公司法》第三十三条没有明确原始凭证是否可以查阅，但该条赋予股东查阅权的目的在于保障其知情权的充分行使，允许股东在必要时查阅原始凭证，符合公司法保护股东知情权的价值取向。本案中，郭红梅作为持股55%的股东，因一直未参与公司经营管理，公司亦未按章程规定每年进行审计并向其提供审计报告，如不允许其查阅原始凭证，将难以保障其知情权的充分行使。

【案例注解】

现代公司企业制度背景下，公司所有权与经营权分离，有很多股东不直接参与公司的经营管理，对公司的运营状况缺乏足够了解，股东与公司之间信息的不对称极易导致股东利益受损。为保护股东利益，各国公司立法均不同程度地赋予了股东知情权。而股东查阅权作为股东知情权的一项基础性权利，是股东知晓公司经营以及财务方面的真实信息以保障股东权益的重要权利。在股东知情权体系中，股东查阅权是实现其他权利的前提和基础。当前，与查阅权相关的股东知情权诉讼日益增多，由于立法不够细致而导致的争论和适法不统一的问题也日益凸显。例如本案中涉及的股东能否委托专业机构行使查阅权的问题，不仅一、二审意见不同，各地区各级法院亦有不同判例出现，主要有两种观点：第一种观点认为，股东知情权依附于其股东身份，因此不能委托代理人代为行使查阅权；第二种观点认为，股东行使知情权需要股东自身具备相应的财会知识，从维护股东利益的角度出发，应当允许其委托专业会计师事务所行使查阅权。笔者同意第二种观点，理由如下：

一、委托行使查阅权并不违反现行法律规定

所谓“股东查阅权”，是指法律赋予股东通过查阅公司的财务会计报告、会计账簿、会议记录等有关公司的经营决策、管理的相关资料以及询问与上述事实有关的事项，实现知悉公司经营信息、了解公司运营状况的权利。目前，《公司法》对有限责任公司股东查阅权的规定主要集中在第三十三条：“股东有权查阅、复制公司章程、股东会会议记录、董事会会议决议、监事会会议决议和财务会计报告。股东可以要求查阅公司会计账簿。股东要求查阅公司会计账簿的，应当向公司提出书面请求，说明目的。公司有合理根据认为股东查阅会计账簿有不正当目的，可能损害公司合法利益的，可以拒绝提供查阅，并应当自股东提出书面请求之日起十五日内书面答复股东并说明理由。公司拒绝提供查阅的，股东可以请求人民法院要求公司提供查阅。”

从上述规定可以看出，公司法并未对股东委托行使查阅权作出禁止性规定。笔者认为，股东作为知情权的享有主体，其如何行使该项权利，是否委托专业第三方代为查阅公司文件材料，此系权利的行使方式问题，并不涉及权利的归属，既然公司法目前并无禁止性规定，根据民商事法律关于法无禁止即允许的法理，股东委托会计师事务所行使查阅权并无公司法上的障碍。更何况，委托代理人实施民事法律行为是公民的应有权利，除非依照法律规定或按双方当事人的约定不得委托的事项。根据《民法通则》第六十三条的规定：“公民、法人可以通过代理人实施民事法律行为。代理人在代理权限内，以被代理人的名义实施民事法律行为。被代理人对代理人的代理行为，承担民事责任。依照法律规定或者按照双方当事人约定，应当由本人实施的民事法律行为，不得代理。”该条第三款对代理行为的有效性作出了一定限制，除此之外，《民法通则》第六十七条规定：“代理人知道被委托代理的事项违法仍然进行代理活动的，或者被代理人知道代理人的代理行为违法不表示反对的，由被代理人和代理人负连带责任。”根据上述法律规定，有两类法律行为不能成立有效代理。首先，结婚、离婚、收养、认领等身份行为，根据法律规定不得委托代

理。其次，违法或者违反社会公共利益和公序良俗的法律行为，不能成立有效代理。① 而股东行使查阅权并非是一种专属性身份行为，委托查阅亦未违反社会公共利益和公序良俗，因此，股东委托专业机构代为行使查阅权并未违反相关法律规定。本案中，郭红梅委托会计师事务所查阅会计账簿等资料的行为显然不属于前述除外情形。关于查阅目的，郭红梅亦提出了合理解释，其要求行使查阅权具有正当性，不违反现行法律规定。

二、委托行使查阅权符合公司法的立法宗旨

如前文所述，公司法赋予股东查阅权是为了保护股东的利益，特别是中小股东的利益，当公司怠于履行信息披露义务时，股东行使查阅权才能准确知晓公司的有关信息及对公司管理人员进行有效监督。然而，权利有着应然权利和实然权利之分。如何确保应然权利转化为实然权利，需要立法进一步细化。就股东查阅权而言，《公司法》第三十三条中的"查阅"并非是一般文意上的"查看""翻阅"，而应当是指透过表象来看事务的本质，其实质是赋予股东通过形式上的查看翻阅来获知和了解会计账簿所承载的公司经营信息的可能性。而公司的会计账簿、会计凭证等财务资料具有很强的专业性和复杂性，作为股东，未必具有专业的会计知识，仅凭其一己之力难以真正掌握会计账簿中所蕴含的经营信息，更难以发现其中的问题。一般情况下，如果不允许股东委托专业人士代为查阅、分析上述资料，那么股东试图通过行使查阅权获知公司信息的可能性将非常小，如股东查阅权不具有实现的可能性，其利益的实现更无从谈起。本案中，郭红梅作为富居公司股东，长期未参与公司日常管理，公司主要由另一股东郑佳控制经营，尤其在富居公司已连续两年未按公司章程规定向郭红梅提供财务审计报告的情况下，郭红梅对公司经营状况的了解几乎为零。此时，如果不允许郭红梅委托会计师事务所对相关资料进行查阅，其股东权益将无法得到应有的保障。

如果允许"具有中立身份和专业经验的注册会计师进行查阅，可以弥补其（股东）信息劣势，保障其获取的财务资料质量，避免其非理性怀疑，达到股东利益均衡，亦有助于公司的正常运营"。② 所以，有必要允许股东委托专业机构来查阅会计账簿，否则查阅权将因股东无法实际行使该权利来获知相关信息而形同虚设，法律条文的规定也将因无法真正保障股东权利而流于形

---

① 龙卫球：《民法总论》（第二版），中国法制出版社2002年版，第575页。

② 晏芳：《股东查阅权的范围及其代理人行使方式》，载《人民司法》2014年第2期。

式，亦将与公司法设置股东查阅权的初衷背道而驰。

三、委托行使查阅权符合公司法的发展趋势

由于《公司法》第三十三条关于查阅权的规定过于简单，《最高人民法院关于适用〈中华人民共和国公司法〉若干问题的规定（四）》对股东查阅权作进一步的细化。其实，无论是英美法系还是大陆法系，随着市场经济的发展，很多国家都建立了一套适合自己的检查人制度。国外的检查人制度，一般是指在法律规定的特殊情形下临时指定没有利害关系的专业人士以调查公司的业务状况和财产状况等事务。选任检查人通常有两种方式：其一是私法上的选任，即由股东会决议选任；其二是公法上的选任，该类选任方式又可区分为司法选任和行政选任，前者是指由法院任命检查人，后者是由行政主管机构对检查人进行任命。[①] 当然，国外的检查人制度跟单纯委托行使查阅权在启动程序、调查范围、报告对象等方面均有不同，前者的制度性更强，但两者在设立目的和作用上有其异曲同工之处，即通过引入无利害关系的具有专业知识与技能的独立第三方介入公司事务进行监督。这对于中小股东而言，不仅能保证调查结果具有高质量，还能保证调查结果具有相当的客观与公正性，更好地保护中小股东的合法利益。虽然目前市场上第三方机构的执业水准良莠不齐，也给委托查阅制度带来一定的风险，但这并不足以成为禁止委托查阅的理由，关键在于不断培育和促进第三方机构的发展，加强市场监管，规范执业行为，促使其保持独立性和客观性。相关从业人员也须遵守法律规定并恪守职业道德，对会计资料中涉及的商业秘密负有保密义务，有此基础，股东才能够对公司进行有效的监督管理。

（**一审法院合议庭成员**　郭莉敏　钱佳妹　虞红珍
二审法院合议庭成员　庄龙平　肖光亮　陈显微
编写人　上海市第二中级人民法院　陈显微　刘　晶
责任编辑　韩建英
审稿人　曹守晔）

① 参见李建伟：《股东知情权的层级结构及其展开——以八个国家、地区的立法比较研究为背景》，载《暨南学报》2012年第8期。

黄成国诉厦门金鸿瑞酒店有限公司、姚静娴等与公司有关的纠纷案

——人格混同的法人人格否定之认定

关键词：关联公司　股东　人格混同　认定

【裁判要旨】

债权人主张债务人公司与其股东、关联公司存在人格混同，应承担举证责任。债务人公司与其股东之间是否人格混同，主要从股东个人财产与公司财产是否混同进行判断；债务人公司与其关联公司之间是否存在人格混同，主要应从公司人员、公司业务、公司财产是否混同等方面进行认定。

【相关法条】

《中华人民共和国公司法》第二十条　公司股东应当遵守法律、行政法规和公司章程，依法行使股东权利，不得滥用股东权利损害公司或者其他股东的利益；不得滥用公司法人独立地位和股东有限责任损害公司债权人的利益。

公司股东滥用股东权利给公司或者其他股东造成损失的，应当依法承担赔偿责任。

公司股东滥用公司法人独立地位和股东有限责任，逃避债务，严重损害公司债权人利益的，应当对公司债务承担连带责任。

【案件索引】

一审：福建省厦门市湖里区人民法院（2015）湖民初字第3715号（2015

年12月10日）

二审：福建省厦门市中级人民法院（2016）闽02民终2476号（2016年12月24日）

【基本案情】

原告黄成国诉称：原告与琦盛公司租赁合同纠纷一案，经厦门仲裁委裁决，该裁决书已于2014年7月16日生效。根据裁定，琦盛公司应于裁决书送达日起5天内向原告返还租金114450元及利息等。现履行期限早已超过，琦盛公司仍拒绝履行。经调查得知，金鸿瑞公司（别名：七天连锁酒店成功大道店）与琦盛公司存在人格混同，两个公司在办公场所、经营范围、经营标的物、股东组成等均存在混同；被告林丹宇与被告姚静娴是夫妻关系，又同时是金鸿瑞公司和琦盛公司的股东，且分别是该两家公司的法定代表人。姚静娴与琦盛公司存在财务方面混同。为达到逃避债务的目的，林丹宇与姚静娴滥用公司的独立法人地位和股东有限责任，在同一住所地、同一办公地点即厦门市湖里区禾山路×××号设立金鸿瑞公司，把琦盛公司租赁、装修、投资、经营的标的物厦门市湖里区禾山路××××号（即七天连锁酒店成功大道店）转移给金鸿瑞公司。致使琦盛公司成为空壳，无力偿还债务，损害了原告的利益。为此，原告依据《公司法》第二十条第三款之规定，提起诉讼，请求判令：（1）三被告根据厦仲（2014）2481号仲裁裁决书第一项裁决，对琦盛公司应向原告返还的租金114450元及利息（按中国人民银行同期同类贷款利率的1.5倍计算，自2011年5月29日起付至实际返还日止）、押金38150元承担连带责任；（2）三被告根据厦仲（2014）2481号仲裁裁决书第三项裁决，对琦盛公司应向原告支付的损失赔偿金1939037.3元及利息（按中国人民银行同期同类贷款利率的1.5倍计算，自2011年10月2日起付至实际支付赔偿金日止）承担连带责任；（3）三被告根据厦仲（2014）2481号仲裁裁决书第四项裁决，对琦盛公司应向原告支付的鉴定费3万元承担连带责任；（4）三被告根据厦仲（2014）2481号仲裁裁决书第五项裁决，对琦盛公司应向原告支付的仲裁费27920元承担连带责任。

被告金鸿瑞公司辩称：金鸿瑞公司与琦盛公司不存在人格混同的事实，原告诉求所依据的事实与理由均不能成立，应予全部驳回。

被告林丹宇、姚静娴共同辩称：林丹宇、姚静娴与琦盛公司不存在人格混同的事实，亦不存在为逃避债务与本案其他被告滥用公司独立法人地位和股东有限责任致使琦盛公司成为空壳公司行为的事实，原告诉求所依据的事实与理由均不能成立，应予全部驳回。

法院经审理查明：2009年6月26日，厦门宏强物流有限公司（以下简称宏强公司）承租了厦门国贸控股有限公司位于厦门市湖里区禾山路××××号（以下简称禾山路××××号）的房屋，租赁期限自2009年7月1日起至2018年6月30日止。租赁期间，宏强公司将租赁房屋、场所与他人合作或转租他人，应向厦门国贸控股有限公司报备。其后，宏强公司作为出租方与设立中的琦盛公司作为承租方的双方签订一份《租赁合同》，柯水土在承租方法定代表人处签名。该租赁合同约定：宏强公司将位于禾山路××××号的房屋出租给琦盛公司，租赁期限自2010年8月1日起至2019年7月31日止；租赁物房屋场地面积3476.03平方米，一栋建筑面积6739.52平方米，共6层；琦盛公司将租赁物一楼及夹层用于做餐饮、酒店、银行及商业附属用途，二楼用于做餐饮，三楼至五楼用于做酒店，六楼用于做酒店和办公；每月租金为125000元，自2013年8月1日起至2019年7月31日止在上一年基础上每年递增4%；租赁期间，琦盛公司可根据房屋、场地现状，进行适当改建、扩建、装修，但不得影响建筑物的主体结构，如需改变主体结构或新建其他设施，必须以书面形式通知出租人，并征得书面同意方可动工，新建、改建、装修等方案由琦盛公司自行向有关行政主管部门办理审批手续；琦盛公司不得将租赁物整体转租给第三方，但因经营需要，确需分割转租的，需事先向宏强公司报备并征得同意。2011年5月28日，原告作为承租方与琦盛公司作为出租方的双方签订一份《酒店租赁合同》，约定：原告向琦盛公司承租位于禾山路××××号的一层东侧店面（建筑面积为141平方米）、一层店面东北侧空地（面积为60平方米）及二层店面（建筑面积为1206.12平方米）；原告承租该房屋用于开设酒楼，不得另作他用，待原告注册公司后，《合同》项下有关权利义务转移至公司；租赁期限自2011年7月1日至2019年6月30日；一层东侧店面月租金为50元/平方米，一层店面东北侧空地月租金为15元/平方米，二层月租金为30元/平方米，每月合计实收租金38150元（不含税）；租金按季度支付，签订合同时支付第一期租金152600元（含押金38150元），押金待《合同》解除后由琦盛公司无息退还，之后每期租金提前半个月支付；自第三年起，租金按5%逐年递增；琦盛公司应于《合同》生效之日起3日内将出租房屋交付给原告；原告为经营需要，可按经营目的对房屋进行装修，装修方案应经琦盛公司认可，装修费用由原告自理；琦盛公司要确保消防验收合格，并提供验收合格的证明文件。琦盛公司和姚静娴在该《酒店租赁合同》

出租方签章处签章、签名。《酒店租赁合同》签订当日，原告通过银行转账向姚静娴支付了147600元。2012年11月21日，宏强公司出具一份《说明》，同意琦盛公司在其承租期间将房屋、场地与他人合作经营或转租他人。2012年6月，琦盛公司作为出租方与设立中的金鸿瑞公司签订一份《租赁合同》，琦盛公司在签章处签章，且有林丹宇签名，姚静娴代表金鸿瑞公司在合同落款处签字，合同主要约定：琦盛公司将位于禾山路××××号底层沿街店面2号及三楼至六楼出租给金鸿瑞公司用于酒店住宿；租赁期限自2012年7月1日起至2019年7月31日止；每季度租金为375000元，自2015年8月1日起至2019年7月31日止在上一年基础上每年递增5%；合同生效之日起，金鸿瑞公司向琦盛公司支付保证金125000元。

2012年8月1日，宏强公司作为出租方与设立中的厦门金鸿瑞酒店有限公司作为承租方的双方签订一份《租赁合同》，姚静娴在承租方法定代表人处签名，联系电话为138060××××××。该租赁合同约定：宏强公司将位于禾山路1311号的房屋出租给金鸿瑞公司用于酒店、商业附属用途，租赁期限自2012年8月1日起至2019年7月31日止；出租场地面积3476.03平方米，房屋一栋建筑面积6739.52平方米；每季度租金为39万元，自2013年8月1日起至2019年7月31日止在上一年基础上每年递增4%；租赁期间，金鸿瑞公司可根据房屋、场地现状，进行适当改建、扩建、装修，但不得影响建筑物的主体结构，如需改变主体结构或新建其他设施，必须以书面形式通知宏强公司，并征得书面同意方可动工，新建、改建、装修等方案由金鸿瑞公司自行向有关行政主管部门办理审批手续，并自行承担费用；签订本合同后，租赁物尚有与宏强公司存在的租赁关系，均由宏强公司负责清理，产生的费用亦由其承担；金鸿瑞公司不得将租赁物整体转租给第三方，但因经营需要，确需分割转租的，需事先向宏强公司报备并征得同意；出租方租金交纳账号为8761020109××××××，开户行为厦门银行华昌支行。同日，宏强公司出具一份《说明》，同意金鸿瑞公司对禾山路××××号除主楼三至六层外房屋享有转租权。同日，金鸿瑞公司作为出租人与琦盛公司签订一份《租赁合同》，约定由琦盛公司承租禾山路××××号一层东侧店面、一层店面东北侧空地及二层店面，租赁期限自2012年8月1日起至2019年7月31日止，金鸿瑞公司同意琦盛公司转租租赁标的物，但须书面报备金鸿瑞公司，且实际承租人对琦盛公司履行该《租赁合同》承担连带责任。金鸿瑞公司与琦盛公司均在该合同上签章。目前，七天连锁酒店厦门湖里成功大道机场店由金鸿瑞公司经营。

原告与琦盛公司因《酒店租赁合同》纠纷，向厦门市仲裁委员会申请仲裁。厦门市仲裁委员会于2012年10月16日受理了该仲裁案件，于2014年7月14日作出厦仲裁字［2014］第250号《裁决书》，裁决：（1）琦盛公司应于裁决书送达日起5天内向原告返还租金114450元及利息（按中国人民银行同期同类贷款利率的1.5倍计算，自2011年5月29日起付至实际返还日止），返还押金38150元；（2）确认免除原告向琦盛公司交付自2011年10月1日起至裁决书生效日止期间《租赁合同》约定租金的义务；（3）琦盛公司应于裁决书送达日起5天内向原告支付损失赔偿金1939037.3元及利息（按中国人民银行同期同类贷款利率的1.5倍计算，自2011年10月2日起付至实际支付赔偿金日止）；（4）琦盛公司应于裁决书送达日起5天内将鉴定费3万元支付给原告；（5）琦盛公司应于裁决书送达日起5天内向原告支付仲裁费27920元。琦盛公司在仲裁阶段答辩称，其在与原告签订《酒店租赁合同》前已按七天连锁酒店的装修标准投入大量资金完成了装修。该裁决书已发生法律效力，原告于2014年7月28日向厦门市中级人民法院申请强制该裁决书。

2010年8月12日，柯水土向厦门市湖里区工商局申请设立厦门琦盛酒店管理有限公司，住所地为禾山路××××号6楼A区，法定代表人为柯水土，经营项目为受委托对合法设立的酒店和餐饮企业进行管理，注册资本10万元，股东为柯水土、黄建文、黄伟民、陈潮汉，其中柯水土为法定代表人。同年8月30日，厦门市湖里区工商局经审查后决定准予设立登记。2011年3月25日，琦盛公司的法定代表人由柯水土变更为黄晓斌，股东由柯水土、黄建文、黄伟民、陈潮汉变更为黄晓斌、黄建文。2011年9月15日，被告林丹宇与被告姚静娴签订一份《夫妻出资协议》，约定：双方拟以个人财产投资成立厦门琦盛酒店管理有限公司，注册资本由林丹宇出资6万元，占总出资额的60%，姚静娴出资4万元，占总出资额的40%；双方持有的股份及有关收益、债权归个人所有，相应债务由各自承担。2011年9月19日，琦盛公司的法定代表人由黄晓斌变更为被告林丹宇，在工商行政管理部门预留电话为136060×××××，股东由黄晓斌、黄建文变更为林丹宇、姚静娴。2012年8月2日，琦盛公司的住所地由禾山路××××号6楼A区变更为厦门市思明区莲前西路×××号E1、E2室。2014年8月19日，琦盛公司的法定代表人由林丹宇变更为被告林晋赐，股东由林丹宇、姚静娴变更为林晋赐、林全勇。

2010年11月15日，中国中轻国际工程有限公司出具一份《消防设计文件》，载明：项目名称为七天连锁酒店厦门湖里成功大道机场店室内装修工程，地点在禾山路××××号，装修面积约6739.52平方米，建设单位为厦门金鸿瑞酒店有限公司。该《消防设计文件》后附设计图中，部分图表建设单位列为厦门棋盛酒店有限公司，部分图表建设单位列为厦门金鸿瑞酒店有限公司。2010年11月18日，姚静娴作为金鸿瑞公司的代表，与厦门安盾弱电系统控制工程有限公司签订一份《工程承包合同》，约定由厦门安盾弱电系统控制工程有限公司承包厦门湖里成功大道机场店七天连锁酒店装修消防改造工程。2012年6月28日，厦门市湖里区工商局预先核准厦门金鸿瑞酒店有限公司作为企业名称。2012年7月17日，厦门市湖里区公安消防大队向金鸿瑞公司公司作出湖公消设［2012］第0009号《建设工程消防设计违法通知书》，指出金鸿瑞公司报送的七天连锁酒店厦门湖里成功大道机场店装修工程消防设计备案材料存在违法行为，在接到通知后应当停止施工，组织整改后依法申请复查。2013年2月21日，厦门市湖里区公安消防大队下发公消安检字［2013］第0006号《公告聚集场所投入使用、营业前消防安全检查合格证》，该合格证显示，七天连锁酒店厦门湖里成功大道机场店地址为禾山路××××号，安全责任人为被告姚静娴，场所所在层数为建筑1－6层。2013年7月15日，姚静娴向厦门市湖里区工商局申请设立厦门金鸿瑞酒店有限公司，住所地为禾山路××××号，法定代表人为姚静娴，预留电话为136060×××××，经营项目为接待旅客住宿、停车场服务、会议服务，注册资本10万元，股东为姚静娴、姚静薇，其中姚静娴为法定代表人。同年8月8日，厦门市湖里区工商局经审查后决定准予设立登记。2013年12月9日，金鸿瑞公司的注册资本、实收资本均由10万元变更为510万元，股东由姚静娴、姚静薇变更为姚静娴、姚静薇、柯洁旎。2014年10月28日，金鸿瑞公司的股东由姚静娴、姚静薇、柯洁旎变更为姚静娴、柯洁旎。

另查明：姚静娴作为出租方与琦盛公司作为承租方签订一份《租赁合同》，林丹宇与琦盛公司在该合同上承租方处签名、签章。该租赁合同约定：姚静娴将位于厦门市思明区莲前西路×××号E1、E2室出租给琦盛公司用于办公；租金每月5000元，按季度支付，签订合同当天支付第一期租金及5000元保证金，以后租金应提前一个月支付，自第三年起每年递增5%。2011年5月16日，姚静娴通过其中国建设银行账户向时任琦盛公司法定代表人的黄晓斌转入100万元。

原审中，黄成国向法院申请调取金鸿瑞公司、姚静娴、琦盛公司有关财务报表、账户明细，原审法院要求金鸿瑞公司、姚静娴、琦盛公司在指定期间内提供相应证据，但金鸿瑞公司、姚静娴、琦盛公司未向一审法院提交证据，也未作书面说明。

二审中另查：2012年9月27日宏强公司、鑫银通公司、琦盛公司签订

《解除合同协议书》，确认宏强公司解除与鑫银通公司、琦盛公司的《租赁合同》，由宏强公司直接与金鸿瑞公司签订租赁合同，各方明确至该协议签订之日止，上述房屋增加的附属物及其他建筑物、装饰物、水、电等均系金鸿瑞公司投资建造的。

【裁判结果】

福建省厦门市湖里区人民法院于2015年12月10日作出（2015）湖民初字第3715号民事判决：一、被告厦门金鸿瑞酒店有限公司、被告姚静娴应于本判决生效之日起10日内，对第三人厦门琦盛酒店管理有限公司应向原告黄成国返还的租金114450元及利息、押金38150元承担连带清偿责任；二、被告厦门金鸿瑞酒店有限公司、被告姚静娴应于本判决生效之日起10日内，对第三人厦门琦盛酒店管理有限公司应向原告黄成国支付的损失赔偿金1939037.3元及利息承担连带清偿责任；三、被告厦门金鸿瑞酒店有限公司、被告姚静娴应于本判决生效之日起10日内，对第三人厦门琦盛酒店管理有限公司应向原告黄成国支付的鉴定费3万元承担连带清偿责任；四、被告厦门金鸿瑞酒店有限公司、被告姚静娴应于本判决生效之日起10日内，对第三人厦门琦盛酒店管理有限公司应向原告黄成国支付的仲裁费27920元承担连带清偿责任；五、驳回原告黄成国的其他诉讼请求。宣判后厦门金鸿瑞酒店有限公司不服提起上诉。福建省厦门市中级人民法院于2016年12月24日作出（2016）闽02民终2476号民事判决：一、撤销厦门市湖里区人民法院（2015）湖民初字第3715号民事判决；二、驳回黄成国的原审诉讼请求。

【裁判理由】

法院生效裁判认为：本案的争议焦点在于以下三个方面问题。

一、琦盛公司和金鸿瑞公司是否存在法人人格混同问题

本案中2011年9月19日至2014年8月19日期间琦盛公司的股东系林丹宇、姚静娴，其中林丹宇为法定代表人，2013年8月8日金鸿瑞公司成立后的法定代表人和控股股东为姚静娴，另，林丹宇与姚静娴是夫妻关系，上述股东交叉关系证实琦盛公司与金鸿瑞公司之间系关联企业。但本案黄成国所提供的证据不足以证实上述两家关联公司之间存在人格混同。理由主要是：

1. 关于人员混同方面。黄成国仅仅提供了上述两家公司的股东情况，并提交了琦盛公司与金鸿瑞公司在进行工商登记时预留的电话号码信息，据此主张琦盛公司与金鸿瑞公司存在人员混同。本院认为，公司人员混同，主要是指公司之间有相同的管理人员、相同的工作人员等。黄成国所举证的股东交叉情况及两家公司在进行工商登记时预留的电话号码信息相同并不足以认定琦盛公司与金鸿瑞公司存在人员混同。

2. 关于经营业务混同方面。根据工商登记信息，琦盛公司经营范围系对酒店及餐饮企业进行管理，金鸿瑞公司经营范围为“接待旅客住宿、停车场服务、会议服务”，二者在业务上存在差别，黄成国据此主张两家公司经营业务混同理由不能成立。

3. 在公司财产混同方面。财产混同是指两家公司之间存在长期的、持续性地收益不加区分，账目不清，甚至使用同一账户情况，实质性动摇两家公司之间的财产基础。（1）2012 年 6 月琦盛公司将讼争房屋出租给金鸿瑞公司，2012 年 8 月 1 日金鸿瑞公司与宏强公司签订租赁合同，2012 年 9 月 27 日宏强公司解除与琦盛公司的租赁合同。诉讼中，金鸿瑞公司虽未举证这期间短短两三个月向琦盛公司缴纳租金的情况，但该事实不足以证实双方账目完全混同；（2）二审中已查明，2012 年 9 月 27 日宏强公司、鑫银通公司、琦盛公司签订《解除合同协议书》，确认宏强公司解除与鑫银通公司、琦盛公司的《租赁合同》，由宏强公司直接与金鸿瑞公司签订租赁合同，并确认至协议签订之日止，上述房屋增加的附属物及其他建筑物、装饰物、水、电等均系金鸿瑞公司投资建造的。故琦盛公司终止与宏强公司的租赁合同，而由金鸿瑞公司向宏强公司承租，金鸿瑞公司并未就此不当获利。至于禾山路 × × × 号的装修物权属问题另属处理租赁合同项下纠纷相关事实认定问题，对此不予审查。（3）综上（1）（2），本案中黄成国所举证据尚未达到对两家公司人格混同可能性的合理怀疑程度，故本案不发生举证责任转移，原审法院对此举证责任分配错误，予以更正。黄成国应承担举证不能的相应不利后果。

4. 公司经营场所是否混同。2010 年 8 月 12 日琦盛公司设立时住所地为禾山路 × × × 号 6 楼 A 区，2012 年 8 月 1 日金鸿瑞公司与宏强公司签订租赁合同后，2012 年 8 月 2 日琦盛公司已把住所地变更至莲前西路 × × × 号 E1、E2 室，而金鸿瑞公司于 2013 年 8 月 8 日才设立。黄成国并未提供证据证实金鸿瑞公司在设立前的经营场所，故其主张两者经营场所混同，理由不能成立。

二、姚静娴和琦盛公司是否存在人格混同问题

《公司法》第二十条规定："公司股东应当遵守法律、行政法规和公司章程，依法行使股东权利，不得滥用股东权利损害公司或者其他股东的利益；不得滥用公司法人独立地位和股东有限责任损害公司债权人的利益。"公司债权人主张股东滥用公司法人独立地位和股东有限责任的，对股东滥用公司法人独立地位和股东有限责任的事实承担举证责任。

依黄成国主张的证据分析：（1）2010 年 8 月 1 日姚静娴代表琦盛公司与黄成国签订《酒店租赁合同》，并收取黄成国租金 147600 元，2010 年 11 月 18 日姚静娴代表金鸿瑞公司签订《工程承包合同》，上述事实发生于姚静娴成为琦盛公司股东（2011 年月 9 月 19 日）之前，姚静娴上述行为并非其作为琦盛公司股东期间的行为，与黄成国所主张的姚静娴作为琦盛公司的股东滥用股东权利损害债权人利益并无关联，且仅凭姚静娴收取黄成国租金一项，亦不足以证实姚静娴与琦盛公司之间存在财产混同。（2）2011 年 9 月 19 日姚静娴成为琦盛公司的股东之后，2012 年 6 月姚静娴代表设立中的金鸿瑞公司与琦盛公司签订《租赁合同》；2012 年 8 月 1 日姚静娴代表设立中的金鸿瑞公司与宏强公司签订《租赁合同》，均系姚静娴代表金鸿瑞公司的行为。经法院查证，2012 年 9 月 27 日宏强公司、鑫银通公司、琦盛公司签订《解除合同协议书》确认宏强公司解除与鑫银通公司、琦盛公司的《租赁合同》，并由宏强公司直接与金鸿瑞公司签订租赁合同，并确认禾山路×××号房屋增加的附属物及其他建筑物、装饰物、水、电等均系金鸿瑞公司投资建造的，故黄成国不能证实金鸿瑞公司据此从琦盛公司不当获利。黄成国主张姚静娴上述代表金鸿瑞公司的行为证实姚静娴存在损害到琦盛公司或其他股东利益，理由不能成立，本院不予采纳。综上，应认定黄成国提供的证据不足以证实姚静娴与琦盛公司之间存在人格混同。

三、原审判决林丹宇和琦盛公司不存在人格混同，各方当事人对此并无异议

综上所述，琦盛公司、姚静娴的上诉理由成立，其上诉请求本院予以支持。原审判决认定琦盛公司与金鸿瑞公司、姚静娴之间存在人格混同错误，导致适用法律及判决结果有误，二审法院予以改判。

【案例注解】

本案一、二审裁判结果不一。一审法院认定债权人黄成国已完成相应举证责任，判令债务人琦盛公司的关联企业金鸿瑞酒店、股东之一姚静娴承担赔偿责任。二审改判驳回债权人的原审全部诉讼请求。本案得到正确处理关键在于以下几方面：

一、法律依据

关于《公司法》第二十条只规定了公司的股东滥用公司法人独立地位和股东有限责任情形下的适用依据，该法条是否能适用关联公司混同情形，审判及理论界均存在争议。

在最高人民法院发布的一起公报案例即徐工集团工程机械股份有限公司诉成都川交工贸有限责任公司等买卖合同纠纷一案中，最高人民法院解析认为："《公司法》第二十条第三款对责任主体作了明确规定，文意上不宜直接适用于否认关联公司的独立法人人格的情形。但该条第一款是针对公司法人人格否认情形的一般性规定，只要是公司股东——包括关联公司、控股公司、影子公司等情形，滥用法人人格和股东有限责任或者公司法人有限责任的情形，均在本款规制范围之内。"此外，最高人民法院在（2008）民二终字第55号案中也强调："总之，对于关联企业的人格混同可以适用法人人格否认，《公司法》第二十条关于股东承担连带责任的规定应当有所突破。"因此，《公司法》第二十条可适用债务人与其关联公司之间的混同。

二、举证责任分配及证明标准法理分析

（一）关于人格否认案件的举证责任分配问题

债权人主张人格混同，对此应承担相应举证。法院在审理法人人格否认案件时，考虑到债权人处于信息劣势而举证困难等因素，通常会在债权人已举证证明的股东或关联公司滥用公司法人独立地位和股东有限责任的证据令人产生合理怀疑的情形下，将举证责任分配给被诉股东或关联公司，但应当注意的是，上述举证责任倒置的前提应是作为原告方的债权人已提供了盖然性证据足以证明存在滥用公司法人独立地位和股东有限责任的行为以及由此产生了损害

的结果，而不是当然的举证责任倒置。①

本案中，债权人黄成国提交的证据并不足以令人产生合理怀疑，一审法院在此情形下将举证责任分配给债务人琦盛公司的关联公司金鸿瑞公司及琦盛公司的股东姚静娴，并在上述债务人、关联公司、股东举证不到位的情形下判定承担举证不利的后果并不妥当。

如何判断原告方提交的证据是否足以令人产生合理怀疑，这实际上涉及人格否认案件的证明标准问题。

（二）关于人格否认案件的证明标准问题

1. 从严认定原则。《最高人民法院关于严格规定公司人格否定制度适用条件的建议及答复》中明确指出“法人人格独立是公司法的基本原则，人格否认是公司制度的例外，因此，要从严掌握法人人格否认制度的适用条件”。这就意味着，在人格否认案件中，法院应严格掌握标准，不宜因为存在单一的、非关键的混淆现象就简单否定公司法人资格，否则，极容易作出“推定构成人格否认”“有极大可能构成人格否认”的判断，有违相关立法精神。

2. 具体证明标准。纵观审判实例，公司与其关联公司之间是否存在人格混同主要应从公司人员、公司业务、公司财产是否混同等方面进行认定，股东与公司法人之间是否人格混同主要从股东个人财产与公司财产是否混同进行判断。其中，对财产是混否同的审查是核心，甚至有观点认为：“否认法人人格无需考虑人员、业务是否混同等其他因素，以存在财产混同之事实为足。”②

第一，人员混同。人员混同主要是指公司之间具有相同的管理人员、工作人员等；企业之间法定代表人、董事、监事或其他高管人员相互兼任；员工大量重合；关键部门之间任职人员相同等。

第二，业务混同。业务混同并不是仅指企业的登记经营范围相同，而是指业务的实际开展过程中，由谁执行混淆不清，以至于与之进行交易的相对方根本无法分清到底谁是交易活动的相对方，比较常见的现象包括公司与交易对象签订的合同往往由股东（或关联公司）履行；具体交易行为、交易方式、交易价格受股东或关联企业支配、操纵等。

第三，经营场所混同。经营场所混同一般是指债务人公司与股东（或关联公司）使用同一营业场所，实践中应当注意，由于注册地址和经营地址并

① 三亚嘉宸房地产开发有限公司与海马汽车集团股份有限公司股东损害公司债权人利益责任纠纷二审民事判决。

② 刘贵祥：《法人人格否认理论与审判实务》，载《人民司法》2001 年第 9 期。

不是同一个概念，企业之间注册地址相同不能当然地认为属于经营场所混同。

第四，财产混同。财产混同是指债务人公司与股东（关联公司）之间存在长期的、持续性地收益不加区分，账目不清，甚至使用同一账户情况，实质性动摇两家公司之间的财产基础。财产混同是人格否认案件的最为关键的判断因素，其本质在于股东（关联公司）与债务人公司之间在资产或财产边界方面的混淆不分，公司的盈利可以随意转化为股东（或关联公司）的个人财产，或者转化为关联公司的财产。财产混同包括公司的盈利与股东的收益不加区分；公司与股东的资金混同，并持续地使用同一账户等。财产混同所包含的具体情形应当具有广泛性、持续性的特点。

三、本案关于举证责任分配及证明标准的认定

1. 原告方仅仅提供企业的工商登记信息，工商登记信息体现的只是企业一些概况信息，并且社会经济生活存在多样性，例如，同一股东开办的两个或多个公司，在名称、经营范围等方面近似是非常普遍的现象，因此，仅凭借企业工商登记信息并不足以使法官对企业存在人格否认深信不疑。

2. 原告仅凭琦盛公司与其股东姚静娴一两笔的资金往来、琦盛公司与其关联公司金鸿瑞公司关于租赁物装修资产的权属情况不明来主张财产混同缺乏依据，无法令人产生合理怀疑，于此情形，法院应要求原告进一步举证证明，而不应将举证责任转移给被告，原审法院将举证责任分配给债务人琦盛公司、关联公司金鸿瑞公司、股东姚静娴并不妥当。

纵观本案，原告并未提供证据证实债务人公司与其股东、关联公司之间存在人格混同，其诉请理应驳回，二审法院对此予以改判正确。

（**一审法院独任审判员** 刘惠斌
二审法院合议庭成员 张 超 师 光 林 勤
编写人 福建省厦门市中级人民法院 张 超
责任编辑 韩建英
审稿人 曹守晔）

刘泽海诉茂名市第三建筑集团有限公司票据追索权纠纷案

——票据相对无因性与票据对价的综合考虑

关键词：票据无因性 票据对价 相对性

【裁判要旨】

我国票据法中规定的票据的取得需要支付对价，实际上是确定了票据的相对无因性，因此，在票据追索权纠纷中，持票人向其直接取得票据的前手主张票据权利时，要特别注意持票人是否为取得支票付出对价，综合考虑票据真实原因关系和票据无因性。

【相关法条】

《中华人民共和国票据法》第十条 票据的签发、取得和转让，应当遵循诚实信用的原则，具有真实的交易关系和债权债务关系。

票据的取得，必须给付对价，即应当给付票据双方当事人认可的相对应的代价。

第十三条 票据债务人不得以自己与出票人或者与持票人的前手之间的抗辩事由，对抗持票人。但是，持票人明知存在抗辩事由而取得票据的除外。

票据债务人可以对不履行约定义务的与自己有直接债权债务关系的持票人，进行抗辩。

本法所称抗辩，是指票据债务人根据本法规定对票据债权人拒绝履行义务的行为。

【案件索引】

一审：广东省广州市天河区人民法院（2015）穗天法金民初字第5992号（2017年3月14日）

二审：广东省广州市中级人民法院（2017）粤01民终7920号（2017年7月17日）

【基本案情】

2015年8月28日，被告第三建筑集团公司向原告刘泽海出具编号为1730××××号的支票一张。该支票记载的出票人为被告茂名市第三建筑集团有限公司，收款人为原告刘泽海，金额为50万元，用途为材料款，并提供了网银转账电脑网页截屏证明原告将50万元转账交付给案外人刘某，刘某为被告公司职员。原告持该支票到银行承兑时，因超过提示付款期限提示付款而遭拒。

原告认为：（1）首先，根据刘某的职务及权限，足以构成表见代理。刘某在2015年10月19日之前一直是被告珠江分公司负责人，掌管着公司公章以及对外开展业务的工作，刘某在被告公司工作期间一直由其保管使用公章，刘某实际构成对被告公司的表见代理，足以让上诉人相信其具有代理权限，故支票支付行为是刘某代理的公司行为，上诉人将钱转入刘某的账户其实质上是转给被告公司，原、被告之间有基础交易关系，原告通过表见代理人刘某向被告出借材料款是其获得案涉支票的原因。（2）票据具有无因性，即使刘某不构成表见代理，根据票据的追索权，被告也应当承担支付票据款项的责任。即使认为案涉支票是原告与刘某之间的法律关系，即被告将票据交付给刘某，刘某将支票转让给原告，据此，根据《票据法》第十三条的规定，原告也能根据票据的追索权追索被上诉人，且原告并不清楚刘某与被告之间的内部纠纷，被告也不能以抗辩刘某的理由抗辩上诉人。

被告认为：（1）首先案涉的50万元并未汇入茂名市第三建筑集团有限公司账户，只是汇入刘某个人账户中，且原告和被告之间没有发生债权债务关系的合意，被告公司也没有实际收到任何对价，因此，该票据关系缺乏真实交易关系、合同关系。（2）案涉支票是刘某违反公司规定私自开给上诉人的，刘某没有在票据上表明代理关系，并不构成上诉人所述的表见代理。

【裁判结果】

广州市天河区人民法院于2017年3月14日作出（2015）穗天法金民初字第5992号民事判决：驳回刘泽海的诉讼请求。

宣判后，刘泽海不服上述判决，向广州市中级人民法院提出上诉。

广州市中级人民法院于2017年7月17日作出（2017）粤01民终7920号民事判决：驳回上诉，维持原判。

【裁判理由】

原审法院认为：票据的签发、取得和转让，应当遵循诚实信用的原则，具有真实的交易关系和债权债务关系。票据的取得，必须给付对价，即应当给付票据双方当事人认可的相对应的代价。本案中，原告持被告开具的支票因超过提示付款期限而被拒绝承兑的情况下要求被告承担票据责任，被告则认为双方之间无合同关系而拒绝付款。故本案的争议焦点在于被告应否对涉案支票承担责任。关于上述争议焦点，原审法院认为：首先，从原告提供的支票可见，涉案支票用途记载为材料款；其次，原告在庭审中承认双方并无合同关系；再次，虽然原告表示其向被告出借材料款50万元，但从原、被告提供的证据及庭审查明的事实来看，原告主张的案涉款项是交付给案外人刘某而非本案被告；最后，案外人刘某并非被告公司的法定代表人，原告也未提供任何证据证明案外人是受被告的委托向原告借款或代被告收取原告所借款项，故原告以案外人收取原告50万元款项应视为是被告向原告借款的主张，缺乏事实及法律的依据。综上，依据《票据法》第十条及《最高人民法院关于民事诉讼证据的若干规定》第二条的规定，尽管原告持有被告开具的支票，但鉴于庭审已查明原、被告之间并无真实的交易关系和债权债务关系，也即原告取得该票据并未向被告支付对价，故原告以涉案支票诉请被告向其支付支票票面金额50万元及相应的利息，没有事实及法律的依据，原审法院对此不予支持并依法予以驳回。

二审法院认为：根据查明的事实，首先，刘泽海主张与被上诉人茂名市第三建筑集团有限公司是直接前后手的票据关系，该票据关系的产生是因为双方存在债权债务的基础关系，案外人刘某为被上诉人的代理人，根据《票据法》第十三条："票据债务人不得以自己与出票人或者与持票人的前手之间的抗辩事由，对抗持票人。"刘泽海以和被上诉人是直接前后手的票据关系来主张被上诉人不能以抗辩刘某的理由抗辩上诉人，不符合票据法的规定，该上诉理由不成立。其次，根据《票据法》第十条规定："票据的签发、取得和转让，应当遵循诚实信用的原则，具有真实的交易关系和债权债务关系。票据的取得，必须给付对价，即应当给付票据双方当事人认可的相对应的代价。"直接的票据前后手之间必须有真实的交易关系，但刘泽海未能提供双方签订的书面借款合同，亦未能证实借款已经交付给茂名市第三建筑集团有限公司，虽然刘某是茂名市第三建筑集团有限公司的财务人员，但不能以此确定刘某是受茂名市第三建筑集团有限公司的委托向刘泽海借款或代茂名市第三建筑集团有限公司收取刘泽海所借款项，故刘泽海的上诉请求不具有事实依据，不予采纳。

【案例注解】

一、票据的相对无因性

《票据法》第十条以及第二十一条的规定，是对票据对价的基本规定，它确立了我国票据法对票据相对无因性的规定，相对无因性并非否定票据无因性这一重要原则，但票据无因性不是绝对的，票据关系与票据的原因关系之间有着密切的联系。它们之间既相互独立，又相互制约。所谓相互独立，是指票据的无因性，即票据关系的存在不以原因关系为必要，如果原因关系有缺陷，票据关系仍然存在，如果票据关系有瑕疵，也不影响原因关系的效力。所谓相互制约，是指直接当事人之间产生的原因关系可能会对票据关系有所制约。所以说票据的无因性是相对的。

就票据关系来说，在取得票据权利的载体票据时，其主体必须出于诚实和善意，且必须给付票据双方当事人认可的相对应的代价，且不得以此损害社会利益。对于违背诚信原则以偷盗、欺诈等方式取得票据，则不享有票据权利。

虽然票据具有无因性，当其具备票据法上的条件，票据权利就成立而可以不问其发生的原因，但此时票据的这一特性仍要受诚信原则的制约，债务人有权对违反诚信原则取得票据的直接当事人举证抗辩。

根据《票据法》第十条规定，票据的取得、转让必须支付对价，即在票据流转过程中，票据的直接前后手之间必须要有真实的基础交易关系并支付对价，笔者认为，只有满足该条件后，持票人才能够依据票据无因性理论向票据上显示的其他债务人、出票人主张票据权利，且债务人、出票人不能以抗辩持票人前手的理由抗辩持票人；但即使如此，票据债务人仍然可以对不履行约定义务的与自己有直接债权债务关系的持票人，进行抗辩。

本案中原告主张的事实是其通过表见代理人刘某从被告处取得支票，基于与被告直接的债权债务关系产生的直接前后手的票据关系；又主张票据无因性，即使刘某不构成表见代理，根据票据的追索权，被告也应当承担支付票据款项的责任，且被告也不能以抗辩刘某的理由抗辩上诉人。这两种主张实际上相互矛盾，根据《票据法》十三条的规定，只有在票据双方不是取得票据的直接前后手关系时，票据债务人才不能以对抗持票人前手的事由对抗持票人，在票据转让发生的直接前后手之间应当受《票据法》第十条规定的真实的原因关系的制约，因此在本案中原告以票据无因性的理由向被告主张票据追索权不成立。

二、票据对价的认定

持票人和其取得票据的前手之间必须支付《票据法》第十条规定的票据对价（构成《票据法》十一条规定的情形除外），票据对价必须真实，并且与持票人获得的票据权利相对应。票据法的这项规定实际上是把是否支付了法律规定的票据对价、有无真实的基础关系作为影响票据关系是否成立的条件之一。即如果取得票据支付的对价有瑕疵、基础关系有瑕疵时，将会影响持票人对票据权利的实现。

但基于票据的文义性、要式性、无因性，法律推定每个持票人在获得票据时都已支付了对价，即持票人没有义务证明票据对价的存在，但票据债务人认为持票人缺乏票据对价的，可以持票人与债务人之间缺乏票据对价，或持票人与持票人前手之间缺乏票据对价提出抗辩，并举证加以证明。票据对价的有无，其举证责任在于提出抗辩的债务人。本案的争议焦点在于原告向案外人刘某支付的款项究竟是否属于向被告公司支付的票据对价，原告与案外人刘某形成的民事法律关系是否能归属于被告公司，关键点在于要解决案外人刘某是否构成表见代理，代被告公司向原告收取票据对价、代被告公司发生票据转让。

三、票据转让的表见代理

本案的关键问题在于案外人刘某与原告之间达成借款合意并转让票据的行为是否构成表见代理，根据《合同法》《民法总则》的规定，表见代理构成要件有四个：(1) 行为人无代理权而以被代理人名义作出代理行为；(2) 客观上存在使相对人相信无权代理人有代理权的事由；(3) 相对人善意且无过失(不知道无权代理人不拥有代理权且这种不知道并非是由相对人过失所造成的)；(4) 无代理权人与相对人之间民事行为具备一般民事法律行为的一般要件；（5）如果本人已经知晓无权代理人以本人的名义实施民事行为，但没有作出否认表示的，不构成表见代理。本案中刘某与原告之间的民事法律行为有两项，一项是基础法律关系，另一项是票据关系。

被告主张与原告之间并不存在票据转让的债权债务关系，本应当由被告根据自己的主张提供证据证明被告和原告之间不存在债权债务关系、原告没有向被告支付双方认可的相对应的对价，但在庭审中原告已经确认并未将款项转给被告公司而是转给刘某，且没有和案外人刘某签订任何的书面协议，仅陈述是案外人刘某拿着支票来找他借钱，根据行业习惯就见票即付款了，并且将案涉50万打到案外人刘某账户。首先，客观上是否有使原告相信刘某有代理权的事由？根据《最高人民法院关于当前形势下审理民商事合同纠纷案件若干问题的指导意见》第十三条“合同相对人主张构成表见代理的，应当承担举证责任，不仅应当举证证明代理行为存在诸如合同书、公章、印鉴等有权代理的客观表象形式要素，而且应当证明其善意且无过失地相信行为人具有代理权”的规定，刘某作为被告公司员工，与原告进行法律行为时，即不存在任何能证明刘某是有权代理的客观表象，在原告进行转账时，也没有转账到被告公司的账户，刘某虽然属于被告公司员工，但仅凭这一点并不能制造出刘某有对被告公司有代理权的假象；其次，原告主张是根据行业习惯见票即付款，但原告自身并非票据上显示的债务人，没有见票即付的义务，原告应该对其主张票据转让、资金往来是行业习惯提出证据证明，否则在原告与刘某之间产生民事法律行为的问题上，原告存在过失；最后，被告公司提出刘某向其出具的《承诺书》，证明刘某违规使用被告公章应由其自行承担责任，被告公司已经对刘某的无权代理行为作出了否认表示。因此，刘某不构成表见代理，系无权代理人，其民事行为的法律后果不能归属于被告公司，原告向刘某转账的行为也不能直接得出已经转账给被告公司。

作为无权代理人的刘某与原告之间的法律行为，不构成表见代理，原告和被告公司之间的票据关系没有真实的基础关系，且原告没有向被告公司支付双方认可的相对应对价，双方之间票据关系不成立，原告没有法律和事实根据向被告公司主张票据追索权。

（**一审法院合议庭成员**　何晖辉　林　艳　许蔚琳
二审法院合议庭成员　林　萍　汪　婷　王泳涌
编写人　广东省广州市中级人民法院　戴瑜霞
责任编辑　韩建英
审稿人　曹守晔）

知识产权

梁信诉中央芭蕾舞团著作权权属、侵权纠纷案

——《著作权法》颁布实施前的红色经典作品著作权事实许可的认定

关键词：红色经典作品　改编权　表演权　署名权　赔偿

【裁判要旨】

在特定的政治、法律和社会环境下，著作权人的应允和帮助应作为作品使用的许可，被应允人可以获得对红色经典改编和表演的权利。已有作品而产生的作品，其著作权由改编人享有，但行使著作权时，不得侵犯原作品的著作权。表演者使用他人作品的，不得侵犯作者的署名权。演出组织者使用已发表的作品进行营业性演出，依本规定向著作权人付酬。

【相关法条】

《中华人民共和国民法通则》第四条　民事活动应当遵循自愿、公平、等价有偿、诚实信用的原则。

《中华人民共和国著作权法》（1991年）第十条第五项　著作权包括下列人身权和财产权：

（五）使用权和获得报酬权，即以复制、表演、播放、展览、发行、摄制电影、电视、录像或者改编、翻译、注释、编辑等方式使用作品的权利；以及许可他人以上述方式使用作品，并由此获得报酬的权利。

第十二条 改编、翻译、注释、整理已有作品而产生的作品，其著作权由改编、翻译、注释、整理人享有，但行使著作权时，不得侵犯原作品的著作权。

第三十五条 表演者（演员、演出单位）使用他人未发表的作品演出，应当取得著作权人许可，并支付报酬。表演者使用他人已发表的作品进行营业性演出，可以不经著作权人许可，但应当按照规定支付报酬；著作权人声明不许使用的不得使用。表演者使用改编、翻译、注释、整理已有作品而产生的作品进行营业性演出，应当按照规定向改编、翻译、注释、整理作品的著作权人和原作品的著作权人支付报酬。表演者为制作录音录像和广播、电视节目进行表演使用他人作品的，适用本法第三十七条、第四十条的规定。

第三十六条第二项 表演者对其表演享有下列权利：

（二）保护表演者形象不受歪曲；

第四十八条 著作权侵权纠纷可以调解，调解不成或者调解达成协议后一方反悔的，可以向人民法院起诉。当事人不愿调解的，也可以直接向人民法院起诉。

《中华人民共和国著作权法》（2010年）第十条第二项 著作权包括下列人身权和财产权：

（二）署名权，即表明作者身份，在作品上署名的权利；

第十二条 改编、翻译、注释、整理已有作品而产生的作品，其著作权由改编、翻译、注释、整理人享有，但行使著作权时不得侵犯原作品的著作权。

第三十七条 使用他人作品演出，表演者（演员、演出单位）应当取得著作权人许可，并支付报酬。演出组织者组织演出，由该组织者取得著作权人许可，并支付报酬。

使用改编、翻译、注释、整理已有作品而产生的作品进行演出，应当取得改编、翻译、注释、整理作品的著作权人和原作品的著作权人许可，并支付报酬。

第四十九条 侵犯著作权或者与著作权有关的权利的，侵权人应当按照权利人的实际损失给予赔偿；实际损失难以计算的，可以按照侵权人的违法所得给予赔偿。赔偿数额还应当包括权利人为制止侵权行为所支付的合理开支。

权利人的实际损失或者侵权人的违法所得不能确定的，由人民法院根据侵权行为的情节，判决给予五十万元以下的赔偿。

【案件索引】

一审：北京市西城区人民法院（2012）西民初字第1240号（2015年5月18日）

二审：北京知识产权法院（2015）京知民终字第1147号（2015年12月28日）

【基本案情】

原告梁信诉称：1961年，上海天马电影制片厂根据其创作的电影文学剧本《红色娘子军》拍摄成同名电影并公映发行。1964年，被告将电影剧本改编为芭蕾舞剧《红色娘子军》并公演。1993年6月，原、被告双方依照1991年公布实施的我国《著作权法》以“补订”的方式订立协议，双方确认了原告享有电影剧本的著作权；确认了被告的芭蕾舞剧《红色娘子军》系根据原告电影剧本改编而成；确定被告负有标注“根据梁信同名电影文学剧本改编”署名义务；同时，约定被告一次性付给梁信人民币5000元整作为“作品表演”向作者支付的报酬。根据当时的法律规定，著作权许可使用合同的有效期不超过10年，故该协议应于2003年6月期满失效。为此，原告曾要求被告尊重原告的著作权利并要求协商续约，但迟迟未能与被告取得一致，且被告亦未按合同约定给原告署名。故此，诉请法院要求判令被告：（1）停止侵权，即在未经原告另行许可的情况下，不得演出根据原告作品改编的芭蕾舞剧《红色娘子军》；（2）公开向原告赔礼道歉；（3）赔偿原告经济损失人民币50万元及原告为制止侵权行为而支付的律师费5万元，共计人民币55万元。

被告中央芭蕾舞团辩称：我方中央芭蕾舞团没有侵犯梁信的改编权、表演权和署名权，1964年中央芭蕾舞团就已经改编完成了芭蕾舞剧《红色娘子军》，目前表演的是自己改编的作品芭蕾舞剧《红色娘子军》，而不是梁信的电影文学作品《红色娘子军》，中央芭蕾舞团在演出时在自己的节目单和海报上都有对梁信的署名。1991年《著作权法》实施后，当事人之间只有表演改编作品时，原作品作者的报酬权没有解决，《协议书》是对该权利的一次性解决，故请法院依法驳回原告所有诉讼请求。

法院经审理查明：梁信是《红色娘子军》电影剧本的作者。1961年，上海天马电影制片厂根据梁信创作的电影文学剧本，由谢晋导演拍摄了电影

《红色娘子军》并公映。该片描述了第一次国内革命战争时期，我国海南岛地区一支由劳苦妇女组成的红军队伍的战斗故事以及红军战士吴琼花在战斗环境里锻炼成长的经过。该电影片头署名编剧为梁信。1964 年初，当时的北京舞蹈学校实验芭蕾舞剧团（现为中央芭蕾舞团）开始在有关部门的组织下，根据梁信编剧的电影文学剧本《红色娘子军》，进行芭蕾舞剧《红色娘子军》的改编。中央芭蕾舞团称该剧改编过程中，在当时的解放军总政治部及中南军区的协调下，曾与梁信取得联系，改编工作得到了梁信的同意，梁信实际参加了改编工作。1964 年 9 月，该剧改编成功并进行了公演。公演的芭蕾舞剧《红色娘子军》与电影《红色娘子军》相比，除情节、人物略有删减外，其时代背景、故事情节、主要人物基本一致。诉讼中，梁信、中央芭蕾舞团双方亦均认同芭蕾舞剧《红色娘子军》改编自梁信的电影文学剧本《红色娘子军》。1964 年之后，中央芭蕾舞团继续公演该剧，后曾因故停演。上个世纪九十年代初，该剧重新复排复演。1993 年 6 月 26 日，梁信与中央芭蕾舞团依据 1991 年 6 月实施的《著作权法》订立了一份协议书，协议书中确认了芭蕾舞剧《红色娘子军》系根据梁信的电影文学剧本《红色娘子军》改编而成，并称"在当年改编创作过程中曾得到梁信同志的应允及帮助"。该协议签订之后，中央芭蕾舞团支付了相应报酬，并继续公演上述剧目。梁信主张中央芭蕾舞团自 2003 年 6 月之后仍持续表演芭蕾舞剧《红色娘子军》，该行为侵犯其表演权及改编权。中央芭蕾舞团对表演行为予以认可，但主张该表演行为无需经过梁信许可并支付报酬。

【裁判结果】

北京市西城区人民法院于 2015 年 5 月 18 日作出（2012）西民初字第 1240 号民事判决：一、本判决生效后 10 日内，被告中央芭蕾舞团就其 2003 年 6 月后至本判决作出之日前，持续演出芭蕾舞剧《红色娘子军》未向原告支付表演改编作品报酬，赔偿原告梁信经济损失人民币 10 万元及诉讼合理支出 2 万元，共计人民币 12 万元；二、本判决生效后 10 日内，被告中央芭蕾舞团就北京市长安公证处（2012）京长安内经证字第 5823 号《公证书》，公证显示其官方网站介绍涉案剧目《红色娘子军》时未给原告署名行为，向原告梁信书面赔礼道歉，道歉内容须经本院审核，逾期不执行，本院将选择一家全国性的平面日报媒体择要刊登相关内容，费用由被告承担；三、驳回原告梁信其他诉讼请求。

宣判后，原、被告均提起上诉，北京知识产权法院于2015年12月28日作出（2015）京知民终字第1147号民事判决：驳回上诉，维持原判。

【裁判理由】

法院生效裁判认为：第一，被告中央芭蕾舞团在1964年依据原告梁信的电影文学剧本改编《红色娘子军》时，得到了梁信的应允和帮助，在当时特定的政治、法律和社会环境下，原告的应允和帮助应作为作品使用的许可，被告从而获得了《红色娘子军》改编和表演的权利。第二，双方于1993年6月签订的协议是表演改编作品时给付原著作权人报酬的约定。第三，被告2003年6月以后的演出行为不构成侵权。1993年6月双方签订的协议书，目的是解决表演改编作品的付酬问题，性质应为表演者表演改编作品给付原作者的报酬的约定，故原告诉请被告在2003年6月以后，未经其许可继续演出芭蕾舞剧《红色娘子军》，侵犯了其著作权，要求停止侵权、赔礼道歉的主张，缺乏相应的事实及法律依据，本院不予支持。关于赔偿损失，虽然本院不支持原告诉请要求确认被告在2003年6月以后的演出行为未经许可，构成侵权并停止侵权的主张。但是我国《著作权法》，包括1991年6月实施的《著作权法》及2001年10月和2010年2月先后两次修订的《著作权法》均明文规定：不论是表演他人作品还是表演改编已有作品而产生的作品都应向原著作权人支付报酬。虽然本院认定被告中央芭蕾舞团的改编及演出行为得到了原告的许可，有权继续进行演出，但其依《著作权法》相关规定，向原作品著作权人支付相应报酬的义务，亦应一并予以承担。第四，被告未给原告署名，侵犯了原告的署名权。我国《著作权法》规定表演者使用他人作品的，不得侵犯作者的署名权。根据查明的事实，电影《红色娘子军》文学剧本署名作者为梁信，故原告梁信的署名权应当受到保护，被告中央芭蕾舞团在表演根据原告的电影文学剧本改编的芭蕾舞剧《红色娘子军》时应当予以署名。被告在其官方网站上介绍涉案芭蕾舞剧《红色娘子军》时，未能给原告署名，构成了对原告署名权的侵犯，应当予以赔礼道歉。

【案例注解】

本案对红色艺术经典作品芭蕾舞剧《红色娘子军》改编权、表演权的许可行为进行了深入的分析。原被告的争议焦点主要是两个方面：一是在我国

《著作权法》颁布实施之前的20世纪60年代，作者对于他人改编其作品的应允和帮助是否构成事实上的许可，该许可是否具有著作权许可使用的法律效力。二是在《著作权法》实施后，对于双方约定不够明确的协议性质，如何进行认定。在本案审理过程中，法官结合特定的政治、法律和社会环境，依据我国《民法通则》《著作权法》精神，运用历史解释、文本解释等法律解释方法，对于《著作权法》颁布实施之前的特定历史时期，作者对于他人改编其作品的应允和帮助是否构成事实上的许可行为，以及对《著作权法》实施后，双方签订的协议是许可使用合同还是演出报酬约定的性质等问题进行了全面辨析。本案裁判具有较高的学术研究价值，既严格遵守《著作权法》的立法精神，同时又考虑到了特定历史时期的政治、文化因素，对于红色艺术经典作品芭蕾舞剧《红色娘子军》改编权、表演权的许可行为进行了全面的分析，并作出了认定。

二审北京知识产权法院在确认了一审法院对案件的认定意见后，还明确指出了这种诞生在“前法律时代”的红色经典作品应如何适用法律：虽然作者创作作品往往需要付出极大的心血和创造性劳动，对于作者的著作权理应保护，但是法律还要讲究稳定性与可预见性，建国初期我国法制发展水平还很落后，对于知识产权保护的法律制度还没有建立，因此，对于“前法律时代”的著作权许可行为依据“法不溯及既往”的原则，不能适用之后的《著作权法》来进行认定和规制。二审法院认可本案中双方的做法即通过后续“补订”协议的方式，对“前法律时代”的许可行为进行确认。我们认为这种做法取得了法律效果与社会效果的良好统一。本案对类似红色艺术经典作品著作权纠纷的处理，具有一定借鉴和参考意义。

第一，被告中央芭蕾舞团在1964年依据原告梁信的电影文学剧本改编《红色娘子军》时，得到了梁信的应允和帮助，在当时特定的政治、法律和社会环境下，原告的应允和帮助应作为作品使用的许可，被告从而获得了《红色娘子军》改编和表演的权利。根据查证的证据可以证实，被告在改编电影文学剧本《红色娘子军》为芭蕾舞剧《红色娘子军》时是得到了原作者即本案原告梁信的许可的，这种许可既有口头应允的形式，也有亲自参与改编工作的方式。即便此种许可当时没有形成书面的形式，但基于当时特定的政治、法律和社会背景，对于这种历史形成的作品特定许可使用形式是应当予以充分尊重的。同时，在本案中鉴于被告既是改编者又是表演者的双重身份，这种许可应该既包括改编权，也包括表演权。此种情况，在既往司法审判实践中亦有相同的规定，即对口头著作权许可使用合同已经履行，且当事人双方对口头约定的主要权利义务的内容无疑义，或者通过有关证据予以确认的，可以认定著作权许可使用合同有效。如此认定，既符合我国《民法通则》所规定的从事民事活动应当遵循的诚实信用原则，也有助于那个时期形成的大量文学艺术作品的稳定性。

第二，双方于1993年6月签订的协议是表演改编作品时给付原著作权人报酬的约定。从协议订立的目的来看：首先，1964年初被告芭蕾舞剧《红色娘子军》的改编公演就已经得到了原告的应允和帮助，并予以法律上的确认。由于被告中央芭蕾舞团身居改编及表演者的双重身份，其改编行为在1964年已经完成，此时被告的主要行为应该是表演行为，双方协议要解决的问题，应是表演改编作品如何付酬问题。这一点从双方当事人都反复强调的李承祥致梁信的信函看，亦可以得出相同的结论。该信除了日常问候外，主要内容是探讨演出改编作品时如何给付原作者报酬，并没有涉及许可使用等问题。其次，从协议内容本身及协议引用的法律条文来看，也可以明确这一点。协议内容开宗明义，首先确认芭蕾舞剧《红色娘子军》改编自原告的电影文学剧本，改编创作过程中得到梁信同志的应允和帮助，梁信同志的权益应当受到法律保护。正文连同手书部分共五条，除第三条给付原告5000元表演作品报酬外，另外两条分别约定了被告在今后演出中要为原告署名，同时被告享有舞剧形式的专有表演权，并手书了今后双方可以再议的约定。协议内容简单明了，并无明确的许可使用的内容约定。关于法律条文的引用，协议先后引用了1991年6月实施的《著作权法》第十条第五项、第十二条和国家版权局尚在征求意见的“关于表演作品付酬标准的规定”等法律条文，其中《著作权法》第十条第五项规定，使用权和获得报酬权，即以复制、表演、播放、展览、发行、摄制电影电视录像或者改编、翻译、注释、编辑等方式使用作品的权利；以及许可他人以上述方式使用作品并由此获得报酬的权利。1991年6月实施的《著作权法》第十条应当是对著作权人拥有的权利作出的原则性规定，其中包括发表权、署名权、修改权、保护作品完整权和该条第五项规定的使用权（复制、表演、播放、改编、翻译等）以及许可他人使用获得报酬的权利。对于许可使用问题在该法的第二十三条至二十八条有明确详尽的规定，如果认为该协议是作品许可使用性质，那么双方对如此关键性的法律条文并未引用，故从法律条文的引用上，目前难以佐证该协议为作品许可使用性质。至于《著作权法》第十二条的规定，则表述为改编……已有作品而产生的作品，其著作权由改编人享有，但行使著作权时，不得侵犯原作品的著作权。此条规定亦不涉及许可使用等方面内容。此外，协议中还引用了国家版权局“关于表演作品付酬标准的规定”，该项规定在双方签订协议时尚在征求意见之中，直至当年8月1日方由国家版权局以《演出法定许可付酬标准暂行规定》正式颁布实施。该规定的第一条明确规定，演出组织者依据《著作权法》第三十五条第二款使用已发表的作品进行营业性演出，依本规定向著作权人付酬。当时的《著作权法》第三十五条第二款规定，表演者使用他人已经发表的作品进行营业性演出，可以不经著作权人许可，但应当按照规定支付报酬。根据查证的事实，原告的电影文学剧本已于1961年拍摄成电影公映，应当视为作品已发表，被告依据当时的《著作权法》的相关规定，在表演时使用，可以不经著作权人许可，而且被告方的改编及演出行为已经在1964年得到了原告的许可，目前演出的作品是由其享有著作权的芭蕾舞剧。根据当时的《著作权法》第三十五条第三款和国家版权局的《暂行规定》第四条规定，表演者使用、演出改编作品应当向作品的著作权人和原作品的著作权人支付报酬。因此，此时作为表演者不论是使用他人已经发表的作品，还是使用改编已有的作品产生的新作品进行演出，其承担的义务就是应当向原著作权利人支付相应的报酬，而没有必要再去征得原著作权人的许可。因此原被告双方于1993年6月签订的协议书不属作品许可性质，而是表演者表演改编作品时给付原作者报酬的约定。

第三，被告2003年6月以后的演出行为不构成侵权。1993年6月双方签订的协议书，目的是解决表演改编作品的付酬问题，性质应为表演者表演改编作品给付原作者的报酬的约定。虽然法院未支持原告诉请要求确认被告在2003年6月以后的演出行为未经许可，构成侵权并停止侵权的主张。但是我国《著作权法》，包括1991年6月实施的《著作权法》及2001年10月和2010年2月先后两次修订的《著作权法》均明文规定：不论是表演他人作品还是表演改编已有作品而产生的作品都应向原著作权人支付报酬。虽然法院认定被告中央芭蕾舞团的改编及演出行为得到了原告的许可，有权继续进行演出，但其依《著作权法》相关规定，向原作品著作权人支付相应报酬的义务，亦应一并予以承担。被告中央芭蕾舞团在2003年6月双方约定付酬期满后，应当积极与原告方协商续约，给付相应的表演报酬，以体现我国《民法通则》所要求的从事民事活动应当遵循等价有偿的原则。但因其未能及时与原告续约，支付报酬，造成原告预期利益未能取得，原告预期利益的未能取得，即为经济损失，故应当予以赔偿。

第四，被告未给原告署名，侵犯了原告的署名权。我国《著作权法》规定表演者使用他人作品的，不得侵犯作者的署名权。根据查明的事实，电影《红色娘子军》文学剧本署名作者为梁信，故原告梁信的署名权应当受到保护，被告中央芭蕾舞团在表演根据原告的电影文学剧本改编的芭蕾舞剧《红色娘子军》时应当予以署名。但根据原告出示的2012年京长安内经证字第5823号公证书载明的事实，2012年4月29日在该公证处使用公证处的计算机，在互联网上链接中央芭蕾舞团网站，在其网站页面上介绍经典剧目《红色娘子军》时未能为原告梁信署名。虽然诉讼中被告出具了多份不同年代的节目单，节目单确有不同形式为原告署名的情况，以表明其对原告的署名权予以了尊重，并称公证书载明的情况是因其网站改版，工作人员疏忽所致，现已更正，且双方在1993年6月签订的协议中，约定的是在今后演出芭蕾舞剧《红色娘子军》的节目单、海报等宣传资料中注明"根据梁信同名电影文学剧本改编字样"，涉案网站不属节目单、海报性质，故其行为不构成对原告署名权的侵犯。根据我国《著作权法》的规定，原告的署名权应当受到尊重，虽然在被告出示的不同时期的节目单上，显示了为原告署名的情况，表明对原告的署名权予以了注意。但被告在使用原告作品时，不论采取何种形式都应为其署名，且信息网络传播行为是一种新兴的传播形式，具有传播快，受众广的特点，被告在其官方网站上介绍涉案芭蕾舞剧《红色娘子军》时，未能给原告署名，构成了对原告署名权的侵犯，应当予以赔礼道歉。

（**一审法院合议庭成员** 孙　敬　张志豹　宋　冰
二审法院合议庭成员 芮松艳　何　暄　姜庶伟
编写人 北京市西城区人民法院　李易忱
责任编辑 丁文严
审稿人 王　闯）

贵阳南明老干妈风味食品有限责任公司诉贵州永红食品有限公司、北京欧尚超市有限公司侵害商标权纠纷案

——驰名商标侵权认定之商标使用与商标功能的连接点

关键词：商标功能　商标使用　识别性商标使用　广告性商标使用　混淆式侵权　淡化式侵权

【裁判要旨】

从商标功能视角出发将“商标使用”区分为“识别性商标使用”和“广告性商标使用”，进而将驰名商标侵权区分为混淆式侵权与淡化式侵权。同时明确“描述性使用”并不是与“商标使用”并列的一个概念，而是作为“商标使用”中的一种合理使用情形。商标法上的合理使用主要包括两种情形：描述性使用与指示性使用。

【相关法条】

《中华人民共和国商标法》第十三条　为相关公众所熟知的商标，持有人认为其权利受到侵害时，可以依照本法规定请求驰名商标保护。

就相同或者类似商品申请注册的商标是复制、摹仿或者翻译他人未在中国注册的驰名商标，容易导致混淆的，不予注册并禁止使用。

就不相同或者不相类似商品申请注册的商标是复制、摹仿或者翻译他人已经在中国注册的驰名商标，误导公众，致使该驰名商标注册人的利益可能受到损害的，不予注册并禁止使用。

第四十八条　本法所称商标的使用，是指将商标用于商品、商品包装或者

容器以及商品交易文书上，或者将商标用于广告宣传、展览以及其他商业活动中，用于识别商品来源的行为。

《最高人民法院关于审理涉及驰名商标保护的民事纠纷案件应用法律若干问题的解释》第九条 足以使相关公众对使用驰名商标和被诉商标的商品来源产生误认，或者足以使相关公众认为使用驰名商标和被诉商标的经营者之间具有许可使用、关联企业关系等特定联系的，属于商标法第十三条第一款规定的“容易导致混淆”。

足以使相关公众认为被诉商标与驰名商标具有相当程度的联系，而减弱驰名商标的显著性、贬损驰名商标的市场声誉，或者不正当利用驰名商标的市场声誉的，属于商标法第十三条第二款规定的“误导公众，致使该驰名商标注册人的利益可能受到损害”。

【案件索引】

一审：北京知识产权法院（2015）京知民初字第1944号（2016年8月22日）

二审：北京市高级人民法院（2017）京民终28号（2017年4月24日）

【基本案情】

原告贵阳南明老干妈风味食品有限责任公司（简称贵阳老干妈公司）诉称：贵阳老干妈公司拥有“老干妈”文字注册商标，且“老干妈”已经为国内外广大消费者所知悉。贵州永红食品有限公司（简称贵州永红公司）制造、销售的牛肉棒产品包装的正面上部标有其自有的“牛头牌及图”商标，中部则印有“老干妈味”字样。贵阳老干妈公司认为贵州永红公司未经其同意，擅自在涉案产品上使用涉案商标“老干妈”，北京欧尚超市有限公司（简称北京欧尚公司）销售使用涉案商标“老干妈”的涉案产品，属于恶意侵犯驰名商标专用权的行为。故请求：（1）判令贵州永红公司和北京欧尚公司立即停止侵犯贵阳老干妈公司驰名商标专用权的行为，停止在牛肉棒上使用“老干妈味”字样，停止以任何形式销售印有上述“老干妈味”字样的牛肉棒；（2）判令贵州永红公司和北京欧尚公司赔偿经济损失300万元；（3）判令贵州永红公司和北京欧尚公司承担与本案有关的合理支出，总计127820元（其中包含律师费10万元、公证费用26500元、印制费750元、航空运费480元、交通费用90元）。

被告贵州永红公司辩称：涉案产品包装突出使用了自己的注册商标“牛头牌及图”，而“老干妈味”字体偏小，消费者不会对商品的来源产生混淆与误认。牛肉棒除了“老干妈味”，还有“原味”“麻辣”“黑胡椒”“老干妈味”是对产品配料品牌的真实、合理描述和使用，因此，其不存在商标侵权行为。

法院经审理查明：涉案商标为第2021191号“老干妈”商标，注册人为贵阳老干妈公司，该商标于2003年5月21日核准注册，核定使用商品为第30类：豆豉、辣椒酱（调味）、炸辣椒油等商品，经续展，涉案商标专用期限至2023年5月20日。

涉案第2021191号“老干妈”商标曾在2011年、2014年、2015年、2016年多次被国家工商行政管理总局商标局、国家工商行政管理总局商标评审委员会和相关法院认定为驰名商标。

贵州永红公司拥有第4686272号、第10781638号、第3550793号、第5853924号的“牛头牌及图”系列注册商标，核定使用商品为第29类牛肉食品。“牛头牌及图”商标曾在2010年被商标局认定为驰名商标。

根据（2015）京方圆内经证字第27571号公证书记载：2015年9月14日，贵阳老干妈公司的委托代理人在公证员的陪同下，在北京欧尚公司位于北京市朝阳区香宾路66－1的商铺处购买了三支牛肉棒（简称涉案商品），单支售价为24.8元，并当场取得购物小票以及发票一张，发票上加盖有被告北京欧尚公司来广营店的印章。涉案商品包装的正面上部标有贵州永红公司所拥有的“牛头牌及图”商标，中部印有“老干妈味”字样；包装背面标有涉案商品品名为“老干妈味牛肉棒”，注明配料有牛肉、豆豉、鱼露等，还写明了涉案商品的制造商是贵州永红公司，地址是贵州省惠水县永红绿色食品工业园。

贵州永红公司确认北京欧尚公司销售的案涉商品系贵州永红公司生产。贵州永红公司自2014年开始购入贵阳老干妈公司生产的“老干妈”牌豆豉作为调料生产涉案商品，贵州永红公司生产的牛肉棒除了涉案商品中标明的“老干妈味”，还有“原味”“麻辣”“香辣”“黑胡椒”等其他商品。2015年贵州永红公司生产的“老干妈味牛肉棒”销售收入总计219485.7元。根据2015年财务审计报告显示，贵州永红公司处于整体亏损状态，在2015年整体亏损了2697万元。贵阳老干妈公司还提交了其合理支出的相关票据。

【裁判结果】

北京知识产权法院于2016年8月22日作出（2015）京知民初字第1944号民事判决：一、贵州永红公司立即停止在其生产、销售的牛肉棒商品上使用“老干妈味”字样，北京欧尚公司停止销售上述印有“老干妈味”字样的牛肉棒；二、贵州永红公司赔偿贵阳老干妈公司经济损失及合理支出共计426500元；三、驳回贵阳老干妈公司的其他诉讼请求。宣判后，贵州永红公司向北京市高级人民法院提起上诉。北京市高级人民法院于2017年4月24日以同样的事实作出（2017）京民终28号民事判决：驳回上诉，维持原判。

【裁判理由】

法院生效裁判认为：《商标法》第十三条规定：“为相关公众所熟知的商标，持有人认为其权利受到侵害时，可以依照本法规定请求驰名商标保护。就相同或者类似商品申请注册的商标是复制、摹仿或者翻译他人未在中国注册的驰名商标，容易导致混淆的，不予注册并禁止使用。就不相同或者不相类似商品申请注册的商标是复制、摹仿或者翻译他人已经在中国注册的驰名商标，误导公众，致使该驰名商标注册人的利益可能受到损害的，不予注册并禁止使用。”

《商标法》第四十八条规定：“本法所称商标的使用，是指将商标用于商品、商品包装或者容器以及商品交易文书上，或者将商标用于广告宣传、展览以及其他商业活动中，用于识别商品来源的行为。”第五十九条第一款规定：“注册商标中含有的本商品的通用名称、图形、型号，或者直接表示商品的质量、主要原料、功能、用途、重量、数量及其他特点，或者含有的地名，注册商标专用权人无权禁止他人正当使用。”

《最高人民法院关于审理涉及驰名商标保护的民事纠纷案件应用法律若干问题的解释》（简称《驰名商标司法解释》）第九条第二款规定：“足以使相关公众认为被诉商标与驰名商标具有相当程度的联系，而减弱驰名商标的显著性、贬损驰名商标的市场声誉，或者不正当利用驰名商标的市场声誉的，属于《商标法》第十三条第二款规定的‘误导公众，致使该驰名商标注册人的利益可能受到损害’。”本案中，涉案商品牛肉棒包装的正面上部标有贵州永红公司所拥有的“牛头牌及图”商标，中部印有“老干妈味”字样；包装背面标有涉案商品品名为“老干妈味牛肉棒”，注明制造商是贵州永红公司，地址是贵州省惠水县永红绿色食品工业园。贵州永红公司生产的牛肉棒除“老干妈味”外，还有“原味”“麻辣”“香辣”“黑胡椒”等其他商品。贵州永红公司将“老干妈”作为涉案商品的口味名称，并标注于涉案商品包装正面，属于对涉案商标的复制、摹仿，其能够起到识别商品来源的作用，属于商标法意义上的使用。虽然涉案商品确实添加有“老干妈”牌豆豉，但“老干妈”牌豆豉并非食品行业的常用原料，“老干妈味”也不是日用食品行业对商品口味的常见表述方式，涉案商品对“老干妈”字样的使用不属于合理使用的范畴。

涉案牛肉棒商品与豆豉、辣椒酱（调味）、炸辣椒油商品虽然在商品原料、功能用途等方面存在差异，但二者均属日用食品，在销售渠道和消费群体方面存在一定重合，贵州永红公司在涉案商品包装正面使用“老干妈”字样，并将“老干妈味”作为与“原味”“麻辣”等并列的口味名称的行为，足以使相关公众在看到涉案商品时直接联想到第2021191号“老干妈”商标，进而破坏该商标与贵阳老干妈公司所生产的豆豉、辣椒酱（调味）、炸辣椒油商品之间的密切联系和对应关系，减弱该商标作为驰名商标的显著性。贵州永红公司明知第2021191号“老干妈”商标在豆豉、辣椒酱（调味）、炸辣椒油商品上具有较高知名度，仍然在涉案商品上使用“老干妈味”字样，意图利用该商标的市场声誉吸引相关公众的注意力，从而获取不正当的经济利益。因此，贵州永红公司在涉案商品包装上标注“老干妈味”的行为，削弱了第2021191号“老干妈”商标与贵阳老干妈公司的唯一对应联系，弱化了该驰名商标告知消费者特定商品来源的能力，从而减弱了驰名商标的显著性，并不正当利用了驰名商标的市场声誉，构成《商标法》第十三条第三款所指“误导公众，致使该驰名商标注册人的利益可能受到损害的”的情形，属于给他人注册商标专用权造成其他损害的行为。

【案例注解】

该案要判断涉案产品上标记的“老干妈味”字样是否侵犯了贵阳老干妈公司就涉案“老干妈”商标享有的注册商标专用权，在明确了涉案“老干妈”商标属于驰名商标的基础上，本案首先需要明确贵州永红公司在涉案商品上使用“老干妈味”字样是否属于商标使用，其次，还需要明确贵州永红公司的该使用行为是否属于商标的合理使用行为，具体而言：

一、商标使用对商标功能的利用——“识别性商标使用”和“广告性商标使用”的认定

论及“商标使用”，必须要说明的是，我国商标法规定了商标权人积极使用商标的权利和排除他人侵犯商标权的权利，即商标权人的专用权和禁用权，赋予权利人禁用权意在于维护其专用权，而权利人所享有的专用权与禁用权均体现了对商标功能的维护与发挥，也即是对商标权的侵害，实质在于对商标功能的损害。由于传统商标制度是以“禁止混淆”理论搭建的，商标最核心的功能在于区分商品或服务的来源。就此而言，商标权人的专用权和禁用权的边界目标是一致的，如果将他人拥有的注册商标作为商标使用，易造成消费者对产品或者服务来源的混淆，属于侵犯注册商标专用权的行为。基于此可见，传统混淆理论认为具有商标使用行为是侵犯注册商标专用权的先决条件，认定“商品来源存在混淆的可能”是商标保护的基础。也即传统混淆理论在无混淆可能时不保护。因为传统混淆理论认为无混淆时，无侵害。事实上，在商品经济的初级阶段，在商标产生的缘由来讲，商标只具有识别功能，故而相应而生的该理论确实无瑕疵。

但是随着交通运输技术和传播技术的发展，推动了国际国内贸易的深入发展，商业交易新形式的出现，市场的深度扩大和商业广告的无缝流行，商标在其基础功能识别来源的基础上，分化出了对广而告之以吸引眼球为目的之新功能，由此也就产生了新颖的对商标的使用形式。尤其对于驰名商标而言，商标权人为塑造和维护驰名商标的品牌效应通过传统的使用和宣传推广使用付出了巨大成本。为维持这种品牌宣传推广的效果，让商标在消费者心目中的形象不受到干扰和破坏，就成了权利人最为重要的利益诉求，此时，商标权利人需要的禁用权边界远大于其专用权的边界，在此情况下，无混淆，仍可能侵害权利人的利益。这正是传统商标混淆理论的局限所在，也正是商标反淡化理论应然而生的根本原因。因为驰名商标具有的显著性和良好声誉还蕴含着的显著广告效应，越来越多的侵权者并不会直接简单地在自己商品上标注一个与驰名商标类似的商标以混淆消费者，而是把他人驰名商标作为自己产品的系列名称，或者用他人驰名商标来描述自己产品，使得消费者误以为侵权者的产品与驰名商标权人具有某种联系，会产生逐步减弱驰名商标与权利人的唯一对应关系，导致驰名商标标识的显著性减弱的后果。因此，即使涉案行为不会造成消费者对涉案商品或服务的来源产生混淆，但能让消费者将商品或服务与驰名商标产生某种联系，产生逐步减弱驰名商标标识显著性的后果，则仍然可能破坏商标权

人的禁用权，进而构成对驰名商标专用权的侵犯。可见，由于普通商标与驰名商标发挥的商标功能的广度与深度不同，导致二者所具有的商标专用权与禁用权范围有别，进而针对二者的侵权后果会有所不同，对于普通商标，着重在于破坏商标权人禁止混淆商品来源的权利，是以“混淆商品来源”为后果对商标专用权的侵犯，即混淆式侵权；而对于驰名商标还存在另一种情形，更着重在于破坏商标权人禁止淡化商标显著性的权利，是以“淡化商标显著性”为后果对驰名商标专用权的侵犯，即淡化式侵权。据此，前述两种侵害商标权的行为，均涉及到了对商标的使用，为更好地规制前述两种侵害商标权的行为，有必要在理论上理清前述两种侵害商标权情形中对商标的不同性质的使用行为，并对其作出明确区分。

由以上论述可知，在商标侵权中行为人对商标的使用应以妨碍商标功能的正常发挥为条件。商标使用行为在商标法中具有重要意义，由此关于商标使用的含义亦应当基于对商标功能的损害方式进行理解。我国《商标法》第四十八条规定：本法所称商标的使用，是指将商标用于商品、商品包装或者容器以及商品交易文书上，或者将商标用于广告宣传、展览以及其他商业活动中，用于识别商品来源的行为。通过对该条款的理解，笔者认为，前述规定对商标的使用的概念的确定系基于传统混淆理论，体现了商标的识别功能的价值。毋庸置疑的是商标最基本的功能是区分识别功能，因此，从商标的该项功能之视角理解，所谓商标使用，即指在商业活动中，将已注册商标作为商标使用，用于识别商品来源，防止混淆，可称为识别性商标使用。但是，对于驰名商标的淡化式侵权，虽然也存在对商标的使用行为，却并不要求以此为前提。实践中还常出现这类情形，即使用者仅在自己的产品、包装、广告宣传中使用他人商标，但是使用者使用他人商标并不是想以该商标来标明自己产品或服务的来源，相反，使用者会在自己产品上标明自己注册的商标，表现为对驰名商标具有的广告功能所蕴含的价值的破坏，这类情形明显有别于前述商标使用行为，从其发挥商标广告功能的角度出发，其实质上仍然属于“商标使用”，可称之为广告性商标使用。由上分析可见，识别性商标使用与广告性商标使用均属于商标使用，随着经济发展和实践积累，驰名商标侵权的前提条件不再仅仅是识别性商标使用行为，还包括了广告性商标使用行为，两者区别主要体现在：在识别性商标使用行为中，被诉侵权人是将权利人的商标当作“识别标识”来使用，目的是使消费者对来源产生混淆，属于混淆式侵权；而在广告性商标使用行为中，被诉侵权人不仅仅是把权利人的驰名商标当作识别标识使用，而更为主要的是将其用于包装、宣传中，起到广告作用，甚至被诉侵权人在其商品或服务中还标注了自己的商标以表明其正确来源，后果在于淡化驰名商标的显著性，属于淡化式侵权。

具体到本案，首先，涉案产品正前方上半部分使用了被告贵州永红公司自己的注册商标“牛头牌及图”字样，视觉效果突出，而“老干妈味”字样则位于中部，字体偏小。贵州永红公司与贵阳老干妈公司同属贵州省内知名食品企业，其拥有的注册商标“牛头牌及图”在消费者中享有较高知名度。贵州永红公司已经在其生产的涉案产品上标注了自有注册商标“牛头牌及图”，视觉上具有显著性。其次，有关制造商、产地的描述也是表明商品来源的重要标志，本包装背部写明了涉案产品的制造商是被告贵州永红食品有限公司。所以，可以认定贵州永红公司在涉案产品上使用自有商标“牛头牌及图”的行为属于识别性商标使用，而在涉案产品中部使用较小字体“老干妈味”字样的行为不属于识别性商标使用。消费者在购买涉案产品时施加一般注意力即可分辨出此商品的商标是“牛头牌及图”，来源于贵州永红公司，不会对涉案产品的来源产生混淆和误认。

此外，笔者认为，在同一种商品上使用发挥商标不同功能作用的不同标识并不矛盾，在同一种商品上已使用自己的注册商标来区分商品来源，并不能当然否定其在该商品上对他人的驰名商标的广告性商标使用行为的定性。贵阳老干妈公司对涉案商标享有商标专用权，涉案产品上印有“老干妈味”字样，涉案产品上也标注了贵州永红公司的自有商标。贵州永红公司的行为虽然不属于识别性商标使用行为，但是，本案涉案商标为驰名商标，由于驰名商标本身的良好声誉，除了具备普通商标的识别功能，还具有广告功能，因此，其禁用权的边界大于专用权，还具有禁止他人淡化式使用该商标的行为意义。贵州永红公司将涉案驰名商标作为自己牛肉棒产品的系列名称，用涉案驰名商标来描述自己的产品，会使消费者误以为涉案产品与商标权人贵阳老干妈公司具有某种联系，贵州永红公司将“老干妈味”作为一种口味，有可能导致涉案驰名商标的显著性减弱，弱化涉案驰名商标与原告贵阳老干妈公司的唯一对应关系，甚至会导致其名称通用化。因此，贵州永红公司标注“老干妈味”字样的行为构成对涉案商标的广告性商标使用。

二、明确“描述性使用”并不是与“商标使用”并列的一个概念，而是作为“商标使用”中的一种合理使用情形的认定

理论上，就商标权人的专用权保护而言，在商标使用行为中由于某些商标标识本身所具有的某些非商标含义，如果行为人是在商标标识本身所具有的非

商标含义上使用该商标标识，则会由于其使用的正当性而不构成侵害商标权。因此，并不是任何对商标的使用行为都构成侵害商标权，当然并非所有的广告性商标使用行为都会侵犯驰名商标专用权。只有被诉侵权人的识别性商标使用行为造成消费者对来源产生混淆的可能才成立混淆式侵权；同理，只有被诉侵权人的广告性商标使用行为造成驰名商标显著性淡化的后果时才成立淡化式侵权。而《商标法》第五十九条第一、二款规定的商标合理使用的情形，就不成立商标侵权。

商标合理使用是为了使社会主体间的利益达成平衡而设计的一种制度，他人在生产经营过程中可以正当地使用权利人的商标，而不必征得权利人的许可，也不必支付商标使用费。正如《商标法》第五十九条第一款规定，注册商标中含有的本商品的通用名称、图形、型号，或者直接表示商品的质量、主要原料、功能、用途、重量、数量及其他特点，或者含有的地名，注册商标专用权人无权禁止他人正当使用。本案中，贵州永红公司辩称，涉案产品确实添加了"老干妈"牌豆豉作为调料，"老干妈味"是对产品配料的真实、合理描述，"老干妈味"只是对牛肉棒口味的描述，除此之外，牛肉棒系列产品还有"原味""香辣""黑胡椒"等其他口味。

现在主流观点认为，商标法上的合理使用主要包括两种情形：描述性使用与指示性使用。描述性使用是指生产经营者使用他人的商标对自己生产经营的商品予以叙述性描述。指示性使用是指为指明产品、服务的种类而使用他人的商标。必须承认，如果是为了描述、指明商品的基本信息，应当允许他人在不引起消费者混淆、误认或联想的情况下，正常、合理地使用权利人的商标。可见，区分商标合理使用和侵权使用的界限应该是：这种使用不致引起一般消费者或相关公众对商品来源的混淆或误认，也不应使消费者对该商品与使用的商标间产生不恰当联想。具体到本案，涉案产品上虽然印有的是"老干妈味"字样，涉案产品也确实添加了"老干妈"牌豆豉，但不同于"原味""香辣""黑胡椒"等口味，"老干妈"在现实生活中并非任何一种口味，也不是任何一种原料，而是贵阳老干妈公司所拥有的驰名商标，具有强烈的显著性，与贵阳老干妈公司具有唯一对应关系。因此，不能将"老干妈"视为一个描述性词汇运用在涉案产品之上，被诉侵权行为不符合《商标法》第五十九条第一款的规定。同时，关于商标的指示性使用，现实生活中指示性使用多出现在零配件贸易、维修服务行业以及其他消耗性产品的销售领域，用以表示自己所生产的产品或提供的服务与商标权人的产品相适配，目的在于将商品与有关商品相匹配的信息传达给潜在消费者。我国法律对此没有直接规定，但在实践中，商标指示性使用即指，在销售商品时，为说明来源、指示用途等在必要范围内使用他人注册商标标识的行为，属于正当使用商标标识的行为，可见，认定被诉侵权人的使用行为是否构成指示性使用需要衡量其使用他人商标的必要性，即是否为说明或传达真实信息所必需。判断“必要性”需要满足两个条件，其一，若不使用商标标识便难以描述商品或服务的性质或范围；其二，不得大量使用商标权人的商标标识。本案中，涉案产品配料中添加了老干妈牌豆豉，但标注“老干妈味”字样并非描述涉案产品之必须，贵州永红公司可以直接采取标注“麻辣味”“豆豉味”等字样来说明涉案牛肉棒的口味，而非替代性地直接借用涉案驰名商标。因此，被诉侵权行为易引起消费者将涉案产品与贵阳老干妈公司之间搭建不恰当的联系，将涉案“老干妈”商标所享有的优良商誉投射到涉案产品之上，故不属于合理使用的范畴。

三、从损害商标功能的角度出发——驰名商标侵权区分为混淆式侵权与淡化式侵权的认定

《驰名商标司法解释》第九条第二款规定：足以使相关公众认为被诉商标与驰名商标具有相当程度的联系，而减弱驰名商标的显著性、贬损驰名商标的市场声誉，或者不正当利用驰名商标的市场声誉的，属于《商标法》第十三条第二款规定的“误导公众，致使该驰名商标注册人的利益可能受到损害”。

本案涉案“老干妈”商标属于驰名商标，需要给予其在不相同或者不相类似商品上的跨类保护，《商标法》第十三条规定的“误导公众，致使该驰名商标注册人的利益可能受到损害”不应简单地从一般商标侵权的市场混淆意义上进行理解，通常还都涉及因误导相关公众而减弱驰名商标的显著性或者贬损其声誉，因而《驰名商标司法解释》第九条第二款对此进行了界定。

驰名商标淡化是指未经权利人许可，在不相同或不类似的商品或服务上使用与驰名商标相同或类似的标识，利用驰名商标的商业信誉来推销其商品或服务的行为。商标淡化首先淡化的是商标的显著性，驰名商标之所以驰名，是因为其本身具有较强的显著性，淡化行为会直接导致这种自然属性的削弱。同时，商标淡化行为也会损害商标的识别性。因为一件本来具有很强识别性的商标，与它所标志的商品或服务具有相对固定的联系，但将他人的驰名商标使用在不同的商品或服务上的行为，会使该商标的此种固定识别功能减弱。毕竟，注册商标禁用权的范围并非一成不变的，例如，我国商标法中规定了驰名商标，其保护范围不仅包括了对商品来源的误认，同时，还包括了减弱驰名商标的显著性、贬损驰名商标的市场声誉、不正当利用驰名商标的市场声誉等

“淡化”的情形，故保护范围明显大于非驰名的注册商标。究其原因，正是商标的实际价值在于使用，通过积极、有效、合法、广泛的使用，注册商标所蕴含的商业信誉、商品声誉不断累积，其影响范围也随之扩大，由此在判断商标禁用权范围时，也是出于对注册商标所形成商誉的有效保护。

本案中，贵州永红公司将涉案商标运用于其牛肉棒产品的包装上，虽然没有将其作为识别性商标使用，但仍会使消费者对涉案产品与驰名商标之间产生联想，属于《驰名商标司法解释》第九条第二款规定的“足以使相关公众认为被诉商标与驰名商标具有相当程度的联系，而减弱驰名商标的显著性”和“不正当利用驰名商标的市场声誉”的情形。贵州永红公司在涉案产品上标注“老干妈味”字样的行为，试图把涉案商标“老干妈”解释成同“黑胡椒”“麻辣味”并列的一种口味描述，而事实上，“老干妈”并不代表现实生活中的一种口味，“老干妈”是贵阳老干妈公司的驰名商标，“老干妈”本身所具有的显著性以及其所代表的贵阳老干妈公司长期经营使用所产生的商誉，绝不是一种口味的通用名称，贵州永红公司的前述对“老干妈”使用行为，将导致其通用化为一种口味名称，会大大减弱涉案商标的显著性和识别性。驰名商标淡化行为尽管发生在与驰名商标核定保护的商品不同类的行业中，但是淡化一旦发生，驰名商标的显著性将大为弱化甚至不复存在，其识别性也深受影响，不能发挥区分商品来源、彰显商誉的功能，驰名商标的价值自然会受到严重削弱。

基于以上分析，为了避免涉案驰名商标“老干妈”最后淡化为一种通用的口味描述性词汇，有必要在本案中对该驰名商标作出反淡化保护，根据《商标法》第十三条、《驰名商标司法解释》第九条第二款规定，贵州永红公司的生产、销售行为，侵犯了贵阳老干妈公司所拥有的涉案商标专用权和禁用权。

（**一审法院合议庭成员** 邓　卓　高　松　宫朝红
二审法院合议庭成员 周　波　俞惠斌　苏志甫
编写人 北京知识产权法院　邓　卓
责任编辑 丁文严
审稿人 王　闯）

行政及国家赔偿

上海颐品茶道有限公司诉上海市浦东新区人力资源和社会保障局劳动监察案

——用人单位不因约定不缴社会保险费而免责

关键词：社会保险费　经济补偿金　被诉决定　劳动监察

【裁判要旨】

缴纳社会保险费系劳动者与用人单位的法定义务，不以双方约定不缴纳而免除该法定义务。用人单位不缴纳社会保险费的，应依法予以补缴，并将承担支付经济补偿金的相应法律责任。

【相关法条】

《中华人民共和国劳动合同法》第三十八条第一款第三项、第二款　用人单位有下列情形之一的，劳动者可以解除劳动合同：

（三）未依法为劳动者缴纳社会保险费的；

用人单位以暴力、威胁或者非法限制人身自由的手段强迫劳动者劳动的，或者用人单位违章指挥、强令冒险作业危及劳动者人身安全的，劳动者可以立即解除劳动合同，不需事先告知用人单位。

第四十六条第一项　有下列情形之一的，用人单位应当向劳动者支付经济补偿：

（一）劳动者依照本法第三十八条规定解除劳动合同的；

《中华人民共和国行政诉讼法》第八十九条第一项　人民法院审理上诉案

件，按照下列情形，分别处理：

（一）原判决、裁定认定事实清楚，适用法律、法规正确的，判决或者裁定驳回上诉，维持原判决、裁定；

【案件索引】

一审：上海市浦东新区人民法院（2016）沪0115行初23号（2016年3月10日）

二审：上海市第一中级人民法院（2016）沪01行终294号（2016年6月3日）

【基本案情】

上诉人上海颐品茶道有限公司（以下简称颐品公司）上诉称：第三人刘同斌入职时提出不需要缴纳社会保险费，上诉人在劳动合同期限内也未缴纳第三人的社会保险费。欠缴社会保险费的事实存在，但并非上诉人恶意拖欠，而是由于第三人主动提出，过错在于第三人。被上诉人适用《中华人民共和国劳动合同法》（以下简称《劳动合同法》）的规定要求上诉人补缴社会保险费，进而支付经济补偿金，应考虑上诉人是否存在恶意，不能只看客观上是否缴纳，原审法院认定事实不清，故请求二审法院撤销原审判决，改判支持上诉人原审诉讼请求或发回重审。

被上诉人上海市浦东新区人力资源和社会保障局（以下简称浦东人保局）辩称：上诉人颐品公司未缴纳第三人刘同斌社会保险费的事实清楚，证据确凿。第三人解除劳动合同后，因上诉人未支付经济补偿金，投诉至被上诉人处，被上诉人作出行政处理决定，符合《劳动合同法》第三十八条、第四十六条的规定。原审法院认定事实清楚，适用法律正确。故请求二审法院驳回上诉，维持原判。

第三人刘同斌述称：同意被上诉人浦东人保局的意见。故请求二审法院驳回上诉，维持原判。

法院经审理查明：2015年8月10日，刘同斌向浦东人保局投诉颐品公司存在多种违法行为，其中包括无故克扣工资、未为刘同斌缴纳社会保险费、未支付经济补偿金等。次日，刘同斌将投诉事项明确为：颐品公司未为刘同斌缴纳社会保险费、未向刘同斌支付经济补偿金。浦东人保局经审查，认为颐品公司涉嫌上述违法行为，于2015年8月11日立案受理。浦东人保局于2015年8月19日向颐品公司作出劳动保障监察通知书、调查询问书，要求颐品公司法定代表人或者书面委托的相关人员，携带相关材料于同年8月27日至浦东人保局指定地点接受调查询问。2015年8月27日、9月28日，浦东人保局两次询问了颐品公司的委托代理人张磊，并查阅了颐品公司提供的相关材料，证实颐品公司未为刘同斌缴纳2013年9月至2015年7月的社会保险费。浦东人保局于2015年11月12日向颐品公司发出责令改正通知书，要求颐品公司在2015年11月23日补缴刘同斌2013年9月至2015年8月的社会保险费，并支付刘同斌经济补偿金人民币5572元。颐品公司未整改，浦东人保局于2015年12月21日作出浦人社监（2015）理字第1731－1号行政处理决定书，要求颐品公司补缴相关的社会保险费。同日，浦东人保局作出浦人社监（2015）理字第1731－2号《行政处理决定书》（以下简称行政处理决定），主要内容为：2015年11月12日浦东人保局在劳动监察中发现颐品公司存在未按规定支付劳动者经济补偿金的行为。经查实，颐品公司未按规定支付1名劳动者刘同斌的经济补偿金，共计5572元。浦东人保局认定颐品公司违反了《劳动合同法》第四十六条第一项之规定。根据《劳动合同法》第八十五条第四项之规定，对颐品公司作出如下处理决定：要求颐品公司在收到行政处理决定之日起15日内支付1名劳动者刘同斌的经济补偿金，共计5572元，并将支付凭证以书面形式报浦东人保局。颐品公司不服行政处理决定，起诉至原审法院，请求撤销行政处理决定并责令浦东人保局重新作出决定。

【裁判结果】

上海市浦东新区人民法院于2016年3月10日作出（2016）沪0115行初23号行政判决：驳回上海颐品茶道有限公司的诉讼请求。宣判后，上海颐品茶道有限公司提出上诉。上海市第一中级人民法院于2016年6月3日作出（2016）沪01行终294号行政判决：驳回上诉，维持原判。

【裁判理由】

法院生效裁判认为：被上诉人浦东人保局依法具有作出行政处理决定的法定职责。根据《劳动合同法》第三十八条、第四十六条的规定，用人单位未依法为劳动者缴纳社会保险费，劳动者据此解除劳动合同的，用人单位应当向劳动者支付经济补偿。本案中，根据被上诉人提交的调查笔录、社保委托协办函及未整改回执、应补缴社保明细等证据以及各方当事人庭审陈述，足以证实上诉人颐品公司在劳动合同期限内未为第三人刘同斌缴纳社会保险费，劳动合同解除后，上诉人未按规定支付第三人共计5572元的经济补偿金。被上诉人据此作出行政处理决定，主要证据充分，适用法律正确。被上诉人收到投诉后，依职权对上诉人实施监察，经调查，听取上诉人、第三人陈述后，作出行政处理决定并送达《行政处理决定书》，行政程序符合《劳动保障监察条例》的规定。上诉人提出，其系因第三人要求而未缴纳社会保险费，而非恶意不缴，并以此主张被上诉人要求上诉人支付经济补偿金系适用法律错误。根据《劳动法》第七十二条的规定，缴纳社会保险费系用人单位与劳动者法定义务，用人单位不履行该项义务，需承担《劳动合同法》第三十八条、第四十六条规定的关于支付经济补偿金的法律责任，不因用人单位与劳动者单方要求或双方约定而免责，故上诉人的意见缺乏法律依据，难以支持。上诉人提交的劳动合同载明“本人无需公司为其交纳社会保险金”，该约定不符合《劳动法》第七十二条的规定，可能引发争议，上诉人、第三人在今后的用工、就业中订立劳动合同，对上述问题应予重视。

【案例注解】

实践中，劳动关系双方协议约定不缴社保费的现象屡有发生。就劳动者而言，自愿选择不缴社保费通常基于经济考虑：首先，社会保险制度中的养老保险制度尚未从分省统筹过渡到全国统筹，存在所谓“此处缴费他处不认”的风险；其次，不缴社保费通常可以换取工资报酬增加，相比若干年后才能拿到的保险金，获益更加直接；最后，一些劳动者存在侥幸心理，认为即便不缴社保费，国家最终也会负责解决养老、医疗和工伤赔偿等问题。而用人单位从降低成本角度出发，较易与劳动者达成不缴社保费的协议。本案中，颐品公司以其与刘同斌在劳动合同中约定“本人无需公司为其缴纳社会保险金”为由，对浦东人保局责令其支付经济补偿金决定的合法性提出异议。因此，本案实质性的争议是在用人单位与劳动者合意不缴社会保险费的情况下，行政机关是否仍然可以以用人单位不缴社保费为由，作出责令用人单位支付劳动者经济补偿金的决定。笔者认为，基于社会保险费缴纳的强制性及行政权对社会保险制度的保障，颐品公司不为劳动者缴纳社会保险费的行为不符合法律规定，并应承担相应的法律责任。

一、缴纳社会保险费的强制性

我国的社保制度是由宪法确立的一项制度，同时，国家为此还设立了社会保险基金予以保障。从《社会保险法》关于各险种基金筹资方式的规定看，我国社保基金筹资方式采用了三方出资原则，社保基金的收支平衡主要靠用人单位和劳动者出资保障，国家出资起到补充和“托底”作用。因此，为保证社会保险基金收支平衡，从而保障社保制度本身正常运行，我国在立法层面上规定了用人单位与劳动者的强制缴费义务。《劳动法》第七十二条规定，用人单位和劳动者必须依法参加社会保险，缴纳社会保险费。《社会保险法》第六十条规定，劳动者应当缴纳的社会保险费由用人单位代扣代缴。由此可见，缴费义务是用人单位与劳动者公法上的义务，是否缴纳社保费并非劳动关系双方可以约定的事宜，具有强制性。本案中，颐品公司与刘同斌约定不缴纳社保费，明显有悖于《劳动法》规定，违反社保费缴纳的强制性规定。

二、不缴社会保险费的违法责任

用人单位不依法缴费，首先应当承担补缴法律责任，补缴法律责任也是保障社保基金收支平衡的基础。《劳动法》第一百条规定，用人单位无故不缴纳社会保险费的，由劳动行政部门责令其限期缴纳；逾期不缴的，可以加收滞纳金。《社会保险法》第八十六条规定，用人单位未按时足额缴纳社会保险费的，由社会保险费征收机构责令限期缴纳或者补足，并自欠缴之日起，按日加收万分之五的滞纳金。本案中，颐品公司未依法为刘同斌缴纳社保费，浦东人保局责令颐品公司补缴社保费，即是要求用人单位承担补偿性的法律责任。

其次，用人单位可能承担处罚类的法律责任，如罚款。《劳动法》对补缴社保费的行为未规定罚款处罚，而《社会保险法》第八十六条则明确了行政机关有权对用人单位课以罚款处罚。

相对于上述两者，本案所涉的经济补偿金法律责任则比较特殊，它兼有惩罚用人单位和补偿劳动者的性质。《劳动合同法》第三十八条、第四十六条的规定将不缴社保费的行为与支付经济补偿金的法律责任联系在一起，形成“不缴社保费——劳动者行使劳动合同解除权——用人单位支付经济补偿金”的逻辑关系，最终导致用人单位向劳动者额外支付经济补偿金。

本案中，颐品公司客观上未为刘同斌缴纳社保费，而刘同斌又选择解除劳动关系，《劳动合同法》第三十八条、第四十六条规定的要件均已具备，颐品公司应当支付经济补偿金。劳动者在面对劳动环境恶化、用人单位不缴社保费、降低工作报酬、经济性裁员等不利于情形时，能够通过索取经济补偿金的方式得到补偿，而用人单位在实施不利于劳动者的管理措施时，也必须考虑支付经济补偿金的问题。经济补偿金制度赋予劳动者更加优越的法律地位，体现了国家对劳动者的倾斜保护。

三、经济补偿金制度对社保制度的保障作用

颐品公司以协议不缴社保费为由主张不需支付经济补偿金，实际上是提出了一个免责事由。对于用人单位胁迫劳动者同意不缴社保费的，用人单位理应支付经济补偿金，在此，我们仅讨论用人单位与劳动者协议不缴社保费，即双方均存在违法恶意的情形下，用人单位能否免于支付经济补偿金的问题。

在经济补偿金制度下，用人单位与劳动者共同实施违法行为，最终导致一方损失，另一方得益，基于对民事关系的一般认识，我们能够感受到明显的不公平，但是，从依法行政及保障社保制度正常运行的角度看，则不能因为所谓的“不公平”而将约定不缴费作为一项免责事由。

首先，不履行法定义务而产生的法律责任，其免责事由亦应由法律规定。从目前的法律、法规看，没有将约定不缴社保费作为支付经济补偿金的免责条款。从不缴社保费到支付经济补偿金，尚需经过劳动者行使劳动合同解除权这一过程，而《劳动合同法》第三十八条甚至没有将约定不缴费作为劳动者获得合同解除权的例外情况。作为执行劳动监察职责的行政机关，不能在没有法律规定的情况下以约定不缴费作为不履行职责的依据。

其次，《社会保险法》第六十条规定了劳动者缴纳社保费的方式，可以归纳为以用人单位代扣代缴为原则，以劳动者直接缴纳为例外。换言之，即便劳动者不愿缴费，用人单位仍然可以依法扣减劳动者部分收入用于缴费，在劳动者提出共同违法“要约”时，用人单位有义务也有能力制止违法行为的发生。而在双方约定不缴费的情形下，用人单位明知违法，非但未制止违法行为，反而予以促成，客观上造成了劳动者社会保险费的损失，且扰乱了社保制度的正常运行，损害公共利益，基于此，用人单位向劳动者作出补偿亦属合理。

再次，人力资源市场是一个劳动者与用人单位不断博弈的市场，任何一项制度设计都不得不考虑双方的博弈，经济补偿金制度如此，社保制度本身亦如此。经济补偿金制度的目的不可能是鼓励劳动者通过举报用人单位而获取收益，而是要“倒逼”用人单位积极履行缴纳社保费的义务，从而保障社保基金收支平衡，保障社保制度正常运行。如果用人单位依法完成法律明文规定的代扣代缴义务，则不可能出现因不缴费支付经济补偿金的情况，劳动者也就没

有凭空获取经济补偿金的余地。同时，劳动者选择获取经济补偿金，也要付出相应代价，即丧失在用人单位继续工作的机会。

此外，对于个别用人单位的违法行为，行政机关能够运用现有的监管制度严格管理，以维持社保制度运行，但面对大量的违法行为，我们将不得不考虑需要投入的监管成本。经济补偿金制度能够激励劳动者协助行政机关共同监督用人单位，从而遏制违法行为的发生。若劳动者与用人单位协议不缴费，劳动者在发生劳动纠纷时可以获得额外的经济补偿金，这将使劳动者更倾向于举报用人单位的违法行为，行政机关对用人单位的监管也更加容易。对用人单位而言，协议不缴费不但起不到不缴社保费节约成本的效果，反而将导致支付额外的经济补偿金。在此情况下，依法缴费才是用人单位更为可靠的选择。这样，既没有消耗监管成本，又促成用人单位自觉守法，不再与劳动者达成不缴费的协议，遏制了不缴费违法行为的发生，最终起到维护社保制度健康运行的目的。若将约定不缴费作为免责条款，则将削弱用人单位的违法成本，也不利于调动劳动者监督用人单位的积极性，增加行政机关的监管成本，因此，从维护社保制度的角度考虑，约定不缴费也不能成为用人单位免于支付经济补偿金的理由。

（**一审法院合议庭成员**　郭寒娟　骆国雄　包小伶
二审法院合议庭成员　岳婷婷　宁　博　刘智敏
编写人　上海市第一中级人民法院　刘智敏
责任编辑　韩德强
审稿人　王振宇）

刘维安诉国家新闻出版广电总局新闻采编不良从业行为记录决定案

——新闻采编不良从业行为记录决定的性质认定

关键词：新闻采编不良从业行为记录　确认之诉　预防性诉讼

【裁判要旨】

将受过刑事处罚的人员列入新闻采编不良从业行为记录，并决定其终身不得从事新闻采编工作这一行政行为并非行政处罚，而仅是对原告所处的既定法律状态予以确认与宣告。原告针对该决定提起的诉讼本质上属于确认行政法上法律关系成立（不成立）的确认之诉。虽然我国现行行政诉讼法并未明确规定此类诉讼类型，但对于本案情形而言，司法审查的介入具有积极的意义，也符合我国现行行政诉讼法的立法宗旨，且能够得到具体法律条款的支撑。

【相关法条】

《新闻记者证管理办法》第二条　本办法适用于新闻记者证的申领、核发、使用和管理。

第二款　在中华人民共和国境内从事新闻采编活动，须持有新闻出版总署核发的新闻记者证。

第九条　新闻机构中领取新闻记者证的人员须同时具备下列条件：

（一）遵守国家法律、法规和新闻工作者职业道德；

（二）具备大学专科以上学历并获得国务院有关部门认定的新闻采编从业资格；

（三）在新闻机构编制内从事新闻采编工作的人员，或者经新闻机构正式聘用从事新闻采编岗位工作且具有一年以上新闻采编工作经历的人员。

本条所称“经新闻机构正式聘用”，是指新闻采编人员与其所在新闻机构签有劳动合同。

第十条 下列人员不发新闻记者证：

（一）新闻机构中党务、行政、后勤、经营、广告、工程技术等非采编岗位的工作人员；

（二）新闻机构以外的工作人员，包括为新闻单位提供稿件或者节目的通讯员、特约撰稿人，专职或兼职为新闻机构提供新闻信息的其他人员；

（三）教学辅导类报纸、高等学校校报工作人员以及没有新闻采访业务的期刊编辑人员；

（四）有不良从业记录的人员、被新闻出版行政部门吊销新闻记者证并在处罚期限内的人员或者受过刑事处罚的人员。

第三十八条 新闻记者因违法活动被吊销新闻记者证的，5年内不得重新申领新闻记者证，被追究刑事责任的，终身不得申领新闻记者证。

《新闻采编人员不良从业行为记录登记办法》第九条 省级以上新闻出版行政部门在确定新闻采编人员不良从业行为记录前，应事先向当事人告知拟将其列入新闻采编不良从业行为记录的事实、理由和依据，当事人应在接到告知书之日起7日内提出陈述和申辩。

以新闻出版行政部门的行政处罚决定书和人民法院的判决书等有效文书作为认定新闻采编不良从业行为记录依据的，无须另行告知当事人。

第十六条 非新闻采编人员（包括境内新闻机构的非新闻采编岗位工作人员和其他社会人员）违法从事新闻采编活动参照适用本办法。

【案件索引】

一审：北京市第一中级人民法院（2016）京01行初字195号（2016年8月12日）

二审：北京市高级人民法院（2016）京行终5009号（2017年1月13日）

【基本案情】

原告刘维安诉称：（1）原告完全不认可法院作出的刑事判决，现已向广东省高级人民法院申请再审。原告在2013年3月才与法治网达成合作的协议，以广东频道主编的身份承包法治网广东频道，在2011年6月27日至2012年4

月和法治网没有任何合作或工作关系。2011年6月27日至2012年8月29日，原告与广东南方网络信息科技有限公司有合作经营关系，但原告既非南方网员工，也不是新闻采编人员。因此，被告依据不存在的事实对原告作出终身禁止从事新闻采编工作的决定违法；（2）被告在作出被诉决定时没有听取原告的陈述和申辩，违反了行政处罚的法定程序要求，构成程序违法。综上，请求法院依法判决撤销被诉决定和被诉复议决定。

被告新闻出版广电总局辩称：（1）原告因从事违法新闻报道以收受他人贿赂并以新闻报道为由进行敲诈勒索的违法行为，被依法判处受贿罪和敲诈勒索罪。据此，我局将其列入新闻采编不良行为记录，终身禁止从事新闻采编工作。被诉决定中载明的"2011年6月至2012年4月，你在担任法治网广东频道主编期间……"确实存在错误，我局在复议决定中依法予以纠正。但依据《新闻采编人员不良从业行为记录登记办法》第十六条的规定，非新闻采编人员违法从事新闻采编活动参照适用本办法。原告实施违法行为时虽不具备新闻采编人员身份，但仍然属于新闻采编不良从业行为记录的监管对象，被诉决定结论并无不当，我局依法予以维持；（2）关于程序问题，《新闻采编人员不良从业行为记录登记办法》第九条规定："省级以上新闻出版行政部门在确定新闻采编人员不良从业行为记录前，应事先向当事人告知拟将其列入新闻采编不良从业行为记录的事实、理由和依据，当事人应在接到告知书之日起7日内提出陈述和申辩。以新闻出版行政部门的行政处罚决定书和人民法院的判决书等有效文书作为认定新闻采编不良从业行为记录依据的，无须另行告知当事人。"本案中，法院已经针对原告作出生效的刑事判决，故在作出列入新闻采编人员不良从业行为记录前，无需另行告知原告并听取其意见。综上，原告的诉讼理由不能成立，请求法院依法判决驳回原告的诉讼请求。

法院经审理查明：2014年6月20日，广东省韶关市武江区人民法院作出（2014）韶武法刑初字第40号刑事判决，其中认定：刘维安、胡亚柱两人在胡亚柱担任南方日报地方新闻中心主任助理兼南方日报记者期间，利用胡亚柱的职务便利，共同收取魏镇顺共计人民币315000元，为魏镇顺谋取利益，两人的行为均已构成受贿罪。刘维安、胡亚柱两人还以非法占有为目的，伙同他人利用媒体采访新闻的权利，以所谓"新闻曝光"或删除处理网络信息为由，勒索他人财物共计人民币178000元，数额巨大，两人的行为又构成敲诈勒索罪。综上，法院最终判决：刘维安犯受贿罪，判处有期徒刑十一年，并处没收财产人民币10万元；犯敲诈勒索罪，判处有期徒刑四年，并处罚金人民币5万元；决定执行有期徒刑十四年，并处没收财产人民币10万元，罚金人民币

5万元。刘维安不服，提出上诉。2014年9月2日，广东省韶关市中级人民法院作出（2014）韶中法刑二终字第47号刑事裁定：驳回上诉，维持原判。

基于上述事实，被告于2015年6月25日作出本案被诉决定，决定将原告列入新闻采编不良从业行为记录，终身禁止从事新闻采编工作。原告不服被诉决定，于2015年11月25日向被告提出行政复议申请。2016年1月19日，被告作出被诉复议决定，其中认定：被诉决定所称原告于"2011年6月至2012年4月任法治网广东频道主编"确与原告当时非新闻采编人员的身份不符，应予纠正。但根据生效判决，2011年6月至2012年4月期间，原告因从事违法新闻报道以收受他人贿赂并以新闻报道为由进行敲诈勒索的违法行为，被依法判处受贿罪和敲诈勒索罪。原告作为非新闻采编人员违法从事了新闻采编活动，被告依据生效判决认定的事实将其列入新闻采编人员不良从业行为记录并无不当。综上，被告决定维持被诉决定。原告仍不服，诉至一审法院，请求撤销被诉决定和被诉复议决定。

【裁判结果】

北京市第一中级人民法院于2016年8月12日作出（2016）京01行初字195号行政判决：驳回原告刘维安的诉讼请求。北京市高级人民法院于2017年1月13日作出（2016）京行终5009号行政判决：驳回上诉，维持一审判决。

【裁判理由】

法院生效裁判认为：被诉决定不应当属于行政处罚，具体理由在于：第一，从事新闻采编工作属于行政许可事项。对此，《新闻记者证管理办法》第二条第二款规定，在中华人民共和国境内从事新闻采编活动，须持有新闻出版总署核发的新闻记者证；第二，《新闻记者证管理办法》第九条规定了领取新闻记者证人员所需具备的条件，同时在第十条中规定了不发新闻记者证的人员范围，该条第（四）项规定："下列人员不发新闻记者证：……（四）有不良从业记录的人员、被新闻出版行政部门吊销新闻记者证并在处罚期限内的人员或者受过刑事处罚的人员。"此外，该办法第三十八条进一步规定，新闻记者因违法活动被吊销新闻记者证的，5年内不得重新申领新闻记者证，被追究刑事责任的，终身不得申领新闻记者证；第三，原告受到的刑事处罚致使其落入相关行政许可法律规范所确定的不予许可的人员范围，从而导致相关许可资格的丧失。被诉决定不产生剥夺原告从事新闻采编工作资格之效果。

关于被诉决定的可诉性，原告的诉讼请求为撤销被诉决定，但其实质是想推翻被告对相关法律状态作出的确认。因此，本案诉讼本质上属于确认行政法上法律关系成立（不成立）的确认之诉。虽然我国现行行政诉讼法并未明确规定此类诉讼类型，但对于本案情形而言，司法审查的介入具有积极的意义，也符合我国现行行政诉讼法的立法宗旨，且能够得到具体法律条款的支撑。

关于被诉决定的合法性：第一，被告作为新闻采编从业行政许可的主管部门，有权在不违反上位法的情形下，采取适当的方式对新闻采编从业人员进行管理；第二，关于被诉决定的程序，被诉决定并非行政处罚，不应适用行政处罚的相关程序要求。被告制定的规范性文件《新闻采编人员不良从业行为记录登记办法》第九条规定了认定新闻采编不良从业行为记录的具体程序，被告作出的被诉决定也未违反上述规定；第三，关于被诉决定的事实认定及与之相应的法律适用，虽然被诉决定中认定的原告在 2011 年 6 月至 2012 年 4 月任法治网广东频道主编这一事实与客观情况不符，但被告已在被诉复议决定中予以纠正。修正后的被诉决定认定事实清楚、适用法律正确。

【案例注解】

本案审查的首要问题是被诉决定的性质问题。从形式上看，被诉决定与行政处罚类似，但结合新闻采编从业行政许可管理制度的具体规定来看，本案被诉决定并不产生剥夺原告从事新闻采编工作资格的法律效果，故不应当属于行政处罚，具体理由在于：第一，从事新闻采编工作属于行政许可事项。对此，《国务院对确需保留的行政审批项目设定行政许可的决定》（国务院令第 412 号）的附件《国务院决定对确需保留的行政审批项目设定行政许可的目录》第 333 项明确规定了新闻记者证核发这一行政许可事项。同时，《新闻记者证管理办法》（新闻出版总署令第 44 号）第二条第二款规定，在中华人民共和国境内从事新闻采编活动，须持有新闻出版总署核发的新闻记者证；第二，被告作为新闻采编从业行政许可的管理机关，有权对相关许可条件作出具体规定，且被告已在《新闻记者证管理办法》中作出具体规定。《国务院对确需保留的行政审批项目设定行政许可的决定》（国务院令第 412 号）规定，为保证本决定设定的行政许可依法、公开、公平、公正实施，国务院有关部门应当对实施本决定所列各项行政许可的条件等作出具体规定，并予以公布。《新闻记者证管理办法》（新闻出版总署令第44号）第九条规定了领取新闻记者证人员所需具备的条件，同时在第十条中规定了不发新闻记者证的人员范围，该条第（四）项规定："下列人员不发新闻记者证：……（四）有不良从业记录的人员、被新闻出版行政部门吊销新闻记者证并在处罚期限内的人员或者受过刑事处罚的人员。"此外，该办法第三十八条进一步规定，新闻记者因违法活动被吊销新闻记者证的，5年内不得重新申领新闻记者证，被追究刑事责任的，终身不得申领新闻记者证；第三，原告受到的刑事处罚致使其落入相关行政许可法律规范所确定的不予许可的人员范围，从而导致相关许可资格的丧失，即：从刑事处罚生效之日起，原告即已丧失了从事新闻采编工作的资格。被诉决定仅是对原告所处的既定法律状态进行阐明与告知，本身并不单独产生剥夺原告从事新闻采编工作资格之法律效果，故不属于行政处罚，而是行政确认。

关于被诉决定的可诉性，原告的诉讼请求为撤销被诉决定，其实质是想推翻被告对于上述法律状态作出的确认，以此来厘清其在新闻采编从业行政许可事项上的行政法律关系。因此，本案诉讼本质上属于确认行政法上法律关系成立（不成立）的确认之诉。虽然我国现行行政诉讼法并未明确规定此类诉讼类型，但对于本案情形而言，司法审查的介入具有积极的意义，也符合我国现行行政诉讼法的立法宗旨，且能够得到具体法律条款的支撑，主要理由在于：第一，被告业已作出被诉决定，相关的行政争议已经出现，法院对于该行政争议的审查具有形式载体，此时司法审查的介入能够及时解决行政争议，这一点契合行政诉讼法解决争议的功能定位；第二，虽然被诉决定并不单独产生剥夺原告从事新闻采编工作资格的法律效果，但在欠缺确认法律关系诉讼类型的情况下，对此类行为进行监督，符合行政诉讼法解决行政争议的功能定位，也有利于构建我国行政诉讼无漏洞之权利救济制度体系；第三，《行政诉讼法》第十二条第一款第（十二）项规定："人民法院受理公民、法人或者其他组织提起的下列诉讼：……（十二）认为行政机关侵犯其他人身权、财产权等合法权益的。"如上所述，被诉决定实际上会对原告权益造成一定影响，原告提起本案诉讼具有值得保护的诉讼利益，将被诉决定纳入上述兜底性条款所确立的受案范围符合该条法律规定的立法本意。

被诉决定的合法性审查主要集中在三个方面。第一，关于被告作出被诉决定的职权。被告作为新闻采编从业行政许可的主管部门，有权在不违反上位法的情形下，采取适当的方式对新闻采编从业人员进行管理，以此来规范新闻采编行为。如前所述，被诉决定并非行政处罚，仅是被告对原告所处的既定法律状态所进行的阐明与告知，该管理行为并未超出被告的职权范围；第二，关于被诉决定的程序。被诉决定并非行政处罚，不应适用行政处罚的相关程序要求。对于此类行为的作出程序，尚无法律、行政法规或规章层面的强制性规定。被告制定的规范性文件《新闻采编人员不良从业行为记录登记办法》第九条规定了认定新闻采编不良从业行为记录的具体程序，被告作出的被诉决定也未违反上述规定。因此，原告提出的被诉决定程序违法之主张不能成立；第三，关于被诉决定的事实认定及与之相应的法律适用，虽然被诉决定中认定的原告在2011年6月至2012年4月任法治网广东频道主编这一事实与客观情况不符，但被告已在被诉复议决定中予以纠正。同时，基于该事实认定的修正，被告在被诉复议决定中调整了相应的法律规范依据，即依据《新闻采编人员不良从业行为记录登记办法》第十六条之规定，基于原告作为非新闻采编人员违法从事新闻采编活动这一事实维持了被诉决定的认定结论。对于此类复议维持的案件，《最高人民法院关于适用〈中华人民共和国行政诉讼法〉若干问题的解释》第九条第二款规定，作出原行政行为的行政机关和复议机关对原行政行为的合法性共同承担举证责任。该规定确立了原行政行为与复议决定的一致性原则，即将原行政行为的作出程序和复议程序作为一个整体的行政程序来加以对待，即便复议决定调整了原行政行为的事实认定和法律适用，只要复议决定的结论是维持原行政行为，仍应以修正后的原行政行为作为审查对象。对于本案而言，虽然被诉决定在认定事实和法律适用方面存在不当之处，但被告在被诉复议决定中已进行修正，修正后的被诉决定认定事实清楚、适用法律正确。原告仍以被诉决定修正前的事实认定问题对其合法性提出质疑缺乏事实根据和法律依据。

综上，原告提起的本案之诉属于行政诉讼受案范围，但其提出的诉讼理由不能成立，故法院最终判决驳回其诉讼请求。

我国的行政诉讼形态大多属于事后救济，而本案敏感地抓住了预防性确认之诉这一概念，对预防性确认之诉这一“未来”法律保护手段的司法审查规则进行深入探讨，从理论和实践的角度反复论证，在裁判文书中全面论证了预防性确认之诉存在的法律依据和法理基础，明确指出了此类诉讼的功能定位和审查规则，从而扩大了司法审查范围，大大拓展了公民权利的保护范围，并对我国行政诉讼理论及实务发展产生积极的推动作用。

（**一审法院合议庭成员** 赵 锋 李赟乐 徐钟佳
二审法院合议庭成员 刘 行 哈胜男 孙 建
编写人 北京市第一中级人民法院 赵 锋
责任编辑 韩德强
审稿人 王振宇）

李云林诉南京市人力资源和社会保障局、江苏省人力资源和社会保障厅不履行法定职责案

——社保经办机构违法准许自由职业者一次性补缴养老保险的行为对社会保障行政部门和人民法院没有拘束力

关键词：无效行为　补缴养老保险　社会保险　社保基金安全

【裁判要旨】

保险制度的核心在于承保不确定风险。禁止向前补缴历史保费，以防不确定风险变为确定事件，是保险基本规则。作为一种特殊保险，社会保险尚具有维护社会稳定的功能，故相关法律法规赋予了用人单位强制缴纳保费的法定义务，用人单位应当为职工缴纳养老保险而未缴纳的，必须予以补缴。但是，对于自由职业者而言，是否按期缴纳社会保险遵循自愿原则。自由职业者要求补缴历史保费的，社保经办机构应当不予准许。社保经办机构准许自由职业者一次性补缴历史保费的行为，因明显违反社会保险法而无效。社会保障行政部门在行使行政职权时拒绝认定该段缴费年限，人民法院应当予以支持。

【相关法条】

《中华人民共和国社会保险法》第一条　为了规范社会保险关系，维护公民参加社会保险和享受社会保险待遇的合法权益，使公民共享发展成果，促进社会和谐稳定，根据宪法，制定本法。

第六十条第一款　用人单位应当自行申报、按时足额缴纳社会保险费，非因不可抗力等法定事由不得缓缴、减免。职工应当缴纳的社会保险费由用人单

位代扣代缴，用人单位应当按月将缴纳社会保险费的明细情况告知本人。

第六十条第二款 无雇工的个体工商户、未在用人单位参加社会保险的非全日制从业人员以及其他灵活就业人员，可以直接向社会保险费征收机构缴纳社会保险费。

第六十三条第一款 用人单位未按时足额缴纳社会保险费的，由社会保险费征收机构责令其限期缴纳或者补足。

《社会保险费征缴暂行条例》第三条第一款 基本养老保险费的征缴范围：国有企业、城镇集体企业、外商投资企业、城镇私营企业和其他城镇企业及其职工，实行企业化管理的事业单位及其职工。

《江苏省社会保险费征缴条例》第三条第一款 基本养老保险费征缴范围：国有和国有控股企业、股份有限公司、外商投资企业（包括外国企业的分支机构，下同）及其职工，城镇集体企业、城镇私营企业和其他城镇企业及其职工，实行企业化管理的事业单位及其职工，国家机关、事业单位、社会团体及其编制外聘用人员，民办非企业单位及其职工，城镇个体工商户及其雇工。

第十三条 鼓励自由职业者等人员按照规定参加各项社会保险。

《劳动和社会保障部关于完善城镇职工基本养老保险政策有关问题的通知》第三条 城镇个人工商户等自谋职业者以及采取各种灵活方式就业的人员不得以事后追补缴费的方式增加缴费年限。

《江苏省人社厅关于对职工基本养老保险关系转移接续有关问题的复函》 对于违规补缴养老保险费的，其违规一次性补缴的缴费年限不予认可。

《江苏省企业职工基本养老保险规定》第十八条 参保人员享受基本养老保险待遇应当同时具备以下条件：

（一）达到国家、省规定的退休年龄；

（二）用人单位和参保人员均按照规定足额缴费；

（三）缴费年限15年以上，或者1998年6月30日前参加工作并参加基本养老保险，2008年6月30日前达到退休年龄且缴费年限在10年以上。参保人员退休时，由用人单位、劳动保障代理机构或者参保人员本人，凭社会保险经办机构审核的参加基本养老保险的证卡和有关材料，到劳动保障行政部门办理退休手续。

【案件索引】

一审：南京铁路运输法院（2017）苏8602行初1138号（2017年9月18日）

【基本案情】

原告李云林诉称：李云林1976年2月入伍，1980年1月退伍。2011年6月，其以个体及自由职业者身份在江苏省淮安市涟水县一次性补缴了2006年1月至2010年12月期间的社会保险费，2014年10月再次在涟水县一次性补缴了2011年1月至2011年12月期间的社会保险费，2011年11月至2016年在江苏华宁工程咨询监理有限公司就业，并在南京市按月足额缴纳社保费用。2016年5月，李云林将基本养老保险关系转移接续到南京市。2017年1月9日，李云林通过用人单位向被告南京市人力资源与社会保障局（以下简称南京市人社局）提出退休申请。南京市人社局收到申请后，经审核认定李云林不符合领取基本养老保险待遇的条件，于2017年3月22日作出不予批准决定书。李云林收到后，于2017年5月2日向江苏省人力资源与社会保障厅（以下简称江苏省人社厅）邮寄行政复议申请书。经复议，江苏省人社厅于2017年6月29日作出复议决定书，维持了南京市人社局的不予批准决定书。李云林收到复议决定书后，向本院提起本案行政诉讼。请求法院依法判决：（1）撤销被告南京市人社局于2017年3月22日对原告作出的不予批准决定书，并责令其重新作出行政行为；（2）撤销被告江苏省人社厅作出的〔2017〕苏人社行复第27号行政复议决定书（以下简称复议决定书）；（3）本案诉讼费由被告承担。

被告南京市人力资源和社会保障局辩称：李云林于2012年1月至2017年1月，在江苏华宁工程咨询监理有限公司就业，并在南京市按月足额缴纳社保费用。2017年1月，李云林向南京市人社局提出退休申请。经审核，南京市人社局认定李云林于2011年6月、2014年10月在涟水县一次性补缴社会保险费属违规补缴，不予以认可缴费年限，其可认定的缴费年限（1976年2月至1980年1月，2012年1月至2017年1月）为9年1个月，不足15年，其情形不符合领取养老保险待遇的条件，2017年3月，南京市人社局依法作出了不予批准决定书。李云林不服，向江苏省人社厅提起行政复议。2017年6月

29日，省人社厅作出行政复议决定予以维持。《劳动和社会保障部关于完善城镇职工基本养老保险政策有关问题的通知》（劳社部发〔2001〕20号）第三条规定，自谋职业者以及采取各种灵活方式就业的人员，一般应按月缴纳养老保险费，也可按季、半年、年度合并缴纳养老保险费，不得以事后追补缴费的方式增加缴费年限。《江苏省人社厅关于对职工基本养老保险关系转移接续有关问题的复函》（苏人社函〔2013〕483号）规定，对于违规补缴养老保险费的，应将当事人养老保险关系转回一次性补缴地办理退休或待遇领取手续；如当事人坚持要求在南京市领取养老保险待遇的，其违规一次性补缴的缴费年限不予认可，并将一次性补缴年限中的个人账户部分退还本人。《江苏省企业职工基本养老保险规定》第十八条规定，参保人员享受基本养老保险待遇应当缴费年限15年以上。根据上述规定，南京市人社局认定李云林2006年1月至2011年12月在涟水县的补缴属违规补缴，不予以认可缴费年限，其可认定的缴费年限为9年1个月，不足15年，不符合领取养老保险待遇的条件。综上，南京市人社局对李云林作出的不予批准决定书程序合法，依据充分，请求依法驳回李云林的复议请求。

被告江苏省人力资源和社会保障厅辩称：李云林不服南京市人社局作出的不予批准决定书，于2017年5月3日向江苏省人社厅申请行政复议。因申请材料不全，江苏省人社厅于当日向李云林发出行政复议补正通知书。李云林补正材料后，于5月10日依法受理，并将行政复议提出答复通知书分别邮寄送达南京市人社局和李云林。2017年6月29日，江苏省人社厅作出复议决定书，决定维持南京市人社局的不予批准决定，并邮寄送达。复议程序符合《行政复议法》相关规定。《江苏省企业职工基本养老保险规定》第十八条规定了参保人员享受基本养老保险待遇应当具备缴费年限15年以上。原告在淮安市涟水县一次性补缴社会保险费属违规补缴，缴费年限不予认可。在原告2017年1月向市人社局申报退休时能够确认的缴纳年限为9年1个月，不足15年，不符合领取养老保险待遇的条件，南京市人社局作出的不予批准决定符合相关规定，程序亦无不当，故依法予以维持。综上，江苏省人社厅作出的复议决定书程序合法、内容适当，请求法院依法驳回原告的诉讼请求。

法院经审理查明：李云林，1976年2月入伍，1980年1月退伍。2011年6月，其以自由职业者身份，在江苏省淮安市涟水县一次性补缴了2006年1月至2010年12月期间的社会保险，2014年10月，再次以自由职业者身份在涟水县一次性补缴了2011年1月至2011年12月期间的社会保险，2012年1月至2017年1月，在江苏华宁工程咨询监理有限公司就业，并在南京市按月足额缴纳社保费用。2017 年 1 月 9 日，李云林通过用人单位向南京市人社局提出退休申请。南京市人社局经审核认定原告不符合领取基本养老保险待遇的条件，于 2017 年 3 月 22 日作出了被诉的不予批准决定书。李云林收到不予批准决定书后，于 2017 年 5 月 2 日向江苏省人社厅邮寄行政复议申请书。江苏省人社厅于 2017 年 5 月 3 日作出行政复议补正通知书，李云林于 2017 年 5 月 8 日邮寄补正材料。经复议，江苏省人社厅于 2017 年 6 月 29 日作出复议决定书，维持了南京市人社局的不予批准决定书。原告收到复议决定书后，向南京铁路运输法院提起本案行政诉讼。

案件审理过程中，李云林称其退伍后在家从事自由职业

【裁判结果】

南京铁路运输法院于 2017 年 9 月 18 日作出南京铁路运输法院（2017）苏 8602 行初 1138 号行政判决：驳回原告李云林的全部诉讼请求。各方当事人均未上诉，判决已生效。

【裁判理由】

法院生效裁判认为：《社会保险法》第六十条第一款规定："用人单位应当自行申报、按时足额缴纳社会保险费，非因不可抗力等法定事由不得缓缴、减免。职工应当缴纳的社会保险费由用人单位代扣代缴，用人单位应当按月将缴纳社会保险费的明细情况告知本人。"第六十三条第一款规定："用人单位未按时足额缴纳社会保险费的，由社会保险费征收机构责令其限期缴纳或者补足。"《社会保险费征缴暂行条例》第三条第一款规定："基本养老保险费的征缴范围：国有企业、城镇集体企业、外商投资企业、城镇私营企业和其他城镇企业及其职工，实行企业化管理的事业单位及其职工。"《江苏省社会保险费征缴条例》第三条第一款规定："基本养老保险费征缴范围：国有和国有控股企业、股份有限公司、外商投资企业（包括外国企业的分支机构，下同）及其职工，城镇集体企业、城镇私营企业和其他城镇企业及其职工，实行企业化管理的事业单位及其职工，国家机关、事业单位、社会团体及其编制外聘用人员，民办非企业单位及其职工，城镇个体工商户及其雇工。"上述法律、法规、规章在保险法律关系和劳动法律关系之间进行了利益衡量，为了保障职工的权益，赋予了用人单位强制缴纳社会保险的法定义务。如果用人单位应当为

其职工缴纳社会保险而实际未缴纳，质言之，出现“应缴未缴”的情形时，才能而且必须由用人单位予以补缴，否则由社会保险征缴机构予以强制征缴。

相对的，法律并没有强制要求自由职业者缴纳社会保险。《社会保险法》第六十条第二款规定：“无雇工的个体工商户、未在用人单位参加社会保险的非全日制从业人员以及其他灵活就业人员，可以直接向社会保险费征收机构缴纳社会保险费。”《江苏省社会保险费征缴条例》第十三条规定：“鼓励自由职业者等人员按照规定参加各项社会保险。”法律、法规对自由职业者参加社会保险，采取的是自愿和鼓励的态度。因此，以自由职业者身份参保，应当符合保险的一般规则。对此，《劳动和社会保障部关于完善城镇职工基本养老保险政策有关问题的通知》（劳社部发〔2001〕20 号）第三条规定，城镇个人工商户等自谋职业者以及采取各种灵活方式就业的人员不得以事后追补缴费的方式增加缴费年限；《江苏省人社厅关于对职工基本养老保险关系转移接续有关问题的复函》（苏人社函〔2013〕483 号）规定，对于违规补缴养老保险费的，其违规一次性补缴的缴费年限不予认可。因此，李云林在淮安市涟水县以自由职业者身份一次性补缴社会保险费的行为存在重大明显违法，涟水县当地社会保险经办机构的行为属于无效行为，当然不可能对江苏省和南京市的社会保障行政部门产生任何拘束力。南京市人社局、江苏省人社厅不予认定李云林在淮安市涟水县以自由职业者身份一次性补缴社会保险费期间的缴费年限于法有据。

根据《江苏省企业职工基本养老保险规定》第十八条规定，李云林向南京市人社局申请办理退休时的材料反映其累计缴费年限不足 15 年。因此，南京市人社局对原告作出不予批准决定书并无不当，江苏省人社厅作出的复议决定书符合《行政复议法》的相关规定。

【案例注解】

本案是典型的在一地以自由职业者身份补缴养老保险，转移接续至另一地（通常是经济较为发达地区）办理退休审批的案件，具有法律和社会双重意义。

一、法律意义：社保经办机构违法准许自由职业者一次性补缴养老保险属于无效行为

本案争议焦点在于：李云林分两次以自由职业者身份在江苏省淮安市涟水县一次性补缴了 2006 年 1 月至 2010 年 12 月和 2011 年 1 月至 2011 年 12 月期

间的社会保险费，南京市人力资源和社会保障局在退休审批时是否应当认定该段缴费年限。李云林的主要意见为其补缴是经过当地社保经办机构同意的。照理，当地社保经办机构在办理社保保险事务时属于行政主体，准许补缴养老保险的行为属于行政行为，其他主体应当接受和尊重。但是，该行为之所以不能对社会保障行政部门和人民法院产生拘束力，是因为它属于无效行为。《社会保险法》和《江苏省社会保险费征缴条例》规定了应当补缴的情形，其中不包括自由职业者。社会保险法律关系属于公法关系，参保人的权利属于公法权利。公法权利不适用法无禁止即自由的原则，必须具有实体法上的依据。因此，社保经办机构准许自由职业者一次性补缴养老保险首先是违法行为。更为重要的是，该违法行为发生在保险这一特殊领域。保险原则上是承保不确定风险，这是保险制度的核心和根本。因此，禁止向前补缴历史保费，使不确定风险变为确定事件，是保险的基本规则。如果允许自由职业者一次性向前补缴历史养老保险保费，将使不确定风险变为必然事件，违反法律规定和保险法理，可能彻底摧毁养老保险制度。换句话说，如果允许这样操作，无异于鼓励自由职业者在退休前或在发生保险事故后再去补缴保费。所以，该类行为明显且重大违法，因而属于无效。既属无效行为，则社会保障行政部门在行政程序中，以及人民法院在诉讼程序中，均不受其拘束，有权自主认定事实和适用法律。

需要说明的是，违法性和有效性属于不同层面的问题。不受某一公权力行为拘束的情形仅限于无效行为，如果仅为一般违法行为，人民法院和行政机关不能轻易否定其效力。

二、社会意义：维护社会保险秩序，保障社保基金安全

十九大报告指出："完善城镇职工基本养老保险和城乡居民基本养老保险制度，尽快实现养老保险全国统筹。"遗憾的是，限于历史条件的限制，目前全国范围的覆盖全民、权责清晰、保障适度、可持续的多层次社会保障体系并未完全建立。在养老保险领域尚未实现全国统筹，而是由各地自行统筹。在经济发展不平衡的大背景下，自然出现各地社保缴费基数、缴费比例和养老待遇之间的不平衡现象。人口流动有益于社会发展，为此，国家出台了城镇企业职工基本养老保险关系转移接续的办法。正常缴纳社会保险人员在各统筹地区之间流动，有相应的制度保障社保基金平衡，不会扰乱社会保险秩序。但是，个别地方政府为了解决征地拆迁、企业改制等社会问题，采取拆东墙补西墙的办法，制定规范性文件在法外设定准许补缴养老保险的人员和范围。该种做法虽然违法，但若相应人员在本地退休，也不会对社会保险秩序造成太大冲击。但

是，一旦这些人员转移接续至外地，尤其经济较为发达地区，将严重损害接入地区参保人员的利益。这是因为，这些补缴人员在转出地缴纳较低的养老保险保费，且在转移接续时大部分费用留在了转出地，只有很少一部分转至接入地，但其退休待遇全由接入地社保基金负担。接入地社保基金的支出可能达到收入的上千倍。流失的是接入地的社保基金，损失的是接入地参保人员的权益，破坏的是社会保险秩序的稳定。更加恶劣的是，个别社保经办机构、中介、个人看准这一点，串通起来形成一种“黑色产业链”——中介介绍抽成、个人以转出地低保费换转入地高待遇、转出地社保基金获取本地计提部分保费，可谓“皆大欢喜”。对此，应当坚决予以打击。本案通过司法判决，给予社会保障行政部门强力支持，维护社会保险秩序，保障社保基金安全，同时对于社保经办机构和参保人员亦有警示和教育意义。

（**一审法院合议庭成员** 夏文浩 倪荣鑫 沙国兴
编写人 南京铁路运输法院 夏文浩
责任编辑 韩德强
审稿人 王振宇）

余启四诉天台县平桥镇东塘下村村民委员会不履行法定职责案

——村委会宅基地申请初步审查职责的性质认定

关键词：村民委员会　宅基地申请　具体行政行为　可诉性

【裁判要旨】

村民委员会对其村民申请建造住宅用地进行初步审查的法定职责，其未按规定对村民的申请作出处理致宅基地申请无法进一步推进，对村民的权益造成实质性的影响，故其行为属于可诉的具体行政行为，其行为也应当具备合法性。

【相关法条】

《中华人民共和国行政诉讼法》第七十条第一项　行政行为有下列情形之一的，人民法院判决撤销或者部分撤销，并可以判决被告重新作出行政行为：

（一）主要证据不足的；

【案件索引】

一审：浙江省天台县人民法院（2017）浙1023行初37号（2017年10月26日）

二审：浙江省台州市中级人民法院（2017）浙10行终244号（2017年12月29日）

【基本案情】

原告余启四诉称：原告系被告村民，世代居住在东塘下村，现原告一户7人，属于无房户。根据《天台县人民政府关于进一步加强农村宅基地管理的通知》（天政发〔2016〕21号）规定，无房户可申请审批宅基地，村民申请审批宅基地，应向所在村三委提出书面申请，村两委应在接到村民申请之日起7个工作日内进行审查，审查同意后报乡镇人民政府（街道办事处）。原告于2017年4月20日向被告提交一式四份的《天台县农村宅基地审批表》，向被告提出宅基地的书面申请。被告收到申请后，没有在7个工作日内进行审查，也没有将结果书面告知原告，在原告一直追问下，被告于2017年6月14日作出口头回复，不予批准原告的宅基地申请。原告作为无房户，可申请审批宅基地，被告有义务审查同意后报乡镇人民政府，被告作出的不予批准的口头回复对原告的申请宅基地权利产生了重要影响，为维护原告的合法权益，故起诉要求：（1）确认被告作出的不予批准原告宅基地申请的口头回复违法；（2）责令被告对原告的宅基地申请重新作出审查，并及时报天台县平桥镇人民政府。

被告天台县平桥镇东塘下村村民委员（以下简称东塘下村村委会）辩称：（1）原告向法庭提交的2017年6月14日赵某与余昌钱的谈话记录，依法不能作为证据使用，该谈话笔录仅作为余昌钱个人对赵某的答复。（2）原告在申请宅基地时，隐瞒了其有房的事实，现原告与其已故兄弟余启三实际共有房屋三间半，并非无房户。（3）原告在本案所指的建房选址，系平桥镇规划的平桥镇综合体征地后返还给东塘下村的村集体留地，该地块属于镇政府控规地区，不能用于个人建房用地。因此，东塘村三委不同意原告在此地块内建房，是被告履行镇政府授权审批村民宅基地必须遵循的原则。（4）原告作为东塘下村村民，其户按现行政策规定，其建房用地尚稍有不足，被告尚不能安排，被告在条件成熟时将给予安排。综上，请求驳回原告的诉讼请求。

法院经审理查明：原告余启四系被告平桥镇东塘下村村民。2017年4月20日，原告填写了《天台县农村宅基地申请表》并邮寄至东塘下村村委会处。被告收到该申请后，于2017年4月22日召开村三委会议，并作出了不同意原告宅基地申请的审查决定。至2017年6月14日前，被告未向原告余启四作出是否同意其宅基地申请的答复。2017年6月14日，被告法定代表人余昌钱携带原告提交的宅基地申请表至原告居住处谈话，期间向原告口头告知了被告不同意其宅基地申请的审查结果。

【裁判结果】

浙江省天台县人民法院于2017年10月26日作出（2017）浙1023行初37号行政判决：一、撤销被告天台县平桥镇东塘下村村民委员会于2017年6月14日作出的不予批准原告余启四宅基地申请的审查决定；二、责令被告天台县平桥镇东塘下村村民委员会于本判决生效之日起60日内，对原告余启四提出的宅基地申请重新作出处理。宣判后，天台县平桥镇东塘下村村民委员会不服，提出上诉。浙江省台州市中级人民法院于2017年12月29日作出（2017）浙10行终244号行政判决：驳回上诉，维持原判。

【裁判理由】

法院生效裁判认为：村民委员会作为基层群众性自治组织，对其辖区内的村民宅基地申请负有在法定期限内予以审查并答复的法定义务。关于被告法定代表人余昌钱口头告知原告宅基地审查结果的行为为其个人行为还是代表村委会行为的问题。余昌钱作为被告方负责人对外代表被告行使职权是法律赋予的权利，故余昌钱至原告家告知村委会会议讨论结果符合其职务行为，对原告方陈述的余昌钱口头答复是被告会议记录的外部化行为的辩论意见予以采纳。被告以原告申请宅基地的地块属于镇政府控规地区不能安排个人建房为由作出不同意原告申请的审查决定，对原告的权利义务产生了实质性影响，被告该行为应当具备行政行为的合法性要件；被告作出该审查决定的依据为《平桥镇控规图》，而该控规图上显示原告申请宅基地所在区块的用地性质标注为R21，即为居住用地，故被告依此认为该区块不能安排个人建房继而作出不同意原告申请审查决定的依据不足，依法应予撤销。另外，被告在审理过程中对其不同意原告申请的审查决定提出了其他理由，但该理由并非其当时作出审查结果的依据，故不予审查。

【案例注解】

村民委员会作为农村基层群众自治组织，在落实基层民主制度，实现村民自治、促进农村生产建设和经济发展等方面发挥着越来越重要的作用。然而，就村民委员会的性质和法律地位，以及村民委员会的行为能否被纳入行政诉讼等问题，学界也存在较大争议。

持肯定态度的学者认为：应当明确村委会行政主体资格，并通过行政诉讼的方式审查其公共管理行为的合法性，为村民提供救济。

首先，从主体上来看，村委会具有行政主体资格，能够成为行政诉讼的适格被告。特别是随着政府职能的转变和重新定位，行政职能由管理、控制转向服务、监督。行政诉讼的审查对象不能仅仅拘泥于传统的行政机关，村委会、高校和其他社会组织必将承担更多的公共行政职能，理应明确其行政诉讼被告资格，以抑制其公共权力的滥用。

其次，从村委会的职能上看，村委会的行为并非完全的自治行为，村委会公共服务扮演了双重角色，一方面，要贯彻上级的方针政策，代表乡镇政府从事行政管理工作；另一方面，又要完成属于自治范围内的工作，分别体现乡镇意志与村民意志。在现实工作中，村委会基于行政委托法律关系，以“政府代理人”身份实施了大量管理和服务行为，而此类行为并不能归于单纯的自治行为。有学者将此类行为表述为“非典型的行政行为”或“准行政行为”，并主张对这类行为通过行政诉讼加以审查。

最后，村委会享有的相当多的职能直接来源于法律的授权而非基层政府的委托，理应被归为法律法规授权的组织，具有行政主体资格，能够成为行政诉讼的被告。村委会实施管理行为时，处于优势地位，具有不对等性。

综上，笔者亦认为村民委员会可以成为行政诉讼的被告。就本案而言，余启四作为东塘下村村民，向东塘下村村民委员会提出书面申请，东塘下村村民委员会对余启四的宅基地申请进行讨论决定是其法定职责。虽然东塘下村村民委员会通过召开村三委会议对余启四的申请作出了审查决定，并在作出审查决定的60天内通过东塘下村村民委员会主任口头答复的形式告知了申请人，尽管村委会可以口头告知审查结果，但应当一并告知审查依据。现被告作出初步审查结果的依据不足，故其行为系违法行为，应当予以撤销并重新作出处理。

（**一审法院合议庭成员** 钦群阳 丁琳琳 杨春芳
二审法院合议庭成员 蔡 超 张 燕 谢继虹
编写人 浙江省天台县人民法院 王晓娇
责任编辑 韩德强
审稿人 王振宇）

三、域外撷英

编者按　域外撷英专栏选择国外及港澳台地区法院的少量名判进行评析或作简要介绍，以期开阔读者视野，汲取域外裁判精华。

Webster 诉 Blue Ship 茶室公司案

译者按

本案发生在上世纪 60 年代的马萨诸塞州，其精妙之处在于在裁判说理过程中对英联邦烹饪传统的回溯，正是这烹饪传统对案件结果产生了决定性的影响。在最高人民法院推动裁判文书说理改革的今天，本案向我们揭示了裁判说理应当面向的对象，以及面对这类对象的说理方式。

法官的说理方式很大程度上取决于受众的接受习惯，因为说理是一个与“说者”和“听者”皆有关系的双向过程。在司法实践中，两者之间的这种关系主要是指法官与当事人和律师之间的主体关系。[①] 由于当事人是案件的直接利害关系人，法官的裁判说理必须直接面对当事人的审查，特别是败诉一方会对裁判的说理斟字酌句，甚至百般挑剔。对中国的法官而言，让当事人接受裁判的说理比让律师和同行（即所谓的“法律职业共同体”）接受更为重要，也更困难。一个以法律职业共同体为说理对象的裁判所解决的主要问题是法理教义，其标准包括法律关系的清晰、法律适用和法律术语的准确等。而作为向人民群众说理的场所，法院并不仅仅要体现法律人的说理方式，还要尊重人民群众的说理方式，这是中国法官肩负的使命，也是赋予司法过程和裁判说理以现实意义的前提。基于此，法官的说理内容不限于法理教义，还必须贴近常理常情，而且说服标准更高。法官在说理方式上必须运用当事人能够接受的说理方式——也就是当事人自己的方式。

本案中，法官并未拘泥于被告的行为是否违反了《美国统一商法典》中关于食品安全默示担保的义务，而是将视野放眼于几百年来新英格兰人对这道传统菜肴的烹饪和食用“习惯”，大量援引了易于普通人接受的食谱、辞典中

① 凌斌：《法官如何说理：中国经验与普遍原理》，载《中国法学》2015 年第 5 期。

对新英格兰鱼杂汤烹饪的方法，让惯例在法官的确认下“鲜活”起来；同时，还巧妙类比了发生在其他州的案例，尽管从法律渊源的效力上看，其他州案例仅具有“劝导性”而非“强制性”，但从案件事实类比的相似度上来看更胜一筹，对当事人而言更具说服力，也令裁判的生命力“跃然纸上”。

案号

马萨诸塞州最高法院，1964 年判决，汇编第二辑第 309 卷，第 198 页。

一、案情介绍

1959 年 4 月 25 日星期六下午 1 点左右，原告在姐姐和姑妈的陪同下进入了由被告经营的 Blue Ship 茶室。她们围着一张桌子坐下翻看菜单。这家被原告称之为“古雅”的餐厅位于波士顿 T 码头上一座俯瞰大海的老建筑的三楼。

原告在新英格兰出生和长大（这是一个与案件结果有关的事实），她点了蛤蜊杂烩和蟹肉沙拉。几分钟后，餐厅服务员告知：蛤蜊杂烩售罄了，于是她点了一碗鱼杂烩。不一会儿，她面前摆着一小碗鱼杂烩。原告已经在上午 9 点左右吃过早餐，但现在吃掉这些食物对她来说并不困难。鱼杂烩里有黑线鳕鱼、土豆、牛奶、水和调味料。杂烩呈乳白色，因为各种配料混杂，所以汤体并不清澈。黑线鳕鱼和土豆都成了块状（这也是一个能够引发法律后果的事实）。原告用勺子稍微搅动了一下，发现这碗鱼杂汤很满、很烫，于是她上下搅动了一下这碗汤。原告否认这样做是因为寻找什么东西，只是为了搅匀鱼和土豆。随后，她开始用餐，把桌上的杂烩就着饼干一起卷着吃。当把土豆和鱼舀进嘴里时，她仔细查看了汤匙，只看到了同等的汤体、土豆和鱼，并且未发现任何不寻常的地方。吃了三四匙后，原告意识到有什么东西卡在喉咙里了，因为她感觉到自己咽不清嗓子。这次事故导致原告在马萨诸塞州总医院进行了两次食道镜检查，第二次检查于 1959 年 4 月 27 日进行，发现并取出了一根鱼刺。这一系列事件对原告造成了一定程度的实质性损害。

我们必须明确，鱼肉中潜藏着鱼刺是否违反了《美国统一商法典》[①] 适用条款中所规定的默示保证义务，因为我们没有遇到过针对鱼汤中的成分所提起的诉讼，《美国统一商法典》相关条款的注释也不能解释这一问题。正如（初审）法官在其论述中指出的，“鱼杂汤本身是否适合食用和有益健康（并非本案的诉讼争点），没人讨论这条鱼本身是不是健康的或不适合食用的。这里争论的焦点是：鱼刺作为一种外来物质，是否使鱼杂汤变得不健康，或者使鱼杂汤变得不适合食用？（译者按，也就是烹饪这道汤品，商家是否应尽到将鱼刺剔除的义务？）

二、原告陈述

原告强烈提醒我们法院在受理食品销售案件时应执行的高标准（参见 Flynn 诉 First Natl. 百货公司 Inc. 296，Mass. 521，523）并参考了一些案例，包括豆中发现石头案（Friend 诉 Child′s Dining Hall Co. 231 Mass. 65）、旋毛虫猪肉案（Holt 诉 Mann，294 Mass. 21，22），以及其他一些案例，这些案例都能支撑原告的诉讼主张，即被告违反了美国统一商法典中的默示保证义务。

三、被告辩称

被告辩称：“古雅”波士顿餐厅是一个新英格兰当地人吃鱼杂汤的地方，原告以前也在这里食用过这道菜，这种鱼杂汤是一道丰盛的新英格兰传统菜肴，其最初来自海员和渔民的饮食。法院清楚地知道，我们并非在谈论一道供病号疗养时食用的平淡的汤。我们在食用时应当遵循这样一个规则：每位从事这道菜品烹饪的厨师都不会为了保证鱼杂汤里没有鱼刺而进行特别处理（减少鱼肉的分量）。这一规则向我们揭示了：法院不仅要维护其在法律知识和洞察力方面的声誉，而且包括其作为马萨诸塞州忠实的公民要承担确保我们这道享誉世界的著名菜品不会因为司法审查的作用沦为一道平淡无奇的菜品的责任。

---

① （1）除非根据第 2－316 条予以排除或修改，否则只要卖方是从事某种货物交易的商人，他对该种货物追销性的担保即为买卖合同中的默示担保。根据本条，在一定的场所或其他地方消费食品或饮料价值的服务就构成买卖；（2）货物至少达到下列标准才具有追销性（C）货物应适用于该种货物的一般使用目的。G. L. c. 106，第 2－314 节；（3）（b）如果买方在订立合同之前已经按照自己的意愿充分检查了货物或货物的样品或模型，或者如果买方拒绝检查货物，那么，卖方对货物中存在的通过检查在当时情况下就能发现的缺陷就不承担默示担保责任。G. L. c. 106，第 2－316 节。

四、裁判及结论

鱼杂汤是一道很古老的菜，先前它深受当地海员和渔民的喜爱。鱼杂汤也是奶油汤、果泥汤与褐色浓汤的共同前身。[①] “杂烩”来自法国的“chaudiere”，指的是一个“大锅”或“锅”。在布列塔尼的渔村，“chaudiere”指的是提供一个大锅，里面装满了一些鱼和饼干，还有一些可口的佐料，是由渔民自己贡献食料做成的大杂烩，每个人都会收到他所准备的与食料份额相应的食物。布列塔尼渔民很可能将这种习俗带到纽芬兰，因为它的杂烩久负盛名，现在它已经传播到了新斯科舍、新不伦瑞克和新英格兰。[②] 我们多年来的文献不仅提到了杂烩的美味，而且还提到了它的制作。一位与原告同名的人，丹尼尔·韦伯斯特，有一个鱼杂烩的配方，延用到了一批现代食谱[③]中并且在食谱中根本没有提及去除鱼刺。新英语词典研究中，一个旧时代的食谱将杂烩定义为“由新鲜鱼（特别是鳕鱼）或蛤蜊制成的菜肴，用猪肉或培根，洋葱和饼干片炖，有时加入苹果酒和香槟。[④] 讲的是“一条海湾中捕获的六十英镑的鳕鱼已经溶解在了杂烩的浓汤里。”一种杂烩变体，鳕鱼乱炖，是在19世纪90年代在普利茅斯用三四磅的鳕鱼做的。用盐和胡椒调味，用足够的水煮沸，以免煮糊。在熟的时候，加入牛奶和一块黄油。[⑤] 这些古老配方的叙述足以表明，在过去，这些地区在制作杂烩时，从未对鱼刺有过任何担忧，这种对杂烩的广泛看法一直延续到更现代的食谱中。今天的杂烩汤和以前的杂烩汤一样。[⑥] 配方中的一部分内容指出，鱼杂烩是用鱼皮制成的，但头部和尾部留下来，剪下头部和尾部，并把鱼肉从鱼骨上剃下来，将鱼肉切成2英寸大小放在旁边，然后把头部、尾部和脊椎骨碎片放入炖锅中，加入两杯冷水，慢慢加热至

---

① Berolzheimer:《美国家庭主妇的烹饪书》，纽约出版商协会有限公司1941年版，第176页。

② 《新英语词典》，MacMillan and Co，1893，p. 386。

③ “将10磅鳕鱼洗干净，留下鱼皮，切成1.5磅重，保持头部完整。取一磅半清肥的咸猪肉，切成薄片。把12个土豆也同样洗干净切成薄片。取最大的锅，先涮下猪肉，然后拿出猪肉片。再加上三份水，一层鱼，以覆盖锅底；接下来是一层土豆，然后两汤匙盐，一茶匙胡椒粉，然后是猪肉，再放一层鱼和剩下的土豆。把锅装满水，加上配料。开好火，让杂烩煮25分钟。煮好后，准备一品脱沸腾的牛奶，并将10个硬饼干分开浸入冷水中，加入牛奶和饼干，煮沸5分钟。如果你遵循了这样的方法，那么杂烩就准备好了。如果你喜欢洋葱的味道，可以加洋葱。“这种杂烩汤，”他补充道，“适用于大型的捕鱼聚会。”Wolcott，The Yankee Cook Book，Coward - McCann，Inc.，1939，p. 9.

④ 《霍桑在七角楼》，Allyn and Bacon，Boston，1957，第8页。

⑤ ［美］阿特伍德:《烹调鱼的配方》Avery&Doten，普利茅斯，1896年版。

⑥ 《美国家庭主妇的烹饪书》（supra，p. 176. Fannie Farmer）

沸点。这样从鱼骨头中产生的酒精被添加到杂烩中以平衡味道。[1]

如上所述，我们认为多年来，鱼杂汤是一道制作精良的菜品。毋庸置疑，一个人坐在新英格兰的餐厅消费一份新英格兰鱼杂汤，如果从他的碗中挑出一些鱼刺，这是一次再平常不过的味觉体验了。我们不打算篡改任何反映原告对统一商法典有关理解的论述。我们也意识到了判例法对食品中涉及外来物质的重视，但我们认为本案与那些食物本身不健康（不适宜食用）的判例具有很大的区别，例如，污染的鲭鱼（Smith v. Gerrish，256 Mass. 183）。当然，在缺乏令人兴奋的咸猪肉的情况下，马萨诸塞州厨师可能对杂烩里的成分吹毛求疵。在任何情况下，我们认为，在新英格兰，生活中的乐趣包括了随时可用的新鲜的鱼杂汤。我们应该随时准备好应对鱼刺的危害，在我们看来，根据新英格兰神圣的传统，鱼刺偶尔出现在鱼杂汤中并不会损害它们的适销性。虽然我们对 Shapiro 诉 Hotel Statler 公司的结论感到满意 132 F. Supp 891（SD Cal.），其中让原告遭受损害的骨头出现在“Hot Barquette of Seafood Mornay”中，我们知道位于同一海岸线上的加利福尼亚南部的美国地区法院可能同意我们的看法。然而，让我们印象最深刻的是，Allen 诉 Grafton，在俄亥俄州中西部地区发生的案件中，原告在牡蛎爱好者朋友的劝导下，订购了一块牡蛎并被牡蛎壳所伤，法官塔夫脱先生支持了大多数人的意见：牡蛎中可能存在的一块牡蛎壳对于任何吃牡蛎的人来说都是众所周知的，我们可以说，作为一个法律问题，吃牡蛎的人可以合理地预测和防止吃到这样一块牡蛎壳。

因此，虽然我们同情本案中原告的遭遇，但判决结果是维持原判决，支持被告胜诉。

（**译者** 济南大学政法学院副教授、法学博士、中国应用法学研究所2017级博士后 褚 宁

中央财经大学法学院硕士研究生 张长清

责任编辑 高 尚）

---

① Farmer：《波士顿烹饪学校烹饪书》，Little Brown Co，1937，p. 166。

《人民法院案例选》通讯编辑

北京市高级人民法院　刘书星　刘晓虹　赵　彤
天津市高级人民法院　王　婧　孙　伟
河北省高级人民法院　王　佳
山西省高级人民法院　马云跃
内蒙古自治区高级人民法院　梁　宏　焦日清
辽宁省高级人民法院　周文政
吉林省高级人民法院　刘国春　刘洪颖
黑龙江省高级人民法院　刘芳百
上海市高级人民法院　牛晨光
江苏省高级人民法院　吕　娜　孙烁犇
浙江省高级人民法院　杨　治
安徽省高级人民法院　吴　婧
福建省高级人民法院　刘　光
江西省高级人民法院　郭　嘉
山东省高级人民法院　徐清霜　芦　强
河南省高级人民法院　郭宇凌
湖北省高级人民法院　宋森军
湖南省高级人民法院　童飞霜
广东省高级人民法院　文靖之
广西壮族自治区高级人民法院　赵元松
海南省高级人民法院　李周伟
重庆市高级人民法院　游中川　吴雨亭
四川省高级人民法院　杜玉兰　金　晶

贵州省高级人民法院　尤　媛
云南省高级人民法院　郑天柱
西藏自治区高级人民法院　杨庭轶
陕西省高级人民法院　常媛媛　杨新斌
甘肃省高级人民法院　刘吉旭
青海省高级人民法院　孙启英
宁夏回族自治区高级人民法院　吴培渊　杨　莹
新疆维吾尔自治区高级人民法院　马小菊
解放军军事法院　徐占峰
新疆维吾尔自治区高级人民法院生产建设兵团分院　王　琼
石家庄市中级人民法院　王红岩
太原市中级人民法院　张玉森
沈阳市中级人民法院　田　震
大连市中级人民法院　侯德强
长春市中级人民法院　赵　璐
哈尔滨市中级人民法院　周　磊
南京市中级人民法院　王　静
南通市中级人民法院　沈　扬
无锡市中级人民法院　周耀明
徐州市中级人民法院　葛　文
杭州市中级人民法院　邓兴广
宁波市中级人民法院　袁玮玮
合肥市中级人民法院　张小春
福州市中级人民法院　陈学凯
厦门市中级人民法院　陈荣炜
南昌市中级人民法院　陈　健
济南市中级人民法院　赵　雯
青岛市中级人民法院　傅庆涛
东营市中级人民法院　延　颜
郑州市中级人民法院　朱世鹏
武汉市中级人民法院　柯昌洁
宜昌市中级人民法院　黄金波
长沙市中级人民法院　胡冬华

广州市中级人民法院　王龙飞　林健涛
深圳市中级人民法院　丁业强
南宁市中级人民法院　周传明
海口市中级人民法院　崔玉坤
成都市中级人民法院　郝廷婷
泸州市中级人民法院　胡　艳
贵阳市中级人民法院　施辉法
昆明市中级人民法院　冯丽萍
拉萨市中级人民法院　王　静
西安市中级人民法院　高　伟
兰州市中级人民法院　鲁千晓
西宁市中级人民法院　潘　伟
银川市中级人民法院　周志胜
天津海事法院　董丽娟
上海海事法院　英振坤
广州海事法院　付俊洋
宁波海事法院　史红萍
青岛海事法院　张　静
厦门海事法院　吴海燕
武汉海事法院　王建新
大连海事法院　刘铁男
北海海事法院　邱德平
海口海事法院　刘本荣

（各法院通讯编辑若有变动，请及时告知中国应用法学研究所，电话：010－67555922　次晓宇　邮箱：rmfyalx@126.com）